W9-AVY-349

Récits et nouvelles

ÉDAQ

Comité de direction

Jacques ALLARD, professeur à l'Université du Québec à Montréal ; Bernard BEUGNOT, responsable scientifique du projet, professeur à l'Université de Montréal ; René LAPIERRRE, professeur à l'Université du Québec à Montréal ; Andrée YANACOPOULO.

Comité éditorial

Jacques ALLARD, professeur à l'Université du Québec à Montréal ; Roméo ARBOUR, professeur à l'Université d'Ottawa ; Bernard BEUGNOT, professeur à l'Université de Montréal ; Brenda DUNN-LARDEAU, professeur à l'Université du Québec à Montréal ; Jean Cléo GODIN, professeur à l'Université de Montréal ; René LAPIERRE, professeur à l'Université du Québec à Montréal ; Andrée YANACOPOULO.

Assistant(e)s de recherche

Claude LAMY ; Jacinthe MARTEL ; Guylaine MASSOUTRE.

Cette édition a été préparée grâce à l'aide financière de l'Université de Montréal, de l'Université du Québec à Montréal, du fonds de la Formation de chercheurs et de l'Aide à la recherche (Québec) et à une importante subvention du Conseil de recherche en sciences humaines (Ottawa). Sa publication a été rendue possible grâce à l'aide de la Fédération canadienne des études humaines, dont les fonds proviennent du Conseil de recherche en sciences humaines du Canada.

Hubert Aquin

Récits et nouvelles
Tout est miroir

*Édition critique établie
par François Poisson,
avec la collaboration
d'Alain Carbonneau,
et Claudine Potvin
pour «Les Rédempteurs»*

*Édition critique de l'œuvre
d'Hubert Aquin*

Tome III, vol. I

BIBLIOTHÈQUE QUÉBÉCOISE est une société d'édition administrée conjointement par les Éditions Fides, les Éditions Hurtubise HMH et Leméac Éditeur. Bibliothèque québécoise remercie le ministère du Patrimoine canadien du soutien qui lui est accordé dans le cadre du Programme d'aide au développement de l'industrie de l'édition. BQ remercie également le Conseil des Arts du Canada et la Société de développement des entreprises culturelles du Québec (SODEC).

Couverture :
Gianni Caccia

Typographie et montage :
Dürer *et al.* (MONTRÉAL)

Données de catalogage avant publication (Canada)

Aquin, Hubert, 1929-1977
Récits et nouvelles: tout est miroir

Éd. critique
(Édition critique de l'œuvre d'Hubert Aquin; t. 3, v. 1)
Comprend des réf. bibliogr.

ISBN 2-89406-141-2

I. Poisson, François, 1970-
II. Potvin, Claudine, 1947-
III. Titre.
IV. Collection.

PS8501.Q85A159 1998   C843'.54   C98-940580-X
PS9501.Q85A159 1998   PQ3919.A68A155 1998

DÉPÔT LÉGAL : TROISIÈME TRIMESTRE 1998
BIBLIOTHÈQUE NATIONALE DU QUÉBEC

© Leméac Éditeur, 1998
© Bibliothèque québécoise, 1998, pour l'édition de poche

Avant-propos

C'est en 1981, à l'initiative de Suzanne Lamy et d'Andrée Yanacopoulo, qu'est né le projet d'une édition critique de l'ensemble de l'œuvre d'Hubert Aquin. L'objectif était double : mettre à la disposition de tous ceux qui s'intéressent au Québec contemporain un ensemble textuel en partie inédit ; éviter que ne se dispersent ou disparaissent des témoignages et des documents de première main.

Accueillie au départ avec quelque scepticisme, tant étaient encore vives les blessures laissées par le geste de 1977, l'entreprise s'est néanmoins peu à peu imposée. Au terme d'un travail collectif de dix années qui ont vu la disparition de Suzanne Lamy qui nous avait apporté son dynamisme et ses leçons d'exigence, et l'éloignement de collaborateurs des premières heures, pris par d'autres tâches, l'équipe de l'ÉDAQ gardera le souvenir de débats stimulants sur l'édition critique d'une œuvre contemporaine et les questions de génétique littéraire qu'elle soulève. Les plus jeunes de nos collaborateurs ont acquis là une expertise dont leurs travaux témoignent et, au cours de ces dix années, une volonté commune de servir à la fois la mémoire d'Hubert Aquin et la recherche universitaire québécoise a inspiré et animé cette entreprise.

Mûrement réfléchie, la décision de publier les résultats de ces travaux dans une collection de poche, la «Bibliothèque québécoise», qui a encore peu de précédents en édition critique, répond à une double intention: imposer aux collaborateurs des contraintes salutaires pour éviter le débordement du commentaire et la tentation de l'essai critique; plus encore, donner aux étudiants des collèges et des universités, tant au Canada que dans les pays qui ouvrent des centres d'études québécoises, accès à une édition «autorisée» sans le réserver à quelques professeurs et aux bibliothèques.

En effet, le regard porté désormais sur l'œuvre d'Hubert Aquin ne pourra plus être le même. Les travaux menés séparément sur chaque volume ont, au terme de l'entreprise, abouti par leur convergence à des modifications de plusieurs ordres.

Rapports de la biographie et de l'œuvre

Qu'ils soient romanesques, dramatiques, critiques, les textes écrits par Hubert Aquin sont profondément ancrés dans l'existentiel et le biographique (lieux, événements, expériences affectives et morales). C'est pourquoi le tome I de cette édition, *Itinéraires d'Hubert Aquin,* se révèle, en l'état actuel de l'information disponible, déjà si précieux. Non qu'il s'agisse de replier les textes sur le biographique dans un rapport simple de reflet ou de mimétisme; mais l'invention travaille sur un donné qu'il y a tout intérêt à connaître et à mettre en évidence. Si le suicide d'Aquin a prêté à des travaux ou des analyses discutables, il reste qu'il est un horizon de l'œuvre dont les traces obsédantes apparaissent très tôt. D'une certaine manière, Hubert Aquin invente aussi sa vie en écrivant, la module et la modèle, quête finalement sans issue d'une origine, d'une naissance ou d'une renaissance appelées à demeurer de l'ordre de la nostalgie.

Ouverture de l'atelier

Cette caractéristique primordiale de toute édition critique — on sait la place qu'y tient la perspective génétique — s'est révélée, dans ce cas particulier, d'une fécondité exceptionnelle, grâce à tous les documents désormais archivés : aux brouillons et aux projets demeurés inédits, aux textes divers dont plusieurs se retrouvent dans les volumes de *Mélanges littéraires* du tome IV. Non seulement le *ductus* de l'écriture dans les manuscrits conservés manifeste un tempérament spontané, hâtif, de plus en plus même avec le temps, mais l'étude attentive des sources et des volumes avec lesquels Aquin a travaillé montre le rôle du montage, de la paraphrase et de la reprise. L'invention est liée au centon, à la mise en œuvre et à l'organisation, selon des rythmes, des séquences et des effets variables, de multiples intertextes et d'un autotexte dont la récurrence n'avait pas jusqu'ici retenu suffisamment l'attention de la critique.

Décentrement du regard critique

La juxtaposition et la confrontation des inédits et des textes publiés, des récits et nouvelles, des œuvres écrites pour la radio et la télévision, encore en attente d'édition, des essais et des notes diverses conduisent à un décentrement du regard qui s'était, jusqu'à aujourd'hui, trop exclusivement focalisé sur les romans. La diversité des activités textuelles ainsi mise en lumière n'a pas pour seul effet un enrichissement du corpus, conséquence purement quantitative. Par un retentissement qualitatif, elle provoque un déplacement de l'équilibre de l'œuvre qui invite à une réévaluation globale et ne sera pas sans incidence sur la manière même d'aborder les textes plus connus.

Facteurs d'évolution

Récurrences, répétitions et reprises de thèmes privilégiés, de modèles ou de procédés s'accompagnent de transformations, de déplacements d'accents qui font que l'œuvre, par-delà sa très forte unité d'inspiration dans la multiplicité de ses formes, obéit à quelques lois d'évolution qui restent à étudier. Parmi les hypothèses possibles, retenons : l'amuïssement ou le reflux de l'intertexte religieux qui était dominant dans *Les Rédempteurs* ou *L'Invention de la mort*; la montée du parodique, l'exaspération de procédés de construction textuelle qui semblent avoir été de plus en plus lucidement et consciemment appliqués, un souci du détail qui s'exprime dans le soin apporté aux pages de couverture (*L'Antiphonaire* ou *Point de fuite*) assorti d'une hâte, d'une fièvre dont les signes sont multiples et qui semble placer la pratique textuelle d'Aquin sur fond constant d'inachèvement.

Ce n'est qu'une fois tous ces parcours approfondis, suivis dans le détail de l'œuvre complet, que le statut et la stature d'Hubert Aquin pourront être plus exactement précisés et évalués, son rôle et son influence peut-être dissociés de la question de son originalité. Œuvre profondément personnelle, ou œuvre miroir et écho, œuvre carrefour ? Œuvre ouverte dont l'élan a été brutalement interrompu, ou œuvre qui avait trouvé avec *Obombre* le terme de son itinéraire ? Nul doute qu'Hubert Aquin, qui, par la curiosité infinie et l'étendue de culture dont les textes portent témoignage, a été une grande figure de médiateur, ne se voie confirmer par la présente édition une place éminente dans l'histoire littéraire du Québec.

Bernard Beugnot

Présentation

Hubert Aquin nouvelliste

> *Pourquoi ne pas juger en synchronie l'ensem-*
> *ble de la production d'un auteur et comment ne*
> *pas voir, en un point quelconque de son chemi-*
> *nement d'écriture, la totalité de son œuvre:*
> *tout ce qu'il a dit dans son dernier chant,*
> *autant que dans ses premiers balbutiements*
> *tout ce qu'il dira?*

Michel LAFON[1]

Les récits et les nouvelles, premières œuvres de fiction d'Hubert Aquin, permettent de mesurer la progression de son activité littéraire et d'entrevoir la constitution de son univers imaginaire. Essentiels et déterminants, ils nous font assister à l'instauration d'une «habitude de réflexion» (M. Lafon), c'est-à-dire à la mise en place de principes qui vont animer l'œuvre à venir; premières mises en scène du théâtre intérieur d'Aquin, ils offrent le spectacle de «l'éclosion de sa pensée» (Rimbaud).

Aquin est étudiant lorsque se manifeste son désir d'écrire, qui n'est pas étranger à ses lectures. Dans les

---

1. *Borges ou la réécriture*, Paris, Seuil, coll. «Poétique», 1990, p. 39-40.

quinze années sur lesquelles s'échelonne la rédaction des nouvelles, on peut distinguer trois périodes : une première période (1945-1951) comprend une douzaine de nouvelles, presque toutes publiées dans *Le Quartier latin* tandis qu'Aquin étudie la philosophie. Elles relatent des événements extraordinaires et sont souvent paraboliques, spirituelles et ironiques. La seconde période (1952-1960) réunit trois inédits dont deux sont rédigés en Europe. Ces récits, qui exploitent les retours en arrière, sont plus complexes que ceux de la première période et amorcent un « glissement vers la psychologie », comme l'a remarqué Alain Carbonneau[2]. Deux récits, « Le Pont », huitième et dernier chapitre d'un collectif et un [Sans titre] daté de la fin de l'été 1967, que nous appellerons désormais [Fin été 67], constituent la troisième période (1964-1967). Plus près des romans, ces récits, dont la fuite et la poursuite sont les thèmes principaux, complètent cette édition. Afin de suivre l'évolution et le développement de l'imaginaire aquinien, l'ordre des textes respecte la chronologie, soit la date de publication pour ceux du *Quartier latin* et de composition pour les autres. « Les sables mouvants » et *Les Rédempteurs*, étant donné leur importance et les informations disponibles, sont précédés d'une introduction particulière. L'édition des *Rédempteurs* est due à Claudine Potvin.

Très tôt, Aquin consigne ses réflexions dans son journal et s'interroge sur les différentes pratiques d'écri-

---

2. « Contes et nouvelles », *Bulletin de l'ÉDAQ*, n° 8, « Bilan des travaux », octobre 1991, p. 8.

ture des écrivains et sur la pensée des philosophes qui le marquent. Bientôt, l'originalité devient pour lui une obsession. La Bible figure parmi ses lectures, mais aussi André Gide[3] et Jean-Paul Sartre ; ce qui explique en partie la présence des thèmes chers à l'existentialisme comme, par exemple, l'Autre ou la sincérité. Il fréquente les œuvres d'écrivains plus formalistes comme Borges ou Nabokov ; de ces lectures germent les jeux possibles de l'écriture. Nul doute que les *Récits et nouvelles* enrichissent le corpus aquinien en mettant en évidence des procédés littéraires appelés à se développer et le germe des thèmes qui deviendront récurrents. *Tout est miroir*, titre d'une nouvelle et sous-titre au tome des *Récits et nouvelles*, est un écho direct de l'épigraphe de Michel Lafon. Tout est miroir, « le dernier chant », *Neige noire* ; « les premiers balbutiements », les nouvelles de jeunesse ; « tout ce qu'il a dit », « tout ce qu'il dira », tout est miroir.

Profession : étudiant

Aquin a écrit la majorité des textes contenus dans cette édition pendant sa formation scolaire[4]. Il publie sa première nouvelle écrite dans le cadre d'un cours de français,

---

3. Dans une lettre adressée à Roger Martin du Gard, il écrit qu'il s'est « nourri de Gide », qu'il « a vécu avec ses ouvrages dans une véritable intimité ». (*Journal*, édition critique établie par Bernard Beugnot, Montréal, Bibliothèque québécoise, 1992, p. 357-359) Aquin lit avec assiduité le *Journal* de Gide.

4. Pour un complément d'information sur le contenu des cours et sur les études d'Hubert Aquin, se reporter à *Itinéraires*

« Rêve... », dans le journal du collège de Sainte-Croix, le *Trait d'union*. Au cours de cette année scolaire 1944-1945, il est inscrit en classe de « syntaxe spéciale » du cours classique, réservée aux étudiants qui obtiennent d'excellents résultats. Cette classe joint les deux années d'éléments latins et de syntaxe.

En septembre 1946, il entre au collège Sainte-Marie, dirigé par les jésuites, où il fait ses « Belles-Lettres » et l'année suivante, sa « Rhétorique ». Il reçoit un prix d'honneur pour un travail sur Charles Du Bos[5]. Il rédige plusieurs courtes nouvelles qui demeurent inédites : « Le pont, conte de Noël » en décembre 1947, « L'oracle » et « Le drame des hormones » en janvier 1948. Il est suspendu du collège pour trois jours parce qu'il a écrit une dissertation sur un livre à l'Index et qu'il a tenu tête à un professeur.

Intéressé par le théâtre, Aquin tient le rôle de Guildenstern dans *Hamlet* de Shakespeare, dans une mise en scène du père Georges-Henri d'Auteuil[6]. Il poursuit son expérience théâtrale avec la troupe des Comédiens-

---

d'*Hubert Aquin* par Guylaine Massoutre, Montréal, Bibliothèque québécoise, 1992. (p. 28s.).

5. Ce travail de 16 pages appartient à un fonds privé qui nous est demeuré inaccessible.

6. On connaît l'importance de cette pièce pour Aquin. Patricia Smart a montré l'influence de cette tragédie de Shakespeare sur *Neige noire* (« Neige noire, Hamlet et la coïncidence des contraires », *Études françaises*, vol. XI, n° 2, mai 1975, p. 151-160 ; *Écrire dans la maison du père*, Montréal, Québec/Amérique, 1990, p. 265-291). Il relit la pièce le 2 décembre 1948 (voir *Journal*, p. 87). Plus

Routiers ; en avril 1949, il interprète Créon dans *Œdipe-Roi* de Sophocle, mis en scène par son ami Louis-Georges Carrier. L'année suivante, il joue dans le chœur de la même pièce, toujours dirigée par son ami, cette fois pour le compte de la troupe de l'Université, les Comédiens du Mont-Royal. Ces tragédies s'avèrent capitales dans l'élaboration de ses œuvres futures, *Trou de mémoire*, *Œdipe recommencé*[7], *Neige noire*, comme il en note lui-même l'importance dans son *Journal* :

> Ces tragédies extrêmes, Œdipe, Hamlet, Raskolnikov..., en qui chaque homme trouve un écho à sa propre vie inexprimée, racontent des actes dont les motifs inavouables traînent quelque part en chacun de nous. [...] Il y a là de quoi faire une *Philosophie du roman*[8].

Inscrit au département de philosophie de l'Université de Montréal en septembre 1948, alors sous la direction des dominicains, il se nourrit des écrits de saint Thomas d'Aquin, Aristote, saint Augustin, et aussi des philosophes modernes, de Descartes à Kant. Il lit les philosophes contemporains Sartre et Merleau-Ponty, malgré l'interdiction promulguée par l'Église qui veille et impose toujours son joug avec l'Index établi par Rome.

---

tard, en 1970, il traduit *Hamlet* qu'il veut adapter pour un projet de téléthéâtre.

7. Inédit rédigé en 1971 ; voir l'édition critique préparée par Renald Bérubé.

8. 25 février 1952, p. 110.

Il participe activement à la vie parascolaire de l'Université; outre sa participation au théâtre, il est délégué des étudiants de la faculté de philosophie et fait partie de l'équipe du *Quartier latin*, journal de l'AGEUM (Association générale des étudiants de l'Université de Montréal). Il y publie des chroniques, des reportages, des comptes rendus, des essais et des nouvelles dans lesquels il traite de politique nationale et internationale, de littérature, de philosophie et du communisme, qui gagne l'appui de beaucoup d'étudiants. Il s'intéresse aussi au personnalisme chrétien dont les thèses sont principalement développées dans la revue *Esprit* dirigée par Emmanuel Mounier. Cette revue française a inspiré notamment les membres de *La Relève* lesquels, réfractaires à l'idéologie conservatrice, instaurent un climat intellectuel qui ouvre la voie aux véritables débats contre l'oppression. Mais toujours surveillé, le journal étudiant aborde avec circonspection le politique ainsi que le rôle du catholicisme dans la société afin de ne pas encourir la censure des autorités de l'Université.

Aquin devient directeur du *Quartier latin* le 15 mars 1950, cinq jours après que Mgr Olivier Maurault, recteur de l'Université, décrète la censure en première page du journal. On juge certains articles anticléricaux, car ils attaquent de front la vocation de l'Église dans la société en des termes peu flatteurs[9]. Au même moment se tient

---

9. Notamment dans un article intitulé «Faut-il être anticlérical?», on fustige la présentation de «Carrefour 50», conférences et rencontres organisées par les professeurs, qui donnera naissance au

« Carrefour 50 », journées d'études sur le thème « La personne humaine et le travail intellectuel » auxquelles Aquin participe en traitant de « Liberté de pensée et sincérité[10] ». En mars 1951, il démissionne de son poste de directeur du journal après une grève qui dissout l'AGEUM. Il a publié dans *Le Quartier latin* une dizaine de nouvelles dont deux pendant sa direction.

Au cours de l'été 1950, il séjourne en Europe. Nommé délégué au troisième séminaire international de Pontigny, il visite rapidement Amsterdam, Paris, Chartres et Versailles avant de se rendre à Pontigny. L'ouverture officielle a lieu le 13 juillet et la discussion est orientée vers le thème de « La crise au sein de l'Europe occidentale ». Il va ensuite à Rome pour assister aux célébrations de l'Année sainte, puis participe, à Amsterdam, au XXe Congrès de Pax romana dont le thème est « L'individu et la société ». Il achète *La Volonté de puissance* de

---

Centre catholique des intellectuels canadiens (CCIC). De plus, le journal appuie la grève illégale des ouvriers de l'amiante d'Asbestos et par le fait même, Mgr Charbonneau, archevêque de Montréal, qui déplore, envers et contre les ordres du gouvernement Duplessis et du pape Pie XII, l'immobilité de l'Église face à l'engagement social et prend position en faveur des grévistes. Cette action est vue comme un catholicisme de gauche qui prend ses assises dans le communisme, et Mgr Charbonneau est forcé de démissionner quelques jours plus tard... pour raisons de santé.

10. Ce texte, daté du 17 février 1950, est publié dans *Croire et savoir*, vol. 1, n° 5 (novembre 1950), p. 15-21 ; *Mélanges littéraires*, tome I, édition critique établie par Claude Lamy, Montréal, Bibliothèque québécoise, 1995, p. 117-121.

Nietzsche et lit le *Journal* de Charles Du Bos. Il tient lui-même un journal (toujours inédit) qu'il a adressé à Michelle Lasnier. Il publie deux comptes rendus de l'événement : « Europe 1950 » et « Séminar de Pontigny. Une recherche de la fraternité[11] ». Au mois de juin de la même année, il est titulaire d'un baccalauréat en philosophie et à l'automne de 1951, alors détenteur d'une licence dans la même discipline, il se rend à Paris où il s'inscrit à l'Institut d'Études politiques. Il entreprend par la suite à la Faculté des Lettres de la Sorbonne un doctorat qu'il ne termine pas. La vie artistique parisienne l'intéresse plus que les études : il va au théâtre et au cinéma plusieurs fois par semaine. Des projets de romans l'occupent également.

De janvier à avril 1952, il compose *Les Rédempteurs* et songe déjà aux « Sables mouvants ». Il va en Italie, sur les pas de Stendhal (voir note 3[12]), puis en Grèce. Il se rend à Londres pour Noël puis, en février, il est à Bâle (Suisse), Heidelberg (Allemagne) et, en mai 1953, il séjourne de nouveau en Sicile et en Italie où il rédige « Les sables mouvants ». De retour au Québec en juin, il travaille au journal *L'Autorité* et collabore à *La Patrie*. Malgré son désir de créer une œuvre littéraire, il envisage la carrière de journaliste.

---

11. *Le Quartier latin*, 19 décembre 1950, respectivement p. 1 et 3 ; voir *Mélanges littéraires*, tome I, Bibliothèque québécoise p. 56-61.

12. Ce renvoi, ainsi que les suivants, concerne l'annotation de la nouvelle en fin de volume.

Présentation

La bibliothèque d'Aquin
et la mise en œuvre des lectures

> *Pris dans un lit de glaise, je suis le cours et ne l'invente jamais. Ceci vaut pour tout ce que j'écris* [...]
>
> *Nicolas : J'ai composé une esquisse... Depuis que j'ai quitté Montréal, je n'ai fait qu'ajouter des notes et des gloses à mon synopsis...*
>
> Hubert AQUIN[13]

Véritables résurgences culturelles et livresques, les récits et les nouvelles sont remplis de références et d'allusions qui se transforment avec le temps sans jamais disparaître complètement. Perméable aux influences, Aquin érige ce procédé littéraire — la réécriture — en système, ce qui constitue la facture même de ses écrits. Il emprunte à des auteurs tels que Léon Bloy, Charles Du Bos, Charles-Ferdinand Ramuz, André Gide, Vladimir Nabokov, Jean-Paul Sartre, Edmund Husserl. Il s'approprie et remanie, fond et réunit des éléments de leur réflexion et de leur esthétique afin de créer la sienne propre. À l'affût de tout enseignement profitable, il retient ce qu'il croit le meilleur des grands écrivains. L'édition critique établie par Jacques Allard est à cet égard éclairant.

Entré en littérature par le théâtre grec étudié pendant son cours classique, Aquin est grandement influencé

---

13. *Prochain épisode*, édition critique établie par Jacques Allard, Montréal, Bibliothèque québécoise, 1995, p. 87 ; *Neige noire*, édition critique établie par Pierre-Yves Mocquais, Montréal, Bibliothèque québécoise, 1997, p. 153.

par les figures tragiques fondatrices de la littérature contemporaine. Il découvre ultérieurement que «tous les sujets qu'[il] invente sont modelés sur des archétypes de situation dramatique»; il prend conscience que le métier d'écrivain consiste en «l'adaptation de vieux thèmes[14]». Tout comme Sophocle a écrit une version d'*Œdipe*[15], il est tenté par l'écriture d'une variante possible d'une histoire connue à l'avance. Il en reprendrait les grandes lignes.

Comme les romans, les récits et les nouvelles tirent fréquemment leur genèse de lectures récentes. Aquin annonce lui-même son esthétique de l'emprunt dans son *Journal* alors qu'il recopie *Les Rédempteurs*, envoyé en vain à divers éditeurs français: «Je créerai des mythes, ou tout au plus j'en reprendrai des anciens. Car tous les romans du monde gravitent autour de quelques mythes essentiels[16]». Présente partout dans l'œuvre d'Aquin, la Bible, hypotexte[17] par excellence, l'est encore plus explicitement dans les récits et nouvelles car elle renferme ce qu'il considère comme des «mythes essentiels». Non seulement il en reprend les mythes, c'est-à-dire le plan général de l'histoire, mais aussi des phrases et des mots.

---

14. *Journal*, 26 juillet 1961, p. 206.

15. *Le Québec littéraire 2 : Hubert Aquin*, p. 136.

16. 31 mars 1952, p. 121.

17. Gérard GENETTE, dans *Palimpsestes*, définit l'hypertextualité comme «toute relation unissant un texte B [hypertexte] [...] à un texte antérieur A [hypotexte] sur lequel il se greffe d'une manière qui n'est pas celle du commentaire» (Paris, Seuil, coll. «Poétique», 1982, p. 16).

Le plus souvent, il le fait dans un but subversif. C'est pourquoi la nouvelle aquinienne s'inspire abondamment des écrits bibliques, représentation de l'autorité en ces temps duplessistes, mais, aussi et surtout, représentation de l'esprit de renouveau d'un discours en rupture inauguré par les écrivains de *La Relève*. Elle rappelle les grandes paraboles et leurs enseignements par son contenu religieux souvent explicite, parfois implicite — pratique qui rappelle le conte philosophique. Les premières nouvelles sont révélatrices à ce sujet. Dans certains cas, Aquin termine le récit par une conclusion explicative, séparée par trois étoiles disposées en triangle (delta, pouvant signifier *donc*). La conclusion, proche de la maxime, peut être moralisante, comme dans «Les fiancés ennuyés» et «Pèlerinage à l'envers», ou bien aussi énigmatique que le récit qui précède dans «Tout est miroir» et «Le dernier mot».

Aquin lit non seulement la Bible comme il l'indique dans son *Journal*[18], mais aussi les écrivains chrétiens, phares de l'époque: Paul Claudel, Léon Bloy, François Mauriac, Gabriel Marcel, André Gide et Pierre Emmanuel, qui récrivent les grands mythes bibliques; et les philosophes croyants: Étienne Gilson, Max Scheler, Henri de Lubac, Emmanuel Mounier et Louis Lavelle, pour ne nommer que ceux-là[19]. *Qui est cet homme* de Pierre Emmanuel et le *Journal métaphysique* de Gabriel

---

18. *Journal*, p. 154.
19. Voir les lectures d'Aquin dans son *Journal*, p. 87-94.

Marcel[20], qui interrogent, chacun à sa façon, leur rapport avec la prière, avec la vie chrétienne et l'existence de Dieu, influencent la rédaction de « Dieu et moi ». L'idée d'un dialogue avec Dieu se trouve chez plusieurs auteurs que lit Aquin. Dans le journal intime de Gabriel Marcel, on lit : « Le monde serait un tiers dans le dialogue incessant avec Dieu[21] » ; et aussi : « le rapport entre Dieu et moi n'est rien s'il n'est pas rapport d'être à être, ou à la rigueur de l'être avec soi[22] ». Gabriel Marcel « *rencontre* Dieu, Dieu qui l'invite dans le catholicisme[23] ». André Gide annonce également un projet en ce sens ; il veut écrire un *Dialogue avec Dieu*[24].

Aquin s'intéresse de près à l'histoire du christianisme ; en janvier 1953, il lit à la Bibliothèque nationale de Paris *L'Église primitive* de Jules Lebreton et Jacques Zeiller, *Rome et l'Église primitive* de H. A. Moreton, *Le Christianisme aux origines et à l'âge apostolique* de Louis de Lacquar, *Histoire de l'Église ancienne* de Lietzman, etc.[25]

---

20. Respectivement Paris, Egloff, 1947, et Paris, Gallimard, 1928.

21. Gabriel MARCEL, *ibid.*, p. 158.

22. *Ibid.*, p. 137.

23. *L'Existentialisme chrétien*, Paris, Plon, coll. « Présences », 1947, p. 207.

24. *Journal 1889-1939*, Paris, Gallimard, « Bibliothèque de la Pléiade », 1951, p. 833, BIB.

25. Respectivement : Paris, Bloud et Gay, 1946 ; Paris, Fischbacher, 1938 ; s.l., s.d., de Louis de Lacquar ; Paris, Payot, 1936. Une liste de lectures figure dans le *Journal*, p. 328.

Dans « Qui mange du curé en meurt[26] », il écrit : « Qu'on ne se méprenne pas sur ma pensée : je ne rêve pas ici d'une religion sans prêtre, sans rite et d'un dialogue avec Dieu hors de l'église. » Quand il parle de Dieu, il interroge l'autorité de l'Église dans l'organisation de la société parce que, pour Aquin, Dieu reste indissociable du discours de l'Église et vice-versa.

Aquin « ne subit pas aveuglément ces influences », il « réagit constamment contre ce qu'il lit, notamment dans les marginalia des livres de sa bibliothèque personnelle ("contre", "non", "ce n'est pas tout", "words")[27] » qu'il ponctue aussi de signes[28], en plus de souligner des passages avec plus ou moins d'accentuation, pratique qui se double parfois d'un ou plusieurs signes.

Ces lectures s'effectuent dans un sens précis car il consigne avec minutie les informations qui lui serviront ensuite de matériau pour ses écrits. Les titres des récits et des nouvelles annoncent d'ailleurs souvent un contenu religieux : « Messe en gris », « Pèlerinage à l'envers », « Dieu et moi », « Ma crèche en deuil », « La dernière Cène ». Le texte biblique, cité en épigraphe, peut, par

---

26. *Liberté*, vol. III, n°s 3-4, mai-août 1961, p. 618-622 ; *Mélanges littéraires,* tome II, édition critique établie par Jacinthe Martel, Montréal, Bibliothèque québécoise, 1995, p. 21-28.

27. Alain CARBONNEAU, « Contes et nouvelles », *Bulletin de l'ÉDAQ,* n° 8, « Bilan des travaux », octobre 1991, p. 8.

28. Il trace dans les marges des signes tels « B », « ! », « ? », « [», « < ».

exemple dans *Le Prophète*[29], acquérir statut d'autorité. Mais il est aussi parodié[30] quand Aquin transforme les formules évangéliques, comme dans «Les fiancés ennuyés», où l'amant reprend une phrase attribuée à Dieu dans la *Genèse* et en modifie le sens et la portée en disant à sa bien-aimée : «Créons-la à mon image et à ma ressemblance.» (p. 3) Alors que dans le roman *L'Invention de la mort*, le même passage est travesti et assigné à Dieu : «Les hommes l'ont créé à leur image et à leur ressemblance...[31]». Ces subversions ont pour effet de remplacer Dieu par l'homme, lieu commun à l'époque chez certains écrivains. Depuis la fameuse phrase de Nietzsche, «Dieu est mort[32]», plusieurs, dont Flaubert et Dostoïevski au XIXe siècle, Sartre et les existentialistes au XXe siècle, ont exploité cette idée (voir note 8 de «Tout est miroir», p. 239).

Les Rédempteurs, longue nouvelle publiée en 1959 dans les *Écrits du Canada français*[33], annonce un aboutissement. Apothéose des références religieuses et bibli-

---

29. Pièce inédite écrite en 1952, en Grèce, immédiatement après *Les Rédempteurs*.

30. Nous donnons à ce mot l'acception que Gérard GENETTE propose dans *Palimpsestes* : «détournement de texte à transformation minimale» (p. 33).

31. *L'Invention de la mort*, Montréal, Leméac, 1991, p. 147.

32. *La Volonté de puissance*, Paris, Librairie Générale Française, [1903], 1991, p. 31.

33. Vol. 4, p. 45-114. Voir la présentation de Claudine Potvin dans cette édition.

ques[34], ce texte et *Le Prophète* marquent l'affranchissement partiel d'une emprise religieuse qui s'effrite plus rapidement depuis qu'Aquin est en Europe. Ces deux textes indiquent la fin d'un intertexte biblique accumulé, concentré et transposé presque intégralement et sans modification majeure. *Les Rédempteurs*, qui marque un retour au début de la Création, au couple originel, à l'innocence et à la virginité, renvoie à la catastrophe du Déluge. La nouvelle situe l'action dans la ville d'Édom et emprunte les noms de ses personnages, à quelques différences orthographiques près, à la descendance d'Ésaü de la *Genèse*. Si Aquin qualifie *Les Rédempteurs* de « péché de jeunesse[35] », il n'en demeure pas moins une étape importante dans l'évolution de l'écriture d'Aquin qui doit paraphraser, écrire des variantes, le déjà dit, vu ou vécu, pour « s'affranchir des héritages[36] » culturels, surtout religieux qui, malgré son désir, ne disparaîtront jamais tout à fait : « Trop de formes, trop d'apparats encore dont il faudra me débarrasser pour que j'exprime les choses à vif[37] ». Ce qu'il écrit après 1952 s'apparente davantage à la mystique et à la symbolique, car l'intertexte biblique sert plus le récit qu'il n'est lui-même récit. S'opère un déplacement

34. Nous avons consulté avec profit l'article de Claudine Potvin, « À propos de l'édition des "Rédempteurs" d'Hubert Aquin », *Bulletin de l'ÉDAQ*, nº 5, décembre 1985, p. 5-15.

35. *Journal*, 12 décembre 1952, p. 144.

36. Bernard BEUGNOT, Présentation du *Journal*, p. 29.

37. *Journal*, 31 mars 1952, p. 121.

de regard et de ton à partir de cette époque, malgré la forte unité thématique de l'œuvre.

Outre les références religieuses et bibliques, les récits et les nouvelles contiennent souvent des allusions à l'existentialisme qui se manifestent surtout dans la thématique — l'Autre, la sincérité, la liberté, l'échec — et imprègnent le climat et le vocabulaire du récit : altérité et communication, fuite et secret, angoisse et désespoir, absurdité et incompréhension, solitude inévitable de l'existence, choix, paradoxe, échec et mort. Il est bien difficile de ne pas voir derrière ces thèmes l'application ou l'expérience des diverses théories des philosophies de l'existence, car si les textes de la première période (1945-1951) explorent le monde avec une lunette existentialiste, dans les textes des seconde et troisième périodes, Aquin a su s'affranchir de son savoir philosophique, l'assimiler et l'intégrer à une esthétique qui se précise.

De la réécriture à l'écriture : le chemin de l'originalité

Aquin n'utilise pas seulement des archétypes bibliques pour servir sa recherche de l'originalité. Son *Journal*, en plus d'être une « réserve thématique[38] », est précisément le foyer d'une réflexion continue sur la littérature et sur la création. Il souligne une hantise qui accapare Aquin durant toute sa vie d'écrivain : « J'ai le sentiment d'écrire

---

38. Bernard BEUGNOT, Présentation du *Journal*, p. 29.

des "variantes "[39] ». Ce même dilemme est présenté dès la première page de *Prochain épisode* : « [...] de quelle façon dois-je m'y prendre pour écrire un roman d'espionnage ? Cela se complique du fait que je rêve de faire original dans un genre qui comporte un grand nombre de règles et de lois non écrites » (p. 5). En réaction à cette obsession, Aquin dresse des listes de mots à insérer et des citations à reprendre qu'il introduit tant dans son *Journal* que dans ses dossiers[40], méthode qu'il utilise déjà bien avant l'écriture de ses romans. Dans son *Journal*, Aquin fait référence à un certain cahier, non retrouvé aujourd'hui. Après avoir commenté et reproduit un extrait du roman *Claire* de Jacques Chardonne, il note : « Cf : *Cahier de cit*[ations] pp. 82-83[41] ».

Ses livres deviennent, à la lumière de cette pratique, une véritable « bibliothèque de textes encyclopédiques qui se faufilent non pas entre les lignes mais dans les lignes[42] »

39. *Journal*, 26 juillet 1961, p. 207.

40. Des listes et des citations se trouvent aux pages 53, 65, 179, 189, 195, 259, 264, etc. de son *Journal.* Ses dossiers portent des titres tels que « À citer. Phrases. Mots + phrases », « Citations », « Insérendes » ou « Mots générateurs ». Il explique dans une lettre à Louis-Georges Carrier le terme « insérendes » : « glose marginale inscrite par un copiste et indûment insérée dans le texte par un de ses successeurs » (*Trou de mémoire*, édition critique établie par Janet M. Paterson et Marilyn Randall, Montréal, Bibliothèque québécoise, 1993, p. XXXVIII).

41. *Journal*, 30 décembre 1948, p. 53.

42. Marilyn RANDALL, *Le Contexte littéraire : lecture pragmatique de Hubert Aquin et de Réjean Ducharme*, Longueuil, Le Préambule, coll. « L'Univers du discours », 1990, p. 217.

du texte lui-même. Cela rejoint les réflexions sur l'écriture : « le texte s'écrit continuellement dans le texte ou le long des marges d'un autre texte[43] ». Les lectures de Borges, Nabokov et Joyce s'effectuent en ce sens et concourent à forger une technique du montage et de la paraphrase, amorcée dès les premiers écrits. Cette conception de la création littéraire invite à relire Aquin non pas d'une tout autre manière, mais dans une perspective qui ajoute à la connaissance de l'œuvre. Comme d'autres l'ont souligné, *Prochain épisode* doit beaucoup aux romans *Lolita* et *La Vraie Vie de Sebatian Knight* de Vladimir Nabokov, *Trou de mémoire* est inspiré de *Feu pâle* du même Nabokov, *L'Œuvre ouverte* d'Umberto Eco a influencé la rédaction de *L'Antiphonaire*[44]. Ces hypotextes sont complémentaires et explicatifs d'un processus de création et d'une esthétique toujours en mouvement. Les références, nombreuses et multiples, insérées telles quelles ou bien récrites, permettent à Aquin de copier, citer, parodier, transposer, expliquer, corriger « les mots des autres[45] » afin de les « relancer [...] dans un nouveau circuit de

---

43. « Le Texte ou le silence marginal ? », *Mainmise*, n° 64, novembre 1976, p. 18-19 ; *Mélanges littéraires,* tome II, Montréal, Bibliothèque québécoise, 1995, p. 557-560.

44. À ce propos, voir les éditions critiques de Janet M. Paterson et Marilyn Randall et de Gilles Thérien.

45. André LAMONTAGNE, *Les Mots des autres. Poétique intertextuelle des œuvres romanesques d'Hubert Aquin*, Québec, Presses de l'Université Laval, CRELIQ, 1992, 311 p.

sens[46] », et de les réexaminer à la lumière d'une stratégie nouvelle. Cette technique du montage s'amorce dès l'époque estudiantine, car les livres fréquentés, consultés et parcourus font plus qu'inciter à la rédaction, ils sont un pré-texte.

Le « Je » : créateur du jeu

Tous les récits et les nouvelles comportent un narrateur intradiégétique à la première personne du singulier (je), à l'exception des « Fiancés ennuyés », dont le narrateur est extradiégétique. Dans la majorité des textes de la première période (1945-1951), le narrateur raconte sa propre histoire à moins qu'il n'observe celle de l'Autre comme c'est le cas pour quelques textes. Une nouvelle cependant, « Rendez-vous à Paris », conclut un « pacte autobiographique » (Ph. Lejeune), puisque l'auteur, le narrateur et le personnage sont la même personne : « Hubert Aquin, me répondit cet homme, tu ne m'as pas reconnu ? » Par contre, l'univers fantastique de la nouvelle désamorce le pacte : « cet homme » qui l'interpelle n'est autre que Jésus ! Mais si, d'une part, le récit autobiographique est impossible, il est tentant, d'autre part, de questionner l'emploi du « je ». Lié à celui du *Journal*, il « se présente comme le proche parent de l'œuvre[47] ». À la fois récit de

---

46. Gérard GENETTE, *Palimpsestes*, Paris, Seuil, coll. « Poétique », 1982, p. 453.

47. Bernard BEUGNOT, Présentation du *Journal*, p. 21.

soi et de son image, le *Journal* permet, rétrospectivement, de lire le récit de la genèse de la personnalité d'Aquin, voire de ses multiples personnalités. Si le « je » du *Journal* est introspectif, celui des nouvelles est projeté dans l'action pour fins d'analyses, ce que Bakhtine appelle de l'« autoprojection[48] ». Aquin établit lui-même ce rapprochement entre la fiction et la projection dans son *Journal* : « Mes personnages agissent, dialoguent mais se recueillent peu au sens proustien du mot. Je vois d'ailleurs ma vie comme une action et non comme un recueillement[49]. » Il abolit la distance entre « [s]es personnages », du registre onirique, et le « je vois [...] ma vie », de l'ordre de la projection réelle.

Dans la seconde période (1952-1960), le narrateur et le personnage de chacun des textes ne font qu'un et le « je » est parfois lié à l'expérience existentielle d'Aquin. Le « je » du *Journal* et celui des « Sables mouvants » par exemple se ressemblent étrangement. À la lecture du *Journal* tenu pendant la rédaction des « Sables mouvants », l'écriture semble provenir de la même source d'angoisse et de désespoir : « Ce que je ressens est terrible. Un tirement — un arrachement de moi-même. Je ne suis que ce cri, ce désir furieux de recommencer cette nuit[50] ». Le même écho se répercute dans la nouvelle : « Je ne devrais pas refaire sans cesse mon passé. [...] Il me

---

48. *Esthétique de la création verbale*, Paris, Gallimard, coll. « Bibliothèque des idées », 1984, p. 41.
49. 24 décembre 1953, p. 169.
50. *Journal*, 4 avril 1953, p. 161.

tarde de finir cette nuit pour m'assurer qu'elle est bien passée[51]...» Une lettre, adressée à Louis-Georges Carrier lors d'un séjour en Suisse, explique la similitude entre sa vie et son œuvre:

> Prisonnier de ma propre histoire, cela me paraît iné-
> vitable; ce que j'ai inventé me retient. J'essaie de
> m'en libérer, de changer mon histoire, de déplacer
> ma destinée, de trouver une autre aventure intérieure
> qui me fixe. Le voyage me permettra, j'espère, de
> découvrir un autre monde à transformer en œuvre[52].

L'œuvre cherche ainsi son matériau dans la vie réelle. Aquin s'inspire de sa situation réelle d'écrivain qu'il transforme et adapte pour engendrer le récit. C'est ce qui alimente, plus tard, les premières pages de *Prochain épisode*. La position du narrateur est aussi celle de l'écrivain à sa table de travail en train de rédiger son roman. De la même façon, le réel nourrit la fiction dans la nouvelle collective «Le pont» dont Aquin rédige le dernier chapitre[53]. Le narrateur, qui se révèle soudainement fémi-

---

51. «Les sables mouvants», p. 156 de cette édition.

52. Lettre du 24 juillet 1952, *Point de fuite*, édition critique établie par Guylaine Massoutre, Montréal, Bibliothèque québécoise, 1995, p. 129; *Journal*, p. 361-362.

53. Dernier chapitre d'une nouvelle dont les sept premiers sont signés respectivement par Jean Filiatrault, Jacques Folch, Jacques Godbout, Jacques Bobet, Fernand Ouellette, André Belleau et Jean-Guy Pilon. Chacun ignore tout des personnages et du thème central traité par son ou ses prédécesseurs. À partir du moment où un auteur, désigné par tirage au sort, prend connaissance du texte de ses devanciers, il n'a que 48 heures pour écrire son chapitre.

nin, « féminoïde », réunit tous les écrivains des chapitres précédents dans le sien comme si l'écrivain-narrateur s'était revêtu de plusieurs pseudonymes : « j'ai beau m'affubler de tous les noms impossibles comme Belleau, Godbout, Pilon et tutti quanti, je ne réussis pas à traverser le mur de la vraisemblance ». Jeu formel certes, mais ce jeu représente la situation véritable d'Aquin puisqu'il rédige son chapitre avec les sept précédents en main. Il en joue dans la fiction par une volte-face du narrateur. Le dénouement est signé du pseudonyme d'Elga von Tod, personnage qui prend en charge toute l'onomastique de l'auteur dans une « inflammation verbale », démystification de la circularité du récit, de la révolution.

Autobiographiques, les récits et les nouvelles ne le sont pas. Mais, par contre, Aquin se sert d'éléments biographiques parfois difficiles à repérer, de coïncidences qui appartiennent à sa vie et les transpose en la vie d'un personnage fictif. Il instaure entre sa vie et son œuvre un « démenti esthétique » (Bakhtine) qui lui permet de jouer tant dans le registre de sa vie que dans celui de la fiction. Fidèle à son esthétique de l'emprunt, Aquin la pratique non seulement à partir de sa bibliothèque, mais aussi de lui-même.

La vie relance la fiction et la fiction la vie. Aquin n'a-t-il pas écrit : « Qui sait si l'œuvre ne déclenchera pas les mécanismes de la vie[54] ? » C'est cette obsession qui fait répondre à Nicolas Vanesse, dans *Neige noire*, à Eva

---

54. *Journal*, 30 août 1961, p. 222.

qui veut savoir si son film sera autobiographique : « Si tu veux... Je n'ai pas trouvé le moyen de faire mieux... Mais mon autobiographie dépasse inconsidérément la fiction que je me croyais incapable d'inventer... » (p. 152)

L'Autre : le jeu des doubles

Inspiré par les philosophes existentialistes dont il est la principale conquête, l'Autre est devenu, sous différentes formes et mises en scène, le thème dominant de l'œuvre d'Aquin. Dans les textes de la première période, l'Autre se manifeste sous le regard du « je » qui se définit et se compare dans ce rapport. « Les fiancés ennuyés » met en présence deux êtres qui, confrontés comme « je » et l'Autre, demeurent, malgré leurs tentatives, incapables de communiquer. Cette nouvelle est aussi la seule à chercher la communion des êtres, la réconciliation. Mais la communion se réduit à une double transsubstantiation, ce qui est un retour à la case départ : « Dans l'enthousiasme de leur désir, elle devint lui, lui, elle. [...] leur union par un cruel sortilège était redevenue ces monologues séparés de deux êtres qui ne se connaissaient qu'eux-mêmes tristement. » (p. 6 de cette édition)

   Les textes, souvent énigmatiques, jouent de l'ambivalence des rapports possibles : si l'autre est celui que le « je » voit, l'autre est aussi celui qui voit « je » ; le narrateur ne sait pas ce que pense l'autre et l'autre ne sait pas ce que pense le narrateur. Équivoque directement liée à la sincérité car dès que l'autre parle, ses paroles, à « double sens », sont inévitablement ambiguës puisqu'une partie demeure secrète. En effet, dans la nouvelle aquinienne, personne n'a accès à la conscience de l'Autre, ni le narrateur ni, par conséquent, le lecteur. Tous deux se trouvent dans la même position : l'Autre et ses intentions lui sont inaccessibles. C'est dans cette perspective qu'Aquin note dans son *Journal* : « Quelle révélation ne serait-ce pas si je pouvais entrer en elle [son amie], et refaire notre route avec son regard, et dans son cœur remonter le temps où nous avons engagé notre ardeur et nos solitudes[55]. » Chaque être est considéré comme une solitude en soi.

Lorsque le narrateur réclame le privilège de regarder sans être vu, il saborde d'avance toute communication avec l'Autre, quoi qu'il en soit impossible, et ne fait que l'observer : « Autrui est par principe l'insaisissable : il me fuit quand je le cherche et me possède quand je le fuis[56]. »

L'Autre engendre un combat incessant car il menace de mort dans « Histoire à double sens », dérange dans « Rêve... », envahit dans « L'intransigeante » et « Histoire à double sens », inquiète dans « L'enfer du détail », remet sans relâche en question le narrateur dans « Messe en gris », « Pèlerinage à l'envers », « Tout est miroir » et « Le dernier mot ». Le conflit naît souvent d'un sentiment d'aliénation :

---

55. 26 novembre 1948, p. 44.
56. Jean-Paul Sartre, *L'Être et le néant*, Paris, Gallimard, coll. « Bibliothèque des idées », 1943, p. 479.

Je sais bien que certains soirs ma présence lui était pénible, je devais sans doute lui rappeler quelque souvenir affreux. Il fermait les yeux douloureusement quand je passais. [...] Il me regardait comme un juge en mal de condamner[57].

Lorsque l'Autre est le Christ ou Dieu, le narrateur est confronté à une prise de conscience à laquelle il veut résister («Dieu et moi» et «Rendez-vous à Paris»). Dans d'autres cas, cette prise de conscience s'impose à lui d'elle-même («Messe en gris», «Ma crèche en deuil»). L'Autre est un prétexte au récit et les réflexions du narrateur se portent exclusivement sur les comportements de cet Autre. Le narrateur perçoit son acte seulement, jamais ses pensées.

Dans les nouvelles de la seconde (1952-1960) et de la troisième période (1964-1967), l'Autre est intériorisé à même l'être du «je» pour devenir le lieu, l'action et le commentaire des récits; le narrateur regarde l'Autre en lui-même. Dès lors, l'Autre est une femme, un paradis perdu toujours convoité, une part manquante. L'individualité du narrateur existe parce que l'Autre crée son existence, et donc ne saurait se passer d'elle comme si l'Autre était «le médiateur entre moi et moi-même[58]». Toutefois, la communication n'est guère possible:

---

57. «Le dernier mot», p. 39 de cette édition.
58. Jean-Paul Sartre, *ibid.*, p. 291. Pour Sartre, «le chemin de l'intériorité passe par l'autre» (p. 277), car il est une «conscience de soi», (p. 292).

« D'ailleurs, ensemble nous n'avons jamais beaucoup parlé, il faut bien le dire. Même la première fois que je l'ai vue[59] », précise le narrateur. Le dialogue, impossible, s'estompe au profit du monologue intérieur, introspection psychologique qui mène à la projection. Le narrateur s'analyse et tente de s'expliquer les agissements de l'Autre en se les représentant : « Je n'ai jamais bien compris son comportement ce soir-là. [...] J'ai à peine deviné la complicité de son regard. On se regardait si peu de face. Une sorte de certitude m'assurait qu'Hélène n'était plus la même[60] », constate le personnage des « Sables mouvants ». Il tente, dans une poursuite infernale, « Le pont (chapitre VIII) », et une poursuite déraisonnée, [Fin été 67], de joindre l'Autre sans toutefois y parvenir.

Le miroir : les reflets du jeu

Le thème de l'Autre interpelle celui du miroir : l'Autre est fuyant et irréel comme l'image du *moi* dans le miroir. De la simple réflexion à la mise en abyme des récits, qu'il soit nommé explicitement ou présent implicitement, le miroir multiplie sans cesse, de « Rêve... » à *Neige noire*, les références symboliques. Récit dans le récit, parodie d'une action répétée deux fois en des moments différents ou lorsque les rôles sont changés, le miroir sert l'ironie. Dans « Les fiancés ennuyés », « la permutation des cœurs [est] si complète que la fiancée, non seulement était son

---

59. « Les sables mouvants », p. 153 de cette édition.
60. *Ibid.*

fiancé, mais ne devint que lui ; et le fiancé que sa fiancée »
(p. 6 de cette édition). Le miroir est aussi la représentation
de l'envers : le narrateur de « Pèlerinage à l'envers » est
pris pour le Christ par la foule rassemblée devant le tombeau saint. Il n'est donc plus pèlerin mais devient cause
des pèlerinages. Renversement semblable dans « Rendez-
vous à Paris » : Hubert Aquin rencontre le Christ qui, plus
humain que Dieu, hésite à accomplir le Jugement Dernier.
Or, le narrateur, possédant certains attributs du Christ, le
console en voulant lui prouver que le temps du Jugement
Dernier est arrivé. Le miroir peut représenter aussi un
masque qui cache le véritable sens : « Chacune de ses
paroles, je l'interprétais contre lui, je dévoilais l'hypocrisie sous chacune de ses sincérités[61]. » Dans « Tout est
miroir », un homme change du tout au tout et voit « toute
chose à l'envers » ; signe d'ambiguïté, le miroir joue sur la
double identité de l'être humain : « Ah quel monde retourné ! restait-il encore quelque chose que ce fol artiste
n'avait pas totalement inverti ? » (p. 37) Le miroir est un
faussaire, un trompe-l'œil, un « trompe-l'âme » comme l'a
écrit Aquin, une fausse image qui devient un obstacle
entre deux mondes, le réel et l'apparence de réel, car la
« vitre donne d'abord l'impression qu'on peut s'entendre
et se toucher, puis se moque de nous quand on s'y
frappe[62] ». La femme, toujours derrière une vitre pour le
narrateur, se métamorphose à l'intérieur même du « je »

---

61. « Histoire à double sens », p. 20 de cette édition.
62. « Les sables mouvants », p. 180 de cette édition.

(dans le miroir de l'âme) et donc, ne correspond plus à la femme réelle.

Le miroir participe de l'esthétique baroque en multipliant les points de vue, en donnant à lire les expressions possibles de l'Autre: «Mais moi, d'où je suis, je surprends, dans le miroir, son visage d'enfant mort... [...] je suis bien l'auteur de ce meurtre dont je contemple hypocritement le beau reflet[63].» Le miroir multiplie du coup les doubles: l'échec inévitable du héros tragique devient le foyer d'un foisonnement d'échecs. Il est la représentation même du «double sens», c'est-à-dire de la coexistence des contraires d'où surgit le plus souvent l'ironie.

La quête de la sincérité par le jeu

L'esthétique du miroir, un des principaux artifices de l'art baroque qui anime l'œuvre d'Aquin sert, à ses débuts à tout le moins, la mise en scène de la sincérité[64] comme enjeu littéraire et comme générateur de fiction. Héritage de Gide principalement, la sincérité, jointe à l'authenticité, trouve dans le miroir sa possibilité et son masque.

En 1952, Aquin déclare qu'il ne veut plus parler de sincérité. Dans une lettre à Roger Martin du Gard, il met en doute la vie de Gide lui-même, qu'il voyait «tendue vers l'authenticité». Il écrit: «Je cherchais un homme

---

63. «L'instant d'après», p. 186 de cette édition.

64. Notons que, dans l'exemplaire de *L'Être et le néant* de Jean-Paul SARTRE, acquis par Aquin en 1948, les marginalia sont particulièrement nombreux dans le chapitre 2 de la première partie, «La Mauvaise Foi» (p. 85-111), qui traite de la sincérité.

vrai, sans pitié avec lui-même, s'acceptant tel quel, sans détour. Je voulais admirer sa sincérité totale. J'ai trouvé un homme soucieux de son image : à toutes ses confessions particulières, il manquait un arrière-plan de vérité[65]. » Jamais, pourtant, il ne se débarrasse complètement du terme, encore moins de ses attributs. La sincérité demeure une inquiétude dans chacune de ses œuvres. Ses premiers textes en sont ponctués et *Prochain épisode* en offre le meilleur exemple. Se tissent alors des récits où « une sorte de commerce de masques s'établ[it] » entre les personnages (p. 20) et le narrateur porte en lui la question de la sincérité et, par extrapolation, « de la sincérité envers soi-même[66] ».

Tout au long de la première période (1945-1951), le héros aquinien fait face à l'incertitude à l'égard d'autrui. Dans « Dieu et moi », le narrateur est « forcé à la sincérité » (p. 24) alors que dans « Ma crèche en deuil », il n'a « plus que des lambeaux de sincérité » (p. 32). La sincérité, toujours amputée, demeure le prétexte de la recherche de son essence qui jamais ne réussit quand le narrateur confronte l'Autre. Dans la seconde et la troisième période, l'incertitude conduit à la perte de soi par le dédoublement : « Toutes ces années de double vie ne semblaient plus [...] [qu']une futile multiplication de mensonges[67]. »

---

65. *Journal*, p. 358.

66. Titre d'un ouvrage de Jacques RIVIÈRE qu'Aquin a lu : *De la sincérité envers soi-même*, Paris, Gallimard, 1943, 173 p.

67. « La dernière Cène », p. 194-195 de cette édition.

La sincérité vaut pour l'identité du narrateur qui, à un moment, se sent dans l'obligation de la révéler: «À vrai dire, je ne suis rien: je ne suis même pas un homme, mais une femme!» De la part du narrateur, elle se fait aveu de vérité:

> Si j'éructe ce dernier aveu comme souffle agonistique, c'est que, derrière tant d'auteurs incohérables, derrière des personnages lancés sur le papier comme des engins de mort et tant d'efforts de fiction, une seule réalité émerge: la volonté mortuaire qui emplit mon âme de morte[68]!

De même, le héros de *Prochain épisode*, en position de victime face à H. de Heutz, réussit à se sauver en le distrayant avec une histoire invraisemblable: «Au fond, j'ai peut-être donné un bon numéro. Je joue le tout pour le tout. Je continue dans l'invraisemblable[69]...» Quelques pages et péripéties plus loin, le héros, en position souveraine, se laisse distraire par le même récit farfelu, mais cette fois, relaté par son rival. Après l'écoute du récit, le héros est embarrassé: «Vraiment vous chargez un peu trop à mon goût, sans compter que vous manquez totalement d'imagination! Comme je dis cela, il éclate en sanglots et avec tellement de sincérité que j'en demeure troublé[70].» Événements en miroir, les rôles sont totalement inversés, les mêmes paroles cependant demeurent, elles

---

68. «Le pont», p. 203 de cette édition.
69. *Prochain épisode*, Bibliothèque québécoise, p. 57.
70. *Ibid.*, p. 79.

sont le foyer immuable de l'action et de la réflexion. La sincérité et la possibilité de son masque posent le problème même de la relation entre moi et l'Autre et de l'action à entreprendre : l'Autre est-il sincère ou ment-il ? Joue-t-il un jeu ? Car, pour Aquin, l'affirmation est inséparable de sa question : « les raisons de vivre sont à double sens et portent, en elles, le principe de leur contradiction[71] ». Le héros aquinien est alors un « agent double, à la poursuite d'un frère-ennemi insaisissable qui n'est que sa propre image dans un miroir[72] » ou plutôt, qui est aussi sa propre image dans un miroir. D'où l'impossibilité de cerner l'Autre ou de le posséder : « Ce qui, en fait, était ma nature, elle le prenait pour un masque[73] », dit le narrateur de « L'intransigeante ». D'où le tragique du *moi* : il est aussi insaisissable et incompréhensible que l'Autre.

*
* *

---

71. *L'Invention de la mort*, p. 124.

72. Patricia SMART, *Hubert Aquin : agent double*, Montréal, PUM, 1973, p. 7.

73. « L'intransigeante », p. 48 de cette édition.

Ces nouvelles sont les premières d'Aquin. Elles font partie de son œuvre de jeunesse et doivent être considérées comme la recherche d'un style propre — qui ne se fait pas sans tâtonnements ni ratés — plutôt qu'une œuvre fictive pleinement réalisée. Aquin en quelque sorte s'essaie à l'écriture afin de trouver sa voie, d'entendre sa voix. Tout comme le *Journal*, ce volume des *Récits et nouvelles* est « une pièce désormais indispensable à notre connaissance d'Hubert Aquin et à l'analyse de son œuvre[74] ». Il reconstitue l'itinéraire de la fiction qu'emprunte Aquin et donc fixe, d'une nouvelle à l'autre, les moments d'une esthétique en devenir.

---

74. Bernard BEUGNOT, Présentation du *Journal*, p. 32-33.

Note sur l'établissement des textes

Des nouvelles publiées dans *Le Trait d'union*, *Le Quartier latin*, *Le Haut-Parleur* et *Liberté*, il n'y a qu'un seul état de texte connu[75]; le texte de base s'impose de lui-même. Le principe d'édition, qui est celui de l'intervention minimale, nous a conduit à limiter nos interventions aux coquilles et à certaines erreurs grammaticales[76]. La ponctuation originale a été respectée; quelques absences

---

75. Bien que certaines nouvelles aient été reprises dans *Blocs erratiques* (© Les Éditions Quinze), elles ne constituent pas en soi des états de texte. Voir à ce sujet *Mélanges littéraires,* tome II (p. xv; 469-470). Nous remercions Jacques Lanctôt, du Groupe Ville-Marie littérature, de nous avoir permis de reprendre les nouvelles de *Blocs erratiques*.

76. Telles des erreurs de conjugaison (« qu'il me voit » au lieu de « qu'il me voie »), des accords de pluriel (oubli du « s » à la fin d'un mot ou du « nt » pour un verbe), ou encore l'omission du « que » après une proposition marquant une restriction (ne) ou bien le contraire, l'absence du « ne » dans la proposition commandée par le « que » en subordonnée. Ces corrections ne sont pas signalées dans l'édition.

ont été comblées lorsque l'évidence le commandait. Par ailleurs, certaines tournures malhabiles n'ont pas été corrigées[77]. Les usages propres au Québec et les barbarismes ont été, lorsque le bon sens l'exigeait, annotés; cependant, les néologismes aisés à comprendre ne l'ont pas été.

Quant aux nouvelles inédites, leur description matérielle figure dans la section «Variantes», précédant le relevé de celles-ci. Signalons que [Fin été 67] pose un problème spécifique d'édition parce qu'elle est constituée de trois segments textuels. Comme deux assemblages possibles donnent deux lectures de la nouvelle, une selon la pagination, l'autre selon le papier, nous avons préféré donner les deux versions de la nouvelle puisque aucune information ne nous permet d'opter pour l'une ou l'autre (voir les variantes).

Outre les erreurs manuscrites et grammaticales évidentes, nous avons rétabli les guillemets («»), parfois oubliés, qui ferment les dialogues. Par contre, nous n'avons pas disposé entre guillemets tous les dialogues du texte «Les sables mouvants», car Aquin en alterne l'emploi pour différencier les interlocuteurs: lorsqu'un personnage prend la parole, l'intervention est insérée entre guillemets et précédée d'un tiret, alors que la réponse est précédée d'un tiret seulement.

Afin d'alléger la lecture, certains termes abrégés ont été transcrits en toutes lettres: les initiales des noms pro-

---

77. Par exemple l'emploi transitif direct du verbe «parler» dans «Les fiancés ennuyés»: «ils ne parlèrent pas un mot».

pres et l'heure, qui se présentait en chiffres dans le tapuscrit des «Sables mouvants» et dans le manuscrit de «La dernière Cène». Ces modifications ne sont pas indiquées dans les textes et n'apparaissent pas dans le relevé des variantes.

La richesse de l'annotation dépend des outils de travail disponibles. Le *Journal* s'est avéré une source indispensable; si Aquin le pratique comme une «hygiène mentale» (Gide), il y note aussi l'éveil de ses idées, formule des questions qu'il laisse mûrir au soleil de ses lectures et du temps afin de les préciser davantage, commente la démarche littéraire des écrivains qui le marquent, élabore des plans en vue de projets futurs, compile chronologiquement les livres lus. Il est donc compréhensible que les récits et les nouvelles dont la date de publication est contemporaine des notes du *Journal*, dont la thématique coïncide avec quelques préoccupations philosophiques ou littéraires, ou bien quelques lectures, comportent un nombre plus important de notes que d'autres, pour lesquels nous n'avions ni avant-texte[78] ni documentation valable. Le *Journal*, s'il a été tenu, demeure inaccessible entre fin novembre 1949 et fin janvier 1952. Faute de renseignements précis sur les lectures d'Aquin et ses inquiétudes à ce moment, les sources de quelques

---

78. «Ensemble constitué par les brouillons, les manuscrits, les épreuves, les variantes» qui précèdent matériellement un ouvrage. «Petit lexique de l'édition critique et génétique», Bernard BEUGNOT, *Cahiers de textologie* 2, 1988, p. 72.

nouvelles publiées durant cette période demeurent inconnues : « L'enfer du détail », « Ma crèche en deuil », « Le dernier mot » et « L'intransigeante ».

La forte unité thématique de l'œuvre exigeait certains rapprochements. Sans aligner des miroirs aux reflets infinis ni dédoubler indéfiniment les variations sur un même thème, nous les avons établis dès lors que cela permettait d'éclairer le sens du texte et d'identifier ses sources. Les renvois sont faits aux éditions originales pour les œuvres qui n'ont pas encore paru en édition critique « Bibliothèque québécoise ».

Les appendices apportent des renseignements complémentaires sur la genèse de certaines nouvelles. Les deux premiers présentent des extraits du *Journal* et des lettres qui concernent *Les Rédempteurs*. Le troisième comprend des extraits du *Journal* qui fournissent plusieurs ébauches de plan concernant « Les sables mouvants ». Le quatrième offre le fragment qu'Aquin a puisé à même *L'Invention de la mort* afin de le retravailler et de lui donner la forme d'une nouvelle, « L'instant d'après » ; le cinquième fournit le plan de « La dernière Cène » intitulé « Un repas gâché ». Enfin, le dernier propose le cadre dans lequel la nouvelle collective « Le pont » a été produite.

*
* *

Présentation

Mes remerciements les plus sincères vont d'abord à Andrée Yanacopoulo qui mit à ma disposition ses archives et sa bibliothèque et qui lut et annota avec minutie le manuscrit des *Récits et nouvelles*. Je tiens aussi à remercier Bernard Beugnot, qui m'a grandement aidé par des remarques, des mises au point et des conseils judicieux, pour sa patience et son honnêteté ; Jacinthe Martel, qui m'a encouragé tout au long de la rédaction de ce travail, a su apaiser bien des soucis logiques ; Jacques Allard et Nicole Deschamps, qui ont accepté de lire le travail à l'état de mémoire de maîtrise. Je tiens à signaler l'aide de plusieurs amis : ceux qui ont gentiment accepté de lire des parties du manuscrit, Guy Bourbonnais, Christian Braën, Johanne Charbonneau et François Saint-Germain ; ceux qui ont généreusement répondu à des demandes spécifiques, Rémi Bourdon et Manon Dumais. Je remercie également mon frère Alexandre qui a patiemment répondu à toutes mes questions sur l'informatique.

Je tiens enfin à souligner le précieux travail d'édition d'Alain Carbonneau, que j'ai utilisé pour les nouvelles « Les sables mouvants », « Le pont (chapitre VIII) » et [Fin été 67].

François Poisson

Abréviations

AGEUM   Association générale des étudiants de l'Université de Montréal.

BIB   Ouvrage que possédait Hubert Aquin dans sa bibliothèque. La liste complète figure dans la chronologie établie par Guylaine Massoutre (tome I).

ÉDAQ   Édition critique de l'œuvre d'Hubert Aquin.

ITIN   *Itinéraires d'Hubert Aquin*, chronologie établie par Guylaine Massoutre, t. I, Montréal, Bibliothèque québécoise, 1992.

JM   Jacinthe MARTEL, « Bibliographie analytique d'Hubert Aquin, 1947-1982 », *Revue d'histoire littéraire du Québec et du Canada français*, hiver-printemps 1984, p. 79-229.

UQAM   Université du Québec à Montréal.

[ ]   Dans les textes d'Aquin, les crochets signalent les mots ajoutés par l'éditeur.

RÉCITS ET NOUVELLES
Tout est miroir

Rêve[1]...

J'étais caché derrière le divan du salon et je voulais surprendre le père Noël. Je l'entendis pénétrer à l'intérieur, par la porte, ou... à travers, je ne sais. Un moment je crus qu'il ne pouvait passer dans l'embrasure tellement il était large. Il portait une redingote rouge écarlate, armée d'une bordure en lapin. Sa tuque était empanachée d'un pompon blanc. Un visage rond, jovial, au teint hâlé, des yeux vifs, un gros nez, une barbe touffue, blanche ; c'était le portrait de ce gros bonhomme. Il se rendit à l'arbre de Noël et y déposa une boîte.

Notre arbre touchait au plafond et couvrait de ses ramures tout le coin du foyer. Depuis la plante jusqu'au faîte, toutes sortes de fanfreluches étaient suspendues à ses branches. Les bougies lumineuses placées çà et là dans le sapin offraient un coup d'œil enchanteur et ravissant.

Le gros bonhomme, après un regard empressé sur toutes ces choses, exhala un long soupir et quitta la pièce.

Intrigué du contenu du colis, je courus développer le paquet avec empressement. Oh !!! une belle paire de bottines de ski ! Justement ce que je désirais !

Mais à ce moment précis de mon rêve, le réveille-matin se fit entendre. Après avoir arrêté la sonnerie en grommelant, je fixai les yeux au pied de l'arbre : que vois-je ?... la même boîte ; je me précipite dessus, l'ouvre, prends les bottines et les essaie.

Mon père que ce bruit avait éveillé, fait irruption dans le salon, tout accablé de sommeil, et me dit de sa voix caverneuse : « T'en as du culot, toi, de fouiller dans les cadeaux des autres !!! »

Je restai là tout ébahi, ne sachant que dire ni que faire... les bottines n'étaient pas pour moi !!!

Les fiancés ennuyés[1]

L'amour c'est très bien, mais il ne faut pas s'y ennuyer. Il advint qu'un soir ils n'échangèrent pas une parole. Ils se risquèrent une autre fois le lendemain, mais sans succès : ils n'avaient plus rien à se dire. Quand il fut seul, le fiancé pensa longtemps au silence effarant qui prenait les proportions d'un fiasco ; après cette méditation, il se dit : « Créons-la à mon image et à ma ressemblance[2]. » La fiancée, elle, découragée de leur amour qui allait échouer dans le silence, comme une barque qui s'engourdit dans les sables, pleura quelques larmes ; mais l'espoir lui revint et elle se dit : « Créons-le à mon image et à ma ressemblance. » Le fiancé pensa qu'il n'avait jamais rien fait pour leur amour avant cette décision profonde ; la fiancée aussi.

Quand ils se revirent, ils parlaient tous deux ensemble, tout haut, et avec une incontinence qu'ils ne se connaissaient pas. Peu à peu ils s'aperçurent de cette conversation parallèle[3], et bientôt reprirent un langage baroque où l'un parlait à la suite de l'autre. Le fiancé n'acceptait qu'elle lui prît les mains que d'une certaine façon : en retour elle lui demandait de ne la désirer qu'à de certains moments où elle le désirait. Elle lui apprit à l'embrasser comme elle le souhaitait ; tandis que le fiancé explicita sa conception de la caresse telle qu'adaptée à son caractère. Il préférait les anémones ; il aima les roses, elle aima les anémones. Les fiancés pratiquaient l'échange avec naïveté, avec ardeur. Il lui dit : « Sois moi. » Elle l'exhorta : « Deviens moi. » Dans l'enthousiasme de leur désir, elle devint lui, lui, elle[4].

Cette transfusion des amants n'allait pas sans un charme excessif. Connaître l'autre pour le vrai, leur donnait l'impression que jamais avant ils n'avaient pris la peine de se regarder. On n'a qu'effleuré l'amour si on ne s'est pas revêtu de la peau de l'être aimé, si on n'a pas respiré de ses poumons, regardé de ses yeux, pensé avec son âme. La transsubstantiation consacre l'amour[5]. Nos deux fiancés avaient commencé d'exporter réciproquement leurs paroles, leurs désirs, eux-mêmes : ils trinquèrent, à la fin, chacun buvant une coupe remplie du sang de l'autre[6]. La fiancée prévenait les attentes de son fiancé ; ce dernier pouvait capter enfin les caprices subtils de son amie, faire coïncider ses consolations avec les peines qu'elle éprouvait. La permutation des cœurs fut si complète que la fiancée, non seulement était son fiancé, mais ne devint que lui ; et le fiancé que sa fiancée. Si bien qu'en peu de temps ils oublièrent leur identité primitive ; leur union par un cruel sortilège était redevenue ces monologues séparés de deux êtres qui ne se connaissaient qu'eux-mêmes tristement. Bientôt quelques travers surgirent : la fiancée fut blâmée des défauts qu'elle avait légués à son fiancé ; par contre, elle se fâcha d'être égoïste et accusa son fiancé. Chacun accusait l'autre de ses propres défauts : et cela vaut bien la façon habituelle qu'ont les amoureux de ne pointer que les défauts adverses. Ainsi la transsubstantiation des fiancés, après avoir atteint sa perfection, commençait de cahoter à nouveau. Ils s'en tirèrent avec un minimum de quatre ou cinq querelles douces.

Mais il advint qu'un beau soir ils ne parlèrent pas un mot[7]. Le lendemain non plus : ils n'avaient plus rien à se dire. Après six jours de ce silence sublime ils décidèrent de reprendre leur moi respectif. La première transfusion s'était opérée au sommet de la joie : le second passage du toi au moi se fit en silence, dans l'atmosphère même de leur ennui.

Le silence continuait de paralyser leur amour : le septième jour, pris d'angoisse, les fiancés se dirent : « Qu'allons-nous faire ? » Mais le silence continuait de les écraser froidement : il gagnait du terrain chaque fois qu'un des deux fiancés se demandait : « Qu'allons-nous faire ? », et qu'il n'y avait pas de réponse. Chaque jour il avançait lentement, sans bruit, et les fiancés s'enfonçaient dans la torpeur : à chaque instant qu'il gagnait sur leurs paroles, il s'aggravait. Bientôt les fiancés ne fixaient plus que cet empire tout puissant du silence, plus fort que toute parole : le silence les avait ensevelis. « Qu'allons-nous faire ? », même plus cette question. Toutes les portes du cœur étaient barricadées, toutes les voies de l'un à l'autre anéanties. Il en fut ainsi pendant des années et des années. Assis l'un en face de l'autre, les fiancés se regardaient en silence avec une douceur épouvantable. Les siècles passaient, amplifiant la détresse de leur impuissance : irrémédiablement ils avaient perdu les amoureux de jadis. La résignation arriva pour momifier leur supplice.

Mais un jour le fiancé se réveilla brusquement au milieu de ce long enterrement : il lui vint à l'idée de faire renaître leur amour qui moisissait. Il partit donc en fermant la porte avec un vacarme bien calculé, ce qui ne manqua pas de stupéfier sa compagne. Malgré sa longue expérience d'une vie paisible, elle s'alarma. Pendant ce temps le fiancé courut chez un armurier acheter une dague turque, et revint. Décidé à rompre la monotonie de leur amour, il poignarda sa compagne. Elle fut quitte de cet assaut pour trois égratignures profondes sur le corps. Mais un miracle venait d'être accompli : leur amour renaquit de sa pourriture, ils trouvaient enfin quelque chose à dire[8].

Après cette mer immobile du silence, les fiancés abordaient une île perdue retrouvée, quelque part au milieu des eaux[9]. Après une navigation désespérée et avant de sombrer à jamais, ils eurent quelques paroles sans contexte.

*

* *

Quand on n'a plus rien à dire, on n'a qu'à s'étrangler : pour rire ou pour vrai[10], cela fournit toujours une bonne réserve de conversation. Sinon vous agoniserez d'ennui, amours.

Messe en gris[1]

Je vagabondais l'autre nuit sur la route du monde : à peine quelques âmes y faisaient la promenade tristement, aucune parole ne s'élevait, on ne percevait plus le gémissement humain. Mais un homme m'aborda soudain sur ce chemin délaissé. « Ami, me dit-il, je ne connais pas ton regard, j'ignore la voie que tu cherches, mais cette nuit, un enfant pauvre fut égaré quelque part. Il n'est pas loin de nous certainement, mais il faudrait le chercher. Car si nous ne le retrouvons pas, je crois que cette nuit ne finira plus d'être noire[2]. » Puis, j'ai marché avec cet homme.

De ce lieu où nous parlions, longtemps nous avons appelé, mais le silence ne bougeait pas. Nous avons regardé partout, et la route demeurait opaque. « Si l'obscurité est si vaste n'y aurait-il pas quelqu'un pour chercher avec nous. Promeneurs fatigués, voici au moins une raison de vous attarder sur la route : cet enfant pauvre, si vous le cherchiez vous aussi. »

Bientôt des hommes s'approchèrent pour nous suivre : puis ce fut en groupes qu'ils s'amenaient. Des battues furent menées contre la nuit ; quelques-uns avançaient sur le chemin avec des torches de feu. Mais l'enfant pauvre restait toujours introuvé: quel lieu avait-il donc choisi pour épuiser sa misère?

L'anxiété torturait les hommes: en peu de jours le problème eut accès aux pourparlers diplomatiques. L'excitation traversait l'univers: les gouvernements dépêchaient des armées pour explorer la nuit, ce fut des peuples entiers qui se précipitaient au hasard de la terre pour trouver celui qui est pauvre. Les nations s'affolaient, couraient pêle-mêle sur les chemins les plus inconnus. Et pour assouvir cet universel énervement, le vent de l'émulation parcourut tous les peuples de la terre. Déjà la concurrence naissait entre les gouvernements, on établissait des statistiques sur le pourcentage de chances de chaque nation dans cette recherche. La situation diplomatique se crispait. Quelques frictions se produisirent, il y eut des tentatives d'accaparement de la Recherche, des ripostes, et un bon matin, pour couronner cette suprême confusion, ce fut la guerre.

Les peuples se jetaient les uns dans les autres. En peu de temps, les hommes qui avaient cherché l'enfant pauvre apprirent à se déchirer entre eux; les torches de feu qui avaient éclairé contre l'envahissement de la nuit, c'est à calciner la chair humaine qu'elles servaient maintenant. De toutes les parties de la terre le sang éclaboussait honteusement. La guerre ne s'arrêtait plus; par milliers les hommes se précipitaient dans le plus vaste carnage que n'avait jamais enfanté la race de Caïn[3]. Le sang coulait comme une mer, et toutes les larmes du monde n'auraient pas suffi à pleurer tant de cadavres. Il n'y avait plus de promeneurs sur les routes, et la plus petite étoile au ciel qui aurait pu jeter un peu de lumière sur la nuit, on l'avait crevée.

Dispersés dans les plus lointains replis des continents, les quelques naufragés qui restaient de cette sombre épopée ne se retrouvaient même plus dans l'obscurité. Le sol était encombré d'épées, mais il n'y avait plus d'ennemis pour les croiser. La terre était désolée comme un tombeau.

Dans une contrée déserte, inconnue, un survivant traînait ses pas sur des chairs anéanties. Il portait sur ses paupières la nuit de tous les temps, et comme il avait peur d'être seul, il appela. Sa voix allait mourir sans réponse dans le vide. Puis une bonne fois, vaincu par la tristesse, l'homme s'est arrêté, et il a trouvé l'enfant pauvre qui grelottait au fond de son cœur. Il faisait pitié cet enfant qu'on avait oublié là, dans cette chambre froide, et qui depuis ce temps y gelait. La nuit avait été longue pour lui : ses mains avaient de grandes gerçures, pas un endroit de son corps n'avait échappé au froid. Mais le jour allait bientôt commencer, puisqu'un homme avait accueilli l'orphelin dans son foyer.

Dans ses labyrinthes l'homme erra longtemps, il traversa les sentiers les plus désespérés, mais c'est son propre cœur qu'il fallait briser pour trouver l'enfant pauvre qui agonisait de froid. La messe de minuit[4] pouvait maintenant commencer : sur un autel de cadavres et parmi le sang des hommes, Jésus naîtrait une autre fois. Dans ton cœur[5].

Pèlerinage à l'envers[1]

Comme je n'avais pu trouver aucun endroit pour coucher dans tout Jérusalem, et qu'il faisait tard, je me rendis au tombeau du Christ[2]. Le soir était frais; j'entrai sous la crypte de Joseph d'Arimathie[3] et refermai la pierre sur l'entrée. Les murs nous perçaient les yeux de leur blancheur; mais pas un fauteuil qui traînât, aucun coin où me blottir pour la nuit. Il restait la fosse: elle paraissait assez bien modulée pour le corps, et pas trop froide d'ailleurs. J'étends ma mante dans le fond.

On ne croirait pas si bien dormir dans le tombeau du Christ. D'abord on pense un peu à Jésus: je commençais même de m'émouvoir à son souvenir. Je me sentais des penchants de rédempteur, et, couché dans cette ambiance évangélique, il me semblait que je venais de mourir pour les péchés des hommes. Je fermai l'œil en Dieu.

Je n'ai pas l'habitude de m'éveiller au son des prières. Ce matin-là, j'entendis des foules marmonner leur amour de Dieu. Je n'espérais tout de même pas me rencontrer seul au tombeau du Christ: je compris qu'on y venait en pèlerinage, comme moi. J'enfilai ma mante arabe sur le dos; de l'extérieur de la crypte je percevais

13

les mugissements religieux de la foule. Sortir immédiatement devant tout le monde, me dis-je, manquerait de décence. J'erre autour de ma place; je fais les cent pas; je m'assois; du dehors j'entends toujours des oraisons jaculatoires. Il me semble maintenant entendre un sermon. J'attends encore, je n'en peux plus: la nausée me prend de cette chambre mortuaire, n'y mourons pas, me dis-je.

Je déplaçai la pierre légèrement, presque sans bruit, juste assez pour apercevoir une immense foule qui encerclait la crypte. Le prédicateur se tenait à quelques pieds de là. Comme je poussais encore la pierre, le prêtre entendit le frottement, et s'arrêta de parler. Moi je me ramassai dans un bon effort, et la pierre bascula complètement.

Je sentis la foule s'énerver lorsque je parus, pèlerin vêtu de blanc, à la poterne du tombeau divin. Déjà les petits enfants grimpaient sur leur papa pour voir, j'apercevais des yeux et des yeux se braquer sur moi. Le silence venait de se creuser dans la foule. Alors le prêtre, comme un halluciné, cria ces paroles: «Mes frères, Jésus roi des Juifs est parmi nous!»

À ce moment je sentis la foule mugir, elle s'affolait. Mais comment pouvait-on me prendre pour Jésus? En rien je ne lui ressemblais, je n'avais même pas sa barbiche. Le prêtre avait entamé un cantique qui avait plus ou moins l'air du *Te Deum*[4], car tout le monde ne chantait pas la même chanson. L'énervement mystique grandissait de façon épouvantable. J'avais beau dire à pleine gorge n'être pas le Christ, personne n'écoutait rien. On chantait des louanges à Dieu en contemplant ma face de clown. Après un certain temps on s'est aperçu que je désirais parler, la fièvre se calma. Le silence arriva : je le tins en suspens l'espace d'une bonne minute, puis je me suis élancé pour que tous entendent : « Ce n'est pas moi le Christ. Je ne suis pas celui que vous croyez. »

À peine ai-je eu le temps de finir ma phrase qu'on criait de toute part. « Non, Seigneur, me disait-on, vous voulez nous éprouver. » La foule se gonflait de folie : pas moyen de les convaincre que je suis le faux Christ. On me prenait pour le ressuscité. On se traînait à mes pieds, on implorait pardon. Le prêtre fit approcher de moi les malades. Il y en avait pour tous les médecins du monde, mais c'est à moi qu'on exhibait cette vermine pour que j'y trempe la main. Un homme se cramponnait à ma mante et me baisait les pieds comme on doit baiser une statue j'imagine.

— Sauvez ma jambe, sauvez ma jambe, Seigneur... et il ne cessait de se crisper après moi.

— Qui croyez-vous que je suis ? lui lançai-je. Ne viens pas me demander ce que je ne ferais même pas pour ma mère. Va, ne sois pas dupe.

— Mais Seigneur remettez mes péchés au moins.

— Prendriez-vous donc la responsabilité des miens si je vous le demandais ? Non, allez infirme. On vous a triché[5].

On m'assaillait frénétiquement de tous côtés ; chacun pensait à faire guérir son mal, à faire tâter sa plaie par une main illusoire. Les gens en santé s'éloignent de Jésus ; la maladie les ramène. Une lépreuse vint à moi, elle voulait que je pose la main sur les taches gluantes qui lui mangeaient le visage. Je dis que moi aussi j'aurais la lèpre dans ce cas-là.

— Vous vous trompez, je ne guéris pas les ulcérés...

— Ne nous faites pas languir Jésus, me dit tout le monde qui attendait de moi. Ne faites pas le cruel.

J'aurais voulu me sauver de cet endroit à toutes jambes : ces espérances vaines qui étaient suspendues à moi m'exaspéraient, m'oppressaient. J'assumais la responsabilité de leurs illusions à mon égard, et cela était terrible. Même en répétant que je n'étais pas le Christ, je ne brisais pas leur entêtement. Déjà la foule s'augmentait : on était allé chercher toute la ville pour voir l'apparition. À ce moment un petit enfant parut, mal vêtu, pauvre, il boitait tristement. Il me dit :

— C'est toi Jésus ?

Cette voix trop pure demandait au moins le silence de la mienne : hélas je fabriquai quelques paroles.

— Qu'est-ce que tu veux enfant ?

— C'est vous qui êtes venu chercher maman ?

— Pourquoi voudrais-tu que ce soit moi ?

— Eh bien quand vous retournerez la voir là-bas, vous lui donnerez cette fleur.

Et il mit une anémone dans ma main... je la laissai tomber dans le sable.

Quand d'autres malades vinrent à moi, je refusai de me prêter à leur duperie. Allez-vous-en, leur dis-je. Je ne suis pas thaumaturge. Je ne puis rien pour vos pourritures ; moi aussi j'ai mes rhumatismes, mes symptômes de cancer, moi aussi j'entretiens ma vermine. Et qui vous a dit que j'étais le Christ, que je guérissais votre usure, que je ressuscitais les êtres en décomposition?

— Pitié, Seigneur, pitié pour nos péchés, me disait-on alentour de moi.

La foule se pressait sur les lieux: j'avais senti l'anxiété monter sur les visages à mes paroles. On m'avait demandé des miracles à moi, imparfait comme eux: je les voyais maintenant retomber de leurs illusions. Soudain une voix forte cria:

— Cet homme-là n'est pas le Christ!

— Ne le saviez-vous pas, lui dis-je. Je n'ai pas triché avec vous; je ne pouvais pas donner plus que ma sympathie, vous vouliez des miracles.

Comme je parlais nerveusement à ces yeux prêts à me fusiller, une confuse rumeur naissait dans mon auditoire. Déjà ma voix était résorbée dans la montée de ce murmure.

— C'est un imposteur, criait-on.

— Il s'est moqué de nous.

— C'est un maniaque.

La rumeur gonflait de façon inquiétante: quelques vieux fous me crachaient à la face. Des imbéciles vociféraient sur mon blasphème. On me traita d'antéchrist, de monstre. Puis des enfants m'arrosèrent de sable, ce qui déclencha la frénésie des hommes. On se mit à me lancer des pierres. Je m'enfuis de ces lieux comme on allait me lapider.

*
* *

On m'avait demandé ce qu'on ne peut attendre que d'un
dieu : à certains mortels j'ai demandé autant[6]. Je les ai
crus capables d'autant d'amour qu'il fallait pour engloutir
ma solitude. J'ai imploré d'eux des miracles, parce que je
me sentais perdu : parce que j'avais trop soif, je les ai crus
intarissables. Ils ne le sont pas. Je n'aurais pas dû leur
lancer des pierres quand je vis qu'ils n'étaient pas dieux[7].
C'est moi qui avais triché.

Histoire à double sens[1]

À la trépassée[2]

L'autre jour, à mon château[3], un homme se présenta qui se disait mon assassin. Sans hésiter je l'invitai à passer la porte. Beau et resplendissant, mon assassin est entré dans l'encolure de ma vie, un beau soir, sans vacarme, il est passé dans ma petite intimité puis dans ma grande, enfin à ma chambre. En quelques heures il devint mon ami; en quelques jours mon seul ami.

Sa sympathie habilement démonstrative me charma, un moment j'ai cru qu'il était généreux. Il se plut à préparer mes repas, je le surpris même à épousseter mes cendriers, mes calorifères. Il m'acheta quelques perruches mauves, embellit ma chambre de fleurs mortuaires. Décidément c'était trop: j'étais accablé d'indignité auprès de cet invité magnifique. Sous chacun de mes pas il avait disposé un tapis en poils humains, je ne frôlais pas une table sans y rencontrer une coupe de champagne servie à ma soif. Malgré les multiples dilatations de sa générosité, pas un instant toutefois, sa main ne se séparait d'un

19

éternel poignard. Croyant qu'il s'agissait d'une inavouable infirmité, je me suis attendri. Si bien qu'à la fin, j'aurais été surpris de le voir dépourvu de cet instrument d'agression.

Il lui prit la fantaisie un jour d'exterminer tous les serviteurs de mon château, qu'il pendit élégamment au lustre du salon. Cela m'inquiéta. Je ne devinais pas pourquoi cet étranger faisait table rase autour de notre solitude. Sa main balayait tout ce qui n'était pas nous : alors je vis jusqu'à quel point il désirait approfondir notre intimité. Il redoublait de délicatesses, et je pris garde. Spontanément je fus réfractaire à ce concubinage mystique. Chacune de ses paroles, je l'interprétais contre lui, je dévoilais l'hypocrisie sous chacune de ses sincérités. Cet être trop parfait me faisait trembler d'effroi. Alors à l'intérieur de moi-même je me constituai son assassin.

À partir de cette décision, je me fis gentil pour mieux approcher ma proie ; de son côté par contre il voulait m'ensorceler par la douceur. Ainsi nous échangions réciproquement nos feintes ; une sorte de commerce de masques s'établissait entre nous. Mais cela retardait l'action, nous nous attardions aux préparatifs. Pour rompre cette langueur je l'exhortai confidentiellement à se faire mon complice pour tuer « quelqu'un » ; il accepta sans méfiance, ne doutant probablement pas qu'il serait lui-même la victime de notre machination. En bon connaisseur il me recommanda la méthode de strangulation, il s'offrit même pour organiser en détail la mise en scène du crime. Jamais je n'ai vu un homme préparer sa propre destruction avec un tel enthousiasme. Le jour venu, c'est moi qui faillis être égorgé.

Il y eut dans la suite plusieurs autres approches, et plusieurs échecs. Puis chacun de notre côté, en secret, nous recommencions à faire de mauvais désirs ; en vain, car à la longue, la souplesse de nos hypocrisies tarissait, il n'y avait plus moyen d'être dupes. Il aurait fallu alors qu'un des deux s'offrît en holocauste ; mais personne ne voulait s'avouer victime.

Cette tension durait depuis quelques années sans rien briser. Nous nous répondions de feintes, mais nous ne savions plus pourquoi. J'inventais de nouveaux mensonges, dans les transes, puis je faisais inévitablement fiasco. Engagé dans cette interminable désespérance je ne m'arrêtais plus, et je fouaillais mon imagination jusqu'au râle. Mais chaque idée que je recueillais de ces affres retombait dans le néant. Je m'observais devenir stérile avec effroi[4].

Nous étions insaisissables l'un à l'autre : quand il me suivait je l'égarais, il fuyait quand je le cherchais[5]. Ah ! quelle course éperdue dans mon château. J'avais l'impression, quand j'ouvrais une porte, que la chambre où j'entrais se décuplait tout à coup, et me rendait mon ennemi dix fois plus introuvable. Je me perdais dans mes inextricables couloirs : mon château se multipliait à l'infini, chaque ombre se dédoublait du fantôme de celui qui me poursuivait.

La vastitude de cette sinistre maison ne recevait plus nos appels. En perdant de vue mon assassin, je me perdais. Je me voyais tourner en rond dans ma solitude.

Nous avions inventé le labyrinthe où nous devions nous perdre à jamais.

Puis la tragédie se termina. Égarés au fond de nos décors, nous nous sommes crevés de nos propres poignards[6]. Et nos agonisements ne finissent plus. Hélas hélas, mon ami, nous n'étions pas faits pour nous comprendre[7].

Dieu et moi[1]

Il me plairait maintenant de vous parler de Dieu. J'avais jadis essayé de l'atteindre par symboles, mais toutes les images que je m'étais plu à fabriquer de son infinité me faisaient tourner en rond. Il m'avoua plus tard, lui-même, que l'homme ne produisait tant de symboles et de mythes que pour masquer l'indigence de sa pensée. Je m'étais alors écrié : « Mais Dieu, que faites-vous de la poésie, cette recherche par le symbole[2]... ? » — « Bah, me répondit Dieu, les poètes se reposent dans l'obscurité flatteuse de leur vocabulaire. Trop souvent le langage est un piège pour l'homme : les fantasmagories qu'il invente sont tellement opaques... » Ce jour-là je réalisais la détresse d'avoir à penser par images : nos symboles, me disais-je (après Dieu), marquent la fatigue de notre pensée. L'image lui est une occasion de suffisance...

Dieu m'accorda d'autres interviews. Enfin je trouvais l'occasion d'aborder cet inaccessible personnage de l'histoire. Mes prévisions, mes images, mes désirs furent du coup déconcertés : il transcendait ou déjouait tout ce que je m'étais attendu à trouver en lui. Par définition, Dieu est l'être le plus imprévisible : il ne souffre pas qu'on l'imagine...

Quand Dieu m'aperçut pour la première fois, il ne put retenir une exclamation incertaine qui voulait dire peut-être : « Mais que faites-vous ici ? Est-ce que vous vous ennuyez ? » Je protestai de l'inépuisable intérêt de sa Création et du plaisir que j'y prenais, mais il me poursuivait encore de questions, il me forçait à la sincérité. Je dus lui avouer finalement avoir été plus curieux que croyant. Il y avait de fait au fond de mon désir de voir Dieu, à peine une once de foi véritable et trop de cette curiosité profane ou profanatrice[3].

« On parle beaucoup de vous sur terre », lui dis-je. « Je suis le grand absent qu'on n'a pas tout à fait oublié... » Je repris : « Non, vous êtes trop présent, vous êtes un remords pour l'homme... » — « Un remords étouffé... » — « D'autant plus redoutable[4] », lui dis-je. Alors commença entre nous un échange de paroles qui me donna le vertige de la pensée pure. Mon sublime interlocuteur broyait impitoyablement notre langage, il inventait au fur et à mesure de notre entretien une syntaxe impossible ; à chaque tour de phrase, il engendrait quelque rapprochement lumineux, retrouvait une insoupçonnable étymologie à tel mot usuel[5].

Dieu me parlait, et les mots qu'il disait avaient une exceptionnelle légèreté, ils voltigeaient, ou plutôt c'est Dieu qui les survolait : à un certain moment j'eus l'impression de voir la pensée s'échapper des mots, la pensée enfin détachée du poids des mots, libérée de leur misère. Toutes mes catégories s'affolaient devant cette parfaite autonomie de l'Idée ; principes, axiomes, définitions se bousculaient dans ma pauvre tête. J'étais au centre de l'Indéfinissable, rien à faire, mon esprit se perdait.

Dieu s'écoutait parler, car moi, pauvre, je ne le suivais plus. «Parlez-moi un peu», dit-il. — «Vous vous moquez de moi», dis-je. — «Jamais», protesta-t-il...

«Enfin, me décidai-je à dire, que pensez-vous de moi?» — «Ah, me dit Dieu, vous commencez à penser et cela ne me déplaît pas trop...» — «Comment cela ne vous plairait-il pas que je pense...?» Dieu ajouta: «Quand les hommes réfléchissent, ils se mettent infailliblement à me faire des crises: ils ne viennent plus à moi comme des petits enfants[6], mais en boudant, en critiquant ce que je fais pour eux.» — «La pensée, hasardai-je, rend l'homme morose...» — «Orgueilleux surtout! Il se sent capable de me mépriser; quelques-uns ont même douté de mon existence, tous ont secrètement conspiré contre moi[7].» («En vain», me dis-je) «Au fond j'aime bien que l'homme me résiste un peu. Je ne maudis pas son orgueil, ni parfois son cynisme. Les proies trop faciles me lassent...» — «L'homme souvent vous résiste par coquetterie. Il fait exprès: quand il vous met de côté, c'est qu'il veut retarder votre avènement. L'orgueil de l'homme le retient de s'abandonner à Vous du premier coup; il se débat un peu, émet un doute, se moque, blasphème, tout ça pour fronder.»

Je lui demandai finalement: «Mais Dieu, que pensez-vous de moi?» — «Eh bien, m'avoua-t-il, tu me résistes trop. C'est là ton grand péché[8].» — «C'est pour me prouver que je suis libre.» — «Au diable, me dit Dieu, tu es un cabotin.» — «Non, mon Dieu, je m'ennuie ici-bas, les hommes finissent par manquer d'intérêt et il faut bien que mon esprit engendre des anomalies pour que je m'amuse un peu. » — « Bref, homme, tu manques de sincérité. » — « Hélas oui ! Je me fais original en voulant éviter l'ennui, je suis extravagant par horreur de la banalité : alors je vous résiste ». Et il dit : « Tu as simplement résolu de m'impatienter... »

Dieu me congédia, m'invitant toutefois pour une autre audience où il m'expliquerait enfin les fameuses preuves de son existence. Moi je ne voulais plus partir ; l'antichambre du ciel me charmait infiniment. En fin de compte, Dieu vint me reconduire jusqu'à la porte. « Adieu », lui dis-je, et je redescendis aux enfers.

L'enfer du détail[1]

À Claude Paulette[2]

Je songe à cet homme qui eut un jour l'idée de devenir parfait. C'était presque mon ami. Je l'ai à peine connu, puisqu'en fin de compte il n'eut jamais la patience de me parler; considérant sans doute la conversation comme un défaut de perfection. D'ailleurs tout régime de vie avec un autre mortel lui donnait la nausée: il ne pouvait se résigner à la somme de temps perdu dans tout le commerce humain[3].

Mon compagnon devint de plus en plus farouche à la facilité. Il rompait chaque propos naissant qui ne tournait pas à la perfection, évitait tous les «bonjour», «bonsoir», «au revoir» possibles: il abolit toute formule de politesse, préférant d'intenables silences à des paroles insensées.

Cet homme était vraiment pris par son idéal. Il voulait être parfait, follement parfait: non pas bien vu des médiocres, même admiré. Il conçut d'exiger de lui le *moi* le plus accompli: assouvir tout son être, se transcender, se retranscender... fleur, il voulait éclore. Ainsi, il étudiait minutieusement chaque parcelle de son précieux *moi* pour la garder de toute déviation; il faisait attention pour ne pas que tel muscle jouissât[4] isolément du reste, ou tel organe fonctionnât sans conséquence.

Je ne sais rien de plus grisant que le vertige de soi-même, cet exercice d'équilibre sur une ficelle, où chaque pas doit être l'intransigeance même, chaque perceptible mouvement du corps accompli avec l'extrême rigueur. Fragilité de la perfection! Citadelle qu'un seul souffle de suffisance pourrait jeter par terre.

Mon ami se préparait donc en vue de l'acte parfait, de l'œuvre qui enrôlerait du coup toute l'armée de ses vertus. À partir de ce point la conduite de mon ami me fut inexplicable: mais comme il me paraissait déjà plus grand que nature, je me retins de le juger quand il se mit à faire des syllogismes. Il se prêtait à cette mortelle pratique du matin au soir avec une dévotion incroyable. Je crus diagnostiquer à cela un léger signe de folie.

Plus tard seulement, je compris. Cet homme avait résolu de ne rien laisser en vrac de lui-même, donc il refit l'éducation de son jugement, puis de son esprit, car que pourrait-il faire de parfait avec un esprit infirme, engourdi dans ses préjugés, emmuré de scrupules, faussé par une tradition de malentendus? Ah, combien d'années mon compagnon dépensa-t-il à cette impossible tâche...

Mais l'âme est poreuse à l'imperfection. Pendant que mon compagnon avait réglé son esprit, d'autres démons: impatience, désir ou désespoir, s'étaient insinués. Ce fut le travail de ré-expulsion, mais cependant l'esprit avait rouillé, le corps pourri... éternel recommencement qu'est la perfection[5]. Que l'âme s'échappe un peu, tel détail à corriger la ramène en arrière. Et cela qui cloche, ce grain de vice encore, cet infime défaut, et voilà qu'on n'avance plus. L'homme parfait reste là sur place, saintement[6] à l'affût du moindre soubresaut d'imperfection, de la plus petite bosse de péché.

Je sentis mon ami s'égarer au milieu de son idéal; trop d'appâts s'offraient à la fois à son désir de perfection, il en fut dérouté, désaxé, corrompu. Chaque occasion de perfection lui était irrésistible, vous comprenez jusqu'où cela peut mener. La moindre chose à perfectionner résumait pour lui toute la perfection; son idéal se multipliait lamentablement. La perfection, c'était, selon les jours, la température ou l'étouffement des mauvaises pensées, quelquefois la digestion sans hoquet! Chaque détail accaparait l'ensemble; pour ce saint incanonisable, *les points sur les «i»* tenaient la grande vedette dans sa conscience...

Il y a tellement de péchés mortels dans une vie d'homme, c'est à y perdre la tête! Mon compagnon en mourut, lui. Son idéal de perfection, au départ, n'avait pas d'équivalent en profondeur et en immensité, mais chaque instant où cette religion devait se concrétiser en morale, son absolu se relativisait; la perfection, quand on vient pour la réaliser, se rapetisse jusqu'au moment où elle n'est plus qu'une question de détail, un péché véniel de plus ou de moins. Ah, il y a trop de détails ici-bas! Qui ne s'y perdrait pas quand il cherche la simplicité[7]...

Ma crèche en deuil[1]

Voici mon aventure. Je marchais sur la route la plus incarrossable du monde. Je venais de rompre avec mon enfance et je m'engageais dans le chemin le plus près du néant, le plus impardonnable. Du noir qui m'entourait, surgissait à chaque instant quelque monstre aux mains innombrables, je voyais des labyrinthes tout entiers se dresser dans la nuit et m'appeler vers eux. Je vis même les sept chandelles du vice[2] se tordre devant mon désir, et, ce soir-là, Satan m'apparut qui pleurait des larmes de déception. La nuit conspirait contre mon imagination. Au sortir de l'enfance, je m'aventurais dans la hantise avec ravissement.

Mon enfance s'évaporait ; j'en portais encore dans mon cerveau quelques résonances douloureuses, tous les moments de pureté que j'avais vécus jadis revenaient à moi comme des spectres. J'étais un château de vieux souvenirs...

Puis, ce fut l'ère de ma complication. Mes sentiments avaient été simples, ils se ramifiaient maintenant en nuances infinitésimales, mes émotions les plus grandes devenaient interprétables en plusieurs façons, j'en venais même à douter si j'étais vraiment ceci ou cela. Je m'analysais pieusement, et j'étais devenu, abomination! une bête à double sens.

Un jour, Jésus vint au monde. J'avais oublié la pureté du cœur, il me montrait le cœur le plus pur entre tous; il m'entourait de sa candeur, moi qui n'avais plus que des lambeaux de sincérité. Jésus venait à moi comme mon enfance perdue[3]... Chaque parole de lui m'était un remords, le moindre de ses gestes m'obligeait à un examen de conscience. Un instant, j'eus le désir de devenir simple comme Jésus, mais ce désir, comme tant d'autres, s'égara dans ses propres délibérations.

Compliqué, je l'étais à jamais, irrémédiablement, et tellement que je ne pouvais supporter rien de pur autour de moi. La candeur m'emplissait de remords, la simplicité me mettait en colère. Je conçus donc contre Jésus une rancune irrépressible. Son enfance m'oppressait à un tel point que je désirais qu'il soit compliqué comme moi. J'aurais voulu que Jésus consentît à mes détours, je rêvai de le corrompre pour m'en faire un complice.

Intérieurement je complotais contre la pureté de Jésus, j'aurais voulu l'étouffer comme un remords irréductible. Ce regard trop limpide me faisait peur. Qui croirait qu'à ce moment je devins un de ces juifs criminels qui ont crucifié Jésus. Je lui montai une croix, et j'y clouai ses membres avec chacune de mes lâchetés. C'est de tout le ressentiment de mon âme compliquée que j'ai crucifié cette âme simple[4]. Oui, j'étais bien là, le jour de sa mort, pour lui souhaiter malheur; moi aussi, comme ces juifs retors et hypocrites j'ai rêvé d'anéantir cette enfance trop pure qui me gênait, moi aussi j'ai planté mon clou d'une main honteuse...

Depuis ce jour je ne finis plus de crucifier Jésus et Jésus ne finit plus de hanter mon âme. Jésus va naître pour moi, à Noël, et je ne sais plus où le recevoir dans ma maison mille fois divisée contre elle-même. Il n'y a pas de place pour Jésus dans une âme méthodiquement compliquée, car je ne voudrais pas qu'il entre chez moi alors que tous mes compromis sont à découvert, pêle-mêle, et que tant de crimes germent encore dans mon cerveau. Quand un homme s'entoure d'une muraille de complications, Jésus ne sait plus où frapper pour qu'on lui ouvre[5]...

Que mon arbre de Noël est chargé! Et pourtant je n'ai plus rien à offrir que cet arbre mal décoré, masqué par trop de brillants. Je n'ai plus rien à offrir, au pied de n'importe quelle petite crèche, que cette complication de moi-même, qui voudrait, pour un moment, se purifier et s'oublier tout près de l'enfant Jésus.

Tout est miroir[1]

Tout cela a commencé au milieu d'une vie ennuyante. Le sommeil avait eu son temps, la médiocrité aussi. C'était depuis toujours un homme appliqué mais il voulut perdre le nord...

À partir de ce moment, j'ai vu cet homme se transformer audacieusement. Bientôt il fit place à l'ironie dans son existence, puis graduellement y fit entrer la moquerie, le sarcasme, et enfin la révolte. C'est que l'espace d'un moment, il s'était imaginé que sa misérable vie, il pouvait s'en servir librement; qu'il pouvait la soustraire au monnayage universel. Mon ami surgit alors de son propre affaissement: qui veut renaître se révolte... et l'inverse.

Cet injustifiable héros imagina donc pour sa vengeance, une fête[2], humble disons, presque clandestine. Au fond de sa chambre chaque soir cet homme fêtait devant son miroir. Son âme tirait toute joie de cette abominable réflexion. Mais il passa outre: sa soif lui découvrit d'insondables sources. Son regard déshabillait sa propre vie des détails les plus insoupçonnés; chaque objet avait un maximum de valeur de fête qu'il fallait exploiter, les plus ordinaires recèlent parfois d'infinies interprétations[3]. La fête c'est se refaire l'œil, ne plus regarder incessamment. Dans cet esprit, mon ami inséra dans sa maison une juste quantité de dynamite pour la complètement dévisager. Sous l'aspect ruines, elle avait un cachet plus esthétique qu'il chérissait contre toute commodité.

Déjà il voyait toute chose à l'envers, ne cherchant, malgré l'usage qu'on en faisait, que le coup d'œil gratuit. Pour donner plus de consistance poétique au flammable[4], il le brûla : aux choses périssables, il infligea leur visage définitif de choses péries. N'étaient aptes à décorer son palais que les fleurs fanées ; il éleva même un autel où chaque jour s'accomplissait douloureusement le sacrifice d'une fleur. Puis il se fit apôtre de ce culte maladif.

Mais son cœur n'éprouvait pas encore la grande extase de la fête, quelque chose manquait à ce dévergondage. Sa muse lui rapporta donc un jour l'étripure[5] d'un cheval, il s'en fit une grande fresque murale. En multitude toutes les variétés de la race féline furent égorgées, il en fit de la dentelle...

La fête qu'il avait laborieusement provoquée, maintenant l'entraînait avec elle. Le rythme qu'il avait désiré le devançait vertigineusement. La danse allait son train. Mon ami exploita l'homme. Il dépouilla notre constitution séculaire de son assemblage habituel. Il recollait ensemble des parties incompatibles du corps humain, composant ainsi, de ses paradoxes esthétiques, un mannequin baroque... De chaque crâne ainsi abstrait il fit une cloche ; et du trop de ces cloches mal assorties, il fabriqua un orgue. Sur ce clavier cérébral[6], il se chantait des chansons tristes.

Le moindre détail en l'homme qui avait quelque fin, il l'en détournait; tout ce qui servait ne devait plus servir, sinon à cette fête. Tout ce qu'il voyait devait renforcir[7] son projet, tout ce qu'il touchait, frôlait, humait, devait être enrôlé. Alors il enchaîna ce qui restait dans le cœur de l'homme: les quelques sentiments disponibles pouvaient décorer les coins nus de cette fête: la joie se fit ornement, la patience un contexte. Puis il sonda encore, gratta jusqu'à l'os, et fit naître, à les chercher, les plus insoupçonnés désespoirs.

Il épiait les moindres soubresauts de son âme pour en grandir la fête; pas un battement de cœur, pas la moindre petite émotion ne devait échapper à cet artiste déchaîné. Il y eut des lambeaux d'âme humaine, des arrachements, des mains sur une épaule. Dans les coins les plus sombres, on avait, hélas comment, cloué les caresses les plus inachevées, et les vieilles étreintes trop de fois refrottées agonisaient en beauté.

Ah quel monde retourné! restait-il encore quelque chose que ce fol artiste n'avait pas totalement inverti? Sa frénésie avait-elle épargné une seule parcelle d'ordre? D'une seule inspiration cet artiste avait doublé chaque chose... Plus de baisers, plus d'étoiles, plus rien en vie que cette fête homicide. L'artiste était sur le bord de la joie: son œuvre déchirée lui renvoyait une image exagérée de sa puissance.

Pour achever cette impensable fête il s'y jeta lui-même. Pour finir, il fallait anéantir le dernier spectateur. À ce moment, un grand vacarme se produisit dans toute la foire, quand l'artiste se crucifia au milieu de son œuvre.

Ce fut le plus beau moment du spectacle quand le dernier œil qui le regardait fut crevé.

Alors tout avait pris son sens. La fête, cet effort excentrique du cerveau, devenait une immense toupie ontologique qui se regardait tourner sans rire. Ah! spectacle sans spectateurs, qui, gorgé de son propre vertige, s'enfonçait en lui-même comme une pensée qui se pense. Au centre de cette rotation sublime, il y avait l'âme de l'artiste, crispée comme un Dieu[8]...

*

* *

En vous racontant cette fantasque aventure, j'ai passé près de devenir Dieu; j'avais mobilisé mes archanges, j'organisais déjà mon royaume... Rien n'était à sa place, par principe. Tout ce qui avait une place tendait à s'en dérober, encore par principe. Moi, installé au nombril de cet univers, j'étais l'être le moins à sa place. Mais tout cela dont j'étais le souverain, était tellement déplacé, que cela faillit n'être rien du tout... Alors j'allais presque recréer le monde, mais je me suis arrêté, car la concurrence de Dieu le père me contrariait. C'est entendu qu'il sera toujours le plus fort, et je suis mauvais perdant.

Le dernier mot[1]

Je connais un homme dangereux. Il ne demeure pas loin de ma grotte; je remarquai souvent l'intermittence de son comportement avec moi. Je sais bien que certains soirs ma présence lui était pénible, je devais sans doute lui rappeler quelque souvenir affreux. Il fermait les yeux douloureusement quand je passais devant lui.

D'autres fois, il me parlait. Mais déjà sa condescendance cachait un secret ressentiment. Il me regardait comme un juge en mal de condamner. Je ne parvenais pas à me débarrasser de ce sentiment d'infériorité auprès de lui. Il m'écrasait de sa dureté; son regard me réduisait à peu... Je pensai un instant que je pouvais lui nuire. Je devins humble, je me recroquevillai sur un minimum d'importance.

Je pris l'habitude d'éviter cet homme, et, chaque matin, je marchais seul dans mon désert. Mon ami continuait de souffrir: je vis par moments son visage se transformer, devenir violet comme une peau de cadavre. D'autres fois que je l'observai (car je devenais curieux) il se prêtait à des expériences de légèreté. Il tentait de marcher sans même effleurer le sol. Puis, peu après, je le vis devenir tout mauve, le visage tendu, brisé. J'eus l'impression qu'il voulait anéantir toute sensation corporelle, que sa chair lui était un empêchement de spiritualité.

Oui, j'ai compris ce jour que cet homme voulait s'exiler de notre condition animale, que son âme était dans la plus grande impatience de s'évaporer de toute charnellité. C'est déjà beau que j'aie compris cela, car, à ce moment de mon existence, je ne séparais presque rien, et j'avais une seule réponse à l'appel de la chair et à l'appel de l'esprit. Mais j'ai compris quand même que mon ami était gêné d'être animal, et que cette chair qui m'était légère lui paraissait une terrible infirmité.

Charnel que j'étais, je me sentis honteux, coupable, auprès de cet ami intransigeant. Chaque jour, son horreur de moi devint plus dangereuse, car j'étais la pire incongruité dans sa vie, j'étais une rupture vivante et ignominieuse de son désert; mais, chaque jour, je crois, il avait plus de pitié pour la pauvre bête que j'étais. Je devais le fuir, car sa pitié m'aurait tué; le désert n'était pas assez vaste pour ma crainte. Un soir je me trouvai un petit espace d'où l'observer sans qu'il me voie, ce soir-là il se montra fort.

Jamais je n'eus telle émotion dans ma vie. Le soir ne respirait pas comme d'habitude, le firmament tremblait. Mon ami était parvenu à la limite de la désincarnation : sa chair n'était guère plus qu'un masque éthéré, un voile qui persistait faiblement. Puis je vis cet homme s'évaporer, chaque particule de sa chair se volatiliser en encens. L'intensité, la surpuissance de sa spiritualité anéantissait tout ce qui pèse, tout ce qui est opaque; la matière se désagrégeait sous la pression de son âme. Il y eut un moment d'hésitation, une suspension douloureuse entre l'homme et l'ange. Et alors, avant l'assomption totale, j'aperçus son visage illuminé d'un sourire. Quel départ déchirant[2] !

*
* *

Le sourire, c'est le dernier mot de l'âme. Depuis ce jour, je ne sais rien de plus beau que le sourire de mon amie[3].

Rendez-vous à Paris[1]

Personne ne veut me croire. Pourtant c'est vrai qu'il est venu, je l'ai rencontré. Un bon soir à Paris, je marchais nonchalamment sur le Boulevard des Enterrés[2], tout à coup un type me lutte[3] assez durement. En bon civil, je maugrée, j'allais l'engueuler... «Hubert Aquin, me répondit cet homme, tu ne m'as donc pas reconnu?» Je le regardai vivement, analytiquement. «Seigneur!» m'écriai-je. Oui, c'était bien lui, le Christ, l'homme Dieu, l'ami[4]...

Nous avons donc marché ensemble. Il n'y avait pas grand-monde à Paris ce soir-là, et le Boulevard des Enterrés était quasi funèbre. Le Christ m'avait mis une main sur l'épaule et il me parlait de choses et d'autres. Je sentis que ça lui faisait du bien de parler comme ça, simplement. Un moment il s'arrêta et me dit avec une teinte de désolation: «Tu sais, Hubert, ça ne va pas.» Puis il se remit à marcher tête basse; je ne savais trop comment m'y prendre pour le consoler. «Allons, allons, lui dis-je, on a déjà vu pire.» Il ne m'écoutait pas, il continuait de filer ses pensées tristement.

Il se décida à me parler. «Je suis déçu, me dit-il, oui déçu. Je viens de faire un voyage inutile à Paris... j'étais descendu pour le Jugement Dernier[5], pour en finir avec les existences humaines. Je croyais le temps venu, les hommes assez mûrs, les plaies assez creuses... »

« Vous nous auriez pris en surprise », lui dis-je. — « Oh mais vous pouvez attendre maintenant. Je t'avoue Hubert que je suis désolé du peu de raison des hommes, du peu de mérite... Du ciel, l'agitation nocturne des grandes villes me paraissait une infâme promiscuité. Et comme Paris me semblait le Sodome et Gomorrhe[6] de cette civilisation légère, je rêvais d'y installer le Jugement Dernier... » Moi j'apercevais déjà l'Assemblée Nationale transformée en tribunal céleste, la Tour Eiffel épée de Dieu dans Paris repentant... Le Christ continuait : « En général les idiots sont responsables. Au fond ces diables d'hommes (sic) sont de remarquables pince-sans-rire et je me suis fais prendre. »

Le Christ se vidait le cœur ce soir-là, nous continuions de marcher, passants obscurs dans un Paris trompeur. Au bout du Boulevard des Enterrés, nous avons pris le Pont de l'Inconséquence pour retraverser la Seine. Sous chaque réverbère il y avait un soupir, à chaque instant un désir surgissait de l'ombre. « Paris, me dis-je, c'est bien toi. » Je m'emmitouflais du climat de Paris, capiteux, malin, sinueux : je me sentais revivre au « moins bien ». Je retrouvais, avouons-le, ce vieux goût de pernicieux...

« Allons, dis-je au Seigneur, finissons-en, faisons le Jugement Dernier. L'humanité est plus mûre que vous pensez. » Mais il persistait dans sa conviction hautaine que nous n'en étions même pas à pouvoir offenser Dieu. « Tenez, Seigneur, prenez, moi... je possède derrière moi

tout un passé d'offenses, et avec cette série de gauchisse-
ments, je suis en mesure de continuer de travers. Cela ne
vous suffit-il pas?» — «Tu plaisantes sans humour» me
répondit-il. — «Je ne plaisante jamais, et tous les hommes me ressemblent là-dessus. Vous retardez le Jugement
Dernier par pitié, et pourtant il y a longtemps que les
hommes méritent un châtiment, et que Paris a perdu son
innocence!»…

Je m'emballais, j'étais lancé pour plaider notre âge
adulte, pour plaider coupable... Je trouvai insultant pour
l'humanité que le Christ ne la trouve même pas prête au
Jugement. «Tenez, Seigneur, de quoi me croyez-vous
capable?» — «De dire des bêtises...» — «Non. Je pourrais bien me jeter dans la Seine... mais l'eau est infecte,
et c'est mesquin, se suicider; ...je suis capable d'être vi-
cieux, ou même de vous affronter!!!» J'étais à court
d'insultes, n'empêche; je tenais à lui montrer ma force,
mon insolence... «Tenez, Seigneur, je suis capable de
vous gifler...» Le Christ m'a regardé avec étonnement, ou
désolation, peut-être dureté, pitié, ou déception, amour; il
me regardait avec une éternité de vie dans les yeux...

«Tu n'en es pas capable», me dit-il. J'allais lever
ma main sur lui. «Je te le dis Hubert, tu es un pécheur de
qualité et pourtant tu pèches bêtement, sans conviction,
sans offense. Crois-moi, tant que les hommes pécheront
par coup de tête, je retarderai le Jugement Dernier[7]... car
alors même leurs vertus seraient un coup de tête, mais
dans l'autre sens.»

J'étais retombé. Ma fierté d'homme mûr pour la
vertu ou le péché, ...cela aussi un coup de tête! Ma pro-

fondeur, mes drames cinglants, mes dilemmes moraux, coups de tête, comme le reste! Mes blasphèmes ruminés pendant des mois, même chose... Cette fois je réfléchissais sur ma force, sur moi, homme mûr, fort, puissant, clair.

Le Christ me demanda: «Passes-tu par la Place Vendôme[8] pour regagner ta chambre?» Je dis «Oui». Nous avons continué en silence. À Vendôme, nous nous sommes dirigés chacun de notre côté. Je me demande pourquoi d'ailleurs; j'aurais bien pu le suivre encore, il n'était pas si tard... Quelques jours plus tard, je quittais Paris pour rien de mieux. Et je continue par coup de tête.

L'intransigeante[1]

Je suis un type assez ordinaire, au fond. Pas de grandes passions, pas de curiosité ou à peine. Je ne suis pas le genre de gars pour entrer dans le jeu; des amis, je n'en ai jamais eus et j'ignore ce que c'est que [de] faire partie d'un groupe, que se sentir les coudes. Et d'ailleurs, cela me déplaît un peu les groupes d'hommes, je m'y sens toujours comme dans un tramway trop plein; j'ai hâte de me retrouver seul, tranquille, non pas que je me considère d'un intérêt particulier, loin de là, mais je trouve que c'est plus sain. Je me connais trop bien pour ne pas m'ennuyer parfois...

Il y a tout de même six mois que je suis avec une femme. Ceci doit paraître contradictoire. Moi-même je suis surpris de me prendre en flagrant délit de m'intéresser à quelqu'un, surtout à une femme. Je lui dis qu'elle est jolie et qu'elle me plaît; je lui raconte même des souvenirs de mon enfance que je n'avais jamais déterrés. Elle est vraiment sympathique: je n'en demande pas plus, car je ne l'aime pas. Mais elle, elle demande encore, elle n'arrête pas de me tracasser, de s'accrocher à moi. C'est le genre actif, presque agité. C'est le genre encombrant.

L'autre jour, nous étions au cinéma ; elle ne finissait pas de me regarder et de me pincer le bras. Moi, je voulais bien suivre le film, elle ne s'en occupait pas. Par tous les moyens, elle voulait que je tienne compte qu'elle était là et qu'elle valait bien la peine que j'aie des attentions. Quelle rage d'importance ! Elle aurait voulu que je m'occupe minutieusement d'elle, que j'aie réponse pour chacune de ses taquineries. Elle aurait voulu être quelqu'un. Moi, qu'y pouvais-je, je restais le même. Elle me demanda : «François, m'aimes-tu ?», je lui dis : «Soyons sérieux». Je n'avais pas besoin de me concerter pour être indifférent, je l'étais sans malice, sans effort surtout. Et comme toute indifférence qui persiste est pour le moins inquiétante, inexplicable, je devins, pour cette femme, mystérieux.

Non résignée à l'homme ordinaire que j'étais, elle exigeait de moi que je sois renversant, unique, foudroyant. Elle devait spéculer sur tout ce que je pouvais être, sur tout ce que je lui cachais : ce qui, en fait, était ma nature, elle le prenait pour un masque.

Ainsi, moi, j'ai l'habitude de marcher seul à travers les rues. Au début elle me questionnait sans relâche sur le contenu de mes promenades : «Où es-tu allé ? Avec qui ? Pour quoi faire ?...» Elle me soupçonnait de je ne sais trop quoi, elle aurait souhaité que je fasse n'importe quoi pour répondre à ses imaginations. Je lui aurais dit : «Après-midi, j'ai tué quelqu'un», qu'elle aurait été contente de moi. J'étais presque gêné d'être le si peu que je paraissais devant elle, et, chaque jour qu'elle retardait la découverte de ma banalité, elle devenait plus assoiffée d'extraordinaire.

Un jour que je prenais une de mes rituelles promenades, seul, je m'aperçus tout à coup qu'elle me suivait. Elle me suivait, mais pourquoi ? Elle devait me soupçonner de quelque manie... Elle continuait de me suivre assez gauchement ; je tentai de la semer dans un grand magasin, impossible, elle m'épiait toujours. Je la sentais toujours dans mon dos qui me scrutait, qui attendait quelque chose de moi. Je devenais nerveux, fébrile. Ne voulant plus la décevoir, quand je me sentis bien en vue d'elle, je m'emparai d'un bijou sur un comptoir et le glissai dans ma poche. Je dus faire ça brutalement, sans précaution, de quoi me faire prendre. Qu'importe, le coup était fait ! Je venais de tracer le premier trait à ma personnalité fantastique ; j'étais quelque chose de plus pour elle. Elle, de son côté, devait se dire, rassasiée : « Je le savais ! » ou « Je l'avais deviné... »

Pour l'épater encore plus, un soir je lui fis cadeau du bijou volé. Une autre fois, pour l'affoler, à son goût, je dus porter un pistolet toute la soirée. Je ne savais plus quoi inventer pour apaiser son effervescence ; je m'aperçus à la longue que cette femme me faisait faire des stupidités. J'avais perdu, pour son bon plaisir, mon indifférence de jadis ; je n'avais plus de contenance. Il fallait toujours que je trouve réponse à son désir d'extraordinaire. Elle me disait que j'étais fabuleux, et moi, antifabuleux de nature, je me rompais de maladresse et d'inconséquence pour être à la hauteur de ses flatteries. Je devais être n'importe quoi sauf le pauvre diable que je suis vraiment. C'est une dure condamnation.

Aux derniers jours de notre union, simplement pour l'épater, je dus la battre au sang. Je vous assure que je n'y prenais aucun plaisir, pas plus que si j'avais entrepris de la taquiner. Au fond, la grande affaire avec moi, c'est que je déteste l'effort ; tout ce qui est tendu, forcené, me paraît superflu. Rien ne mérite que je sorte de mon calme. Tout est égal, et moi aussi. J'ai horreur du surplus sous toutes ses formes... Je ne sais plus ce qui est arrivé de cette femme ; quand nous nous sommes quittés elle m'a dit que je m'étais toujours moqué d'elle.

Les Rédempteurs

Présentation

> *Le chrétien, lui aussi, substitue à sa personne*
> *deux fictions, l'une mesquine et faible qu'il*
> *appelle l'homme, l'autre surnaturelle qu'il*
> *appelle Dieu (Sauveur, Rédempteur)...*

Friedrich NIETZSCHE[1]

Les Rédempteurs, composé en 1952 et publié en 1959
dans les *Écrits du Canada français*[2], constitue le premier
long récit d'Hubert Aquin. Cependant, un silence total a
entouré la parution de ce texte. Beaucoup plus étonnant
encore est le fait que, parmi de nombreuses études consa-
crées aux romans d'Aquin, il n'existe presque rien sur *Les
Rédempteurs*. À peine quelques mentions du titre et parfois du sujet de l'œuvre. Par ailleurs, deux articles[3] brefs

---

1. *La Volonté de puissance. Essais d'une transmutation de
toutes les valeurs*, t. 1, Paris, Mercure de France, 1941, p. 134, BIB.

2. Vol. V, 1959, p. 45-114.

3. Louis-Marcel RAYMOND, «Les Écrits du Canada français», *Le Devoir*, 1959; Victor-Lévy BEAULIEU, «Sur un récit

et sommaires, dont un premier sur l'ensemble du volume V des *Écrits du Canada français* et un second de Victor-Lévy Beaulieu, ignorent totalement le rapport au sacré du langage qui sous-tend le récit[4].

Une sorte d'interdit semble occulter la dimension mystique de l'œuvre d'Aquin au profit des registres politique et esthétique ou baroque prédominants dans les romans. Même après que son auteur a connu le succès que l'on sait, on continue de bouder *Les Rédempteurs*. Cette édition critique vient donc combler une lacune en ce qu'elle fait (re)découvrir le jeune écrivain des nouvelles, somme toute assez peu connu, nourri de l'enseignement religieux dispensé dans les collèges classiques du Québec d'alors ; de plus, en remettant ce texte en circulation, cette édition offre un outil de travail qui devrait en permettre une relecture à la lumière du discours biblique. *Les Rédempteurs* est d'une importance capitale pour la com-

---

oublié d'Hubert Aquin, *Les Rédempteurs* », *L'Illettré*, 4, été 1970, p. 3.

4. Suzanne LAMY notait, dans le cadre des premiers travaux de l'ÉDAQ, que « l'impact de la religion catholique dans l'œuvre d'Aquin est un domaine qui n'a pratiquement pas été abordé jusqu'ici par la critique ». (« Genèse de l'édition critique d'Hubert Aquin », *Bulletin de l'ÉDAQ*, n° 2, février 1983, p. 6). Quelques lectures plus ou moins récentes tiennent compte de la dimension mystique, mais ne présentent aucune analyse textuelle des *Rédempteurs* (voir Josianne LERALU, « Hubert Aquin : entre le littéraire et le théologal », *Voix et images*, vol. XI, n° 3, printemps 1986, p. 495-506 ; Pierre-Yves MOCQUAIS, *Hubert Aquin ou la quête ininterrompue*, Montréal, Cercle du livre de France, 1985).

préhension de l'œuvre globale de l'auteur, autant pour les
préoccupations théologique et ontologique qu'il contient,
déjà manifestes dans les premiers écrits du *Quartier latin*,
que pour la profonde réflexion mystique qu'il amorce et
qui se développe jusqu'à *Obombre*.

Un exercice d'écriture

Hubert Aquin a nettement vu l'écriture de son premier
roman comme un exercice. Dans les premières pages de
son journal, il avoue lui avoir consacré « sa disponibilité
et ses passions » (8 février 1952), mais il s'inquiète par
ailleurs de son efficacité :

> J'en suis à un point de mon roman où l'expression
> du fantastique m'apparaît surtout un problème de
> mots. Chaque mot, chaque tournure me donne la
> crainte de passer à côté, de rater l'effet. J'ai surtout
> peur que cela ait l'air froidement écrit, ou artificiel
> comme Gracq me le paraît aujourd'hui, ou truqué à
> la Valéry [...] Surtout ne pas faire de cela une œuvre
> « écrite » et dont l'artifice verbal serait un écran à la
> bouleversante vérité de la fable[5].

---

5. *Journal*, 2 mars 1952, p. 112 ; voir Appendice I. Si dans
son *Journal* Aquin parle de cette production comme d'un roman, en
1970, il annote, dans une lettre adressée à Louis-Georges Carrier en
1952, la désignation «roman» en précisant que «*Les Rédempteurs*
[est] paru [...] sous forme de "nouvelle allongée" dans les *Écrits du
Canada français*» (*Point de fuite*, Montréal, Cercle du livre de
France, 1971, p. 125 ; Bibliothèque québécoise, 1995, p. 129). Ce

Le récit est une « fable » biblique, et Aquin en parle en employant un lexique qui laisse deviner une certaine tension entre la dimension mystique, le travail de l'écriture et la mission de l'écrivain. Il n'est pas certain que son roman « rende cet essentiel qu'[il a] voulu y mettre : trop de chapitres, trop de gestes là-dedans ne sont pas *extrêmes* », écrit-il dans son *Journal* (31 mars 1952). Il lui semble, puisque cette « *idée* de [...] roman remonte à quatre ans en arrière [...] qu'[il n'a] plus l'*âme* pour exploiter cette révélation » (28 mars 1952). Qui plus est, il manque aux *Rédempteurs* des « scènes émouvantes » (26 août 1952).

Dans une entrevue qu'il accorde à Yvon Boucher en 1976, il ajoute que « *Les Rédempteurs*, c'est vraiment une exception, une espèce de truc qu'[il] faisai[t] à côté, comme on écrit un journal intime ou comme on peut faire un tableau une fois dans sa vie, ce qui ne veut pas dire qu'on soit peintre[6] ».

Ce récit, plus ambitieux que les nouvelles, qu'il qualifie trop rapidement de « fiasco » où « rien n'est senti » lui laisse toutefois le goût des sujets vécus où il n'a pas, selon ses termes, « à prendre la réalité par le côté, mais par ce qu'elle a de vrai et de "*réel*" ! » (15 décembre 1952).

---

flottement lexical témoigne de la difficulté de classer *Les Rédempteurs*. Aquin le désigne tour à tour roman, nouvelle allongée et fable. Nous l'appellerons désormais récit.

6. Yvon Boucher, « Aquin par Aquin », *Le Québec littéraire*, n° 2 : « Hubert Aquin », p. 131.

Malgré tout, Aquin tenait suffisamment à son récit pour le mettre en circulation. En effet, son *Journal* nous apprend qu'il a déposé, sans succès, son manuscrit chez trois éditeurs différents à Paris, notamment chez Bernard Grasset le 28 avril, chez Gallimard le 20 mai et chez José Corti le 14 octobre. Il soumet également son texte à l'Hexagone, probablement à la même époque, puisque Jean-Louis Major, dans un article sur l'historique de cette maison d'édition, fait état d'un projet de publication dès le mois d'août 1953[7]. Or, en juin 1955, Aquin retire le manuscrit qu'il voit comme un «péché de jeunesse» et qu'il renie au nom de l'écriture[8]. Mais *Les Rédempteurs* paraît tout de même quelques années plus tard, un peu malgré lui, avoue Aquin qui raconte qu'on lui a plus ou moins arraché le manuscrit qu'on a censuré, mutilé et publié sans qu'il ait corrigé les épreuves[9]. Si ce n'est pour le style, le «traitement» du sujet motivait peut-être le désir d'Aquin de rendre public un texte «si lointain» dans le temps mais au fond encore si «proche» de sa pensée.

---

7. Jean-Louis MAJOR, «L'Hexagone : une aventure en poésie québécoise», *La Poésie canadienne-française*, Montréal, Fides, coll. «Archives des lettres canadiennes», t. 4, 1969, p. 175-203. On y lit que «le dépliant qui annonce les deux premiers recueils de la collection "Les matinaux" prévoit la publication d'un roman d'Hubert Aquin intitulé *Les Rédempteurs* et d'un essai d'Ambroise Lafortune». (p. 177)

8. Voir à ce sujet la lettre datée du 3 juin 1955 qu'il envoie à Louis Portugais, secrétaire des éditions de l'Hexagone, Appendice II.

9. Voir Yvon BOUCHER, *op. cit.*, p. 131.

Immédiatement après la rédaction des *Rédempteurs*, Aquin reprend ce thème de la rédemption amorcé dans les textes parus dans *Le Quartier latin*. Il compose une pièce en neuf tableaux, *Le Prophète*, restée inédite, qui est une reprise des *Rédempteurs*, parfois littérale, dans une version théâtrale présentée sous la forme d'une tragédie classique.

Au commencement était le Verbe

Au moment où il compose son récit, Aquin a 23 ans et se trouve à Paris depuis août ou septembre 1951. L'enseignement philosophique au Québec, rappelons-le, était de tradition monolithique, tributaire de la foi chrétienne et de la conception religieuse médiévale de l'univers. Ainsi, Aquin, «produit fulgurant de l'époque des collèges classiques, de l'absolutisme religieux et du fédéralisme colonisateur[10]», reçoit d'abord et avant tout une formation philosophique essentiellement dogmatique et basée sur la lecture et la connaissance des Pères de l'Église[11].

Dans les premières nouvelles, le thème de la rédemption est intimement lié aux considérations sur la

---

10. Patricia SMART, «Hubert Aquin: *Blocs erratiques*», *Livres et auteurs québécois*, 1977, p. 209.

11. Les livres achetés et les auteurs lus entre 1948 et 1953 en témoignent. Par exemple, *Précis d'histoire de la philosophie* de Thonnard, *Éléments de philosophie* de Maritain; Péguy, Charles du Bos, Ambroise de Milan, saint Augustin, saint Jérôme, les Évangiles, etc. (Voir ITIN, p. 38-74)

corruption de l'humanité, la misère et la méchanceté des hommes, à rattacher probablement à la topique traditionnelle du *contemptus mundi* qui a laissé des traces dans tout le discours religieux, du Moyen Âge à nos jours.

Aquin est grandement sensible à la crise internationale de l'après-guerre[12]. En 1950, il assiste à un séminaire de philosophie intitulé «La notion de civilisation d'après Toynbee». Au Séminaire International de Pontigny, qui porte sur «La crise au sein de l'Europe occidentale», il est fortement impressionné, ce qui a sans doute éveillé à nouveau en lui des préoccupations manifestées auparavant dans «Messe en gris» par exemple, courte nouvelle sur la situation chaotique de l'univers. Dans le récit, les plaintes sur la misère, la guerre et les conflits mondiaux appellent la naissance du Rédempteur: «... sur un autel de cadavres et parmi le sang des hommes, Jésus naîtrait une autre fois».

Le mal vient de l'homme et exige le rachat. Les paroles du prophète Sheba reprennent ce thème en écho dans *Les Rédempteurs*, sorte de litanie incantatoire qui le traverse. Le récit aquinien se construit à partir, sur et autour du mythe de la rédemption, le commentant, l'élaborant, le développant, le transformant à la manière d'une glose du texte sacré. Les références bibliques, allusives parfois, sous-tendent le texte du début à la fin. Tous les noms propres de personnes ou de lieux sont tirés de la

---

12. Il achète en 1947-1948 *La Crise du monde moderne* de René Guénon et *Essais sur la misère humaine* de Brice Parain (voir ITIN, p. 41).

Genèse qui renvoie au commencement, à la création : tous ces personnages aux noms évocateurs des clans de Noé, d'Ésaü et de Jacob représentent par contre la lignée, la route, le sens, la direction, la révélation. Leur fonction consiste donc à confirmer la descendance, la continuité d'Abraham. Dans *Les Rédempteurs*, ces individus dont les noms sont à peine transposés, pures copies de l'autre texte, recréent précisément un chœur antique qui vient à son tour confirmer ou infirmer, voire se conformer au prophète Sheba.

Alors que la Genèse dit le commencement du monde et en fait entrevoir la suite, *Les Rédempteurs* situe d'entrée de jeu le récit, l'amorce même du récit ou de l'écriture, dans le discours de la faute d'Adam et du châtiment ou du rachat. Vie tachée, marquée, salie, souillée. Parfois d'ailleurs la punition de Dieu semble injuste et suggère la possibilité d'un Créateur qui ferait payer le péché originel à des innocents. Aux yeux du peuple d'Édom cependant, Sheba se présente d'abord comme ce Sauveur de l'Humanité. Prophète illuminé, sa parole impose le silence, éblouit, avertit, soulève les foules. Il a un message à livrer, une révélation à transmettre. C'est l'image apocalyptique ou idéalisée du Rédempteur. Dans ce contexte, Sheba paraît, apparaît, jamais clairement perceptible toutefois. La vue est interdite aux autres qui subissent l'effet de sa voix sans vraiment le voir. Sheba possède aussi un équivalent démoniaque : fou, bête monstrueuse et dangereuse (le Léviathan de l'Apocalypse), sa bouche est pleine de laideur et de souffrance, et sa voix se perd dans le gouffre de la peur.

Dans la première phase, Sheba recrée de façon exemplaire l'image du Christ. Ses déplacements se comparent à ceux du fils de Dieu. Son apparition dans la ville, qui précède sa prédication (sa vie publique), fait écho aux prêches et aux sermons de Jésus. Le sermon sur la montagne sera repris dans l'important discours que prononce Sheba sur la tribune de la place du Temple. Dans sa seconde phase, une sorte de métamorphose s'est opérée, et il représente une sorte d'antéchrist. Il porte en lui le remords de ne pas avoir souffert à la place de son peuple et il se sent coupable de tous ces cadavres inutilement immolés. Le rachat de l'homme par l'homme représente donc au départ le défi suprême lancé à la Divinité : c'est le défi d'Adam et d'Ève qui ont mangé le fruit défendu pour avoir accès à la connaissance de l'être Dieu, pour devenir Dieu ; c'est le défi de l'auteur-créateur s'instaurant au centre du logos, au cœur de l'écriture de l'univers. La faute de Sheba appelle par conséquent un *nouveau* châtiment. Le lexique juridique des procès, des jugements, de la surveillance et de l'hostilité qu'on trouve dans *Les Rédempteurs* en témoigne. La réaction immédiate de Sheba en apprenant la fuite des deux amants, Héman et Élisha, n'est-elle pas d'ordonner la punition, l'extermination ?

Sous sa première instance représentative, Sheba s'apparente à Dieu le Père, surtout par son aspect verbalisateur. Il contrôle par la parole. Au commencement était le Verbe. Sheba s'impose par ses paroles mystérieuses et grandes et partout, dès qu'il parle, le silence se fait instantanément autour de lui. La parole crée. Par ricochet,

dans *Les Rédempteurs*, le peuple d'Édom semble ne posséder que le sens de l'ouïe. Tout comme dans la Bible, les
métaphores de l'oreille dominent, accentuant le caractère
prépondérant du locuteur. Le peuple reçoit la parole,
écoute, mais ne voit guère.

Du sacré au profane

Si, initialement, Sheba voit plus loin que tous les autres
hommes, la situation se retourne à la fin du récit quand sa
voix, devenue purement intimidante, autoritaire et totali-
taire, perd son pouvoir de création. Héman, alors en exil,
s'y substitue en quelque sorte. Ce dernier acquiert peu à
peu le sens de la vue et son regard, tel un phare, symbole
d'une volonté de puissance nouvellement acquise, au sens
nietzschéen, dorénavant perce tout. Le sens de ce renversement se précise dans le contexte de la pensée nihiliste
qui nie l'intelligence divine[13]. Le registre religieux, loin
de se donner sous forme univoque, serait donc également
à penser en fonction du mouvement existentialiste qui a
influencé Aquin.

En effet, le récit biblique se double d'une dimension
révolutionnaire. Au moment où il invite le peuple d'Édom
à se révolter contre l'injustice et contre sa condition de
pécheur, en faveur de la liberté, Sheba représente une

---

13. Guylaine MASSOUTRE souligne que Nietzsche a eu une
importance capitale pour Aquin à l'époque des *Rédempteurs*, période pendant laquelle il se procure plusieurs ouvrages du philosophe (ITIN, p. 54).

force essentiellement subversive à neutraliser, un défi à l'autorité suprême de la cité et plus tard à Dieu lui-même, d'où la nécessité de remettre de l'ordre exprimée par le Conseil des vieux, d'où l'interdiction levée contre le prophète visant à l'empêcher de parler, de prononcer quelque discours que ce soit en public. Mais la parole même est au fond destructrice et criminelle. Elle conduit le peuple à se révolter, à se transformer peu à peu en une bête dangereuse. Selon Northrop Frye, le mythe central de la Bible, de quelque point de vue qu'on le lise, est un mythe de libération : « Seul le mythe, qui donne une idée d'une action pouvant contenir les destinées de ceux qui pensent à l'entreprendre, est capable de donner quelque espoir ou quelque soutien[14]. »

Ainsi, une coupure s'annonce à la fin du texte, remettant en cause le discours biblique lui-même, intertexte à partir duquel se construit l'histoire de la rédemption du

---

14. *Le Grand Code. La Bible et la littérature*, Paris, Seuil, 1984, p. 96-97. La signification mystique du récit acquiert une connotation d'ordre sociopolitique qui indique nettement que les deux champs n'ont pas à être séparés dans l'œuvre d'Aquin comme la critique a eu tendance à le faire. Anthony WALL a montré que la métaphore n'exclut pas non plus le référent, nationaliste ou autre (*Hubert Aquin entre référence et métaphore*, Montréal, Les Éditions Balzac, 1991). Jacques LANGUIRAND remarquait à propos de ce retournement à la fin des *Rédempteurs* : « Le rédempteur s'était bien fait jouer. Il s'agissait du peuple juif dans cette nouvelle, ce qui m'amène à signaler que Hubert faisait un rapprochement constant entre le messianisme du peuple juif et celui du peuple québécois. » (Cité par Françoise MACCABÉE-IQBAL, *op. cit.*, p. 149)

peuple d'Édom. Le suicide collectif qui aurait le pouvoir de décider fonde sa valeur dans l'échappatoire, la négation :

> C'est donc uniquement à titre de personne confrontée à la vérité absolue, que nous sommes appelés à reconnaître la transcendance, sans laquelle nous ne pourrions fonder la valeur. D'autre part, nous sommes impuissants à la fonder librement tant que nous nous bornons à l'affirmer sans la possibilité d'une contrepartie[15].

La rédemption tentée mais ratée par Sheba autorise, grâce à un renversement des types énoncés au début du récit, un discours autre ou une subversion et une transgression de la création qui insèrent l'homme au centre de son monde, hors Dieu, hors récit, en dehors de la narration ou de l'histoire inventée sans lui. Ce nouveau texte permet, dans un espoir de continuité, une harmonie entre l'homme et la nature. La chute de l'homme dans la Bible avait traditionnellement impliqué son aliénation de la nature alors que, dorénavant, elle lui sera favorable. La fin du récit, voire la fin du texte biblique ou de tout texte, renvoie au commencement, à la Genèse en même temps qu'elle la nie, puisque tout pouvoir créateur suppose une transformation du chaos et de notre expérience de la

---

15. Camille Schuwer, *Signification métaphysique du suicide*, Paris, Aubier, Éditions Montaigne, 1949, BIB. Ce livre porte la mention « les Rédempteurs » dans la marge de la page 82 (voir note 25).

nature. Le texte dit le premier homme et la première femme et les installe au cœur d'un univers étranger, sans l'illusion de Dieu, souffle désespéré mais continu. Le salut ne vient donc plus du Rédempteur puisque Sheba voit son projet avorter. Le premier homme et la première femme s'inscrivent en dehors de la loi divine, la transgressant, la renversant, afin d'affirmer leur propre discours, niant ainsi encore une fois les concepts même d'original et de copie. *Les Rédempteurs* illustre cette métaphore du réveil qui sous-tend le commencement du monde dans la Bible[16].

Ironiquement, Héman, qui a refusé de s'impliquer dès le début dans l'action, devient celui par qui tout est désormais possible. Surhomme et antihéros, il incarne les préoccupations philosophiques de «celui qui prend ici la parole» et qui «n'a rien fait jusqu'à ce jour, que [...] *méditer*, en philosophe et en solitaire d'instinct, qui a trouvé profit à vivre à l'écart, hors du monde, dans la patience, la temporisation, la retraite; esprit audacieux, explorateur, qui s'est une fois déjà égaré dans tous les labyrinthes de l'avenir; oiseau prophète et à qui il suffit de *regarder en arrière* pour raconter ce qui viendra; *il est le premier nihiliste accompli de l'Europe, mais ayant pensé en lui-même le nihilisme jusqu'à son terme, il l'a mis derrière lui, au-dessous de lui, hors de lui[17].»

---

16. Northrop FRYE, *op. cit.*, p. 165.

17. Friedrich NIETZSCHE, *op. cit.*, p. 35; dernière phrase soulignée par Aquin.

La volonté de puissance dont traite Nietzsche apparaît chez ces êtres courageux tel le rédempteur, et le nihilisme cherche à nier l'idée même d'une finalité, la conscience universelle du devenir et d'un aboutissement. L'état *final* du monde se résorbe nécessairement dans ce qu'Hubert Aquin décrit comme «continuité ininterrompue». C'est donc dire que *Les Rédempteurs* témoigne d'une démarche qui se veut représentation d'un monde «sans commencement et sans fin, une quantité de force d'airain qui ne devient ni plus grande ni plus petite, qui ne consomme pas, mais utilise seulement, immuable dans son ensemble, une maison sans dépenses ni pertes, mais aussi sans revenus et sans accroissement, entourée du "néant" comme d'une frontière[18]».

Quoique construit sur le mode métaphorique de la rédemption de l'humanité par le fils de Dieu, le récit propose beaucoup plus qu'une reprise ou une redite du discours biblique. S'il y a répétition, c'est au sens théâtral du terme. La parole divine elle-même s'y voit (trans)formée, (dé)formée, adaptée, traduite : transgression, libération, subversion, décentrement jusqu'à un certain point, par rapport à une narration première, dite originale. Ainsi, la création, la ph(r)ase initiale, ne semble que poser l'illusion d'un commencement, d'un savoir antérieur, primordial, absolu. Encadré par l'histoire sainte et prisonnier du grand livre sacré de la tradition judéo-chrétienne, l'auteur n'en conteste pas moins l'ordre établi, la loi, le principe d'engendrement, le but, les notions de néant, de négation

---

18. *Ibid.*, p. 186.

et d'infini devenues nouvelles frontières absolues d'un nouveau texte à écrire. En ce sens, les premières intuitions d'Aquin, sinon les premières intentions, nous semblent bien vivantes car elles sont révélatrices dès le départ d'une réflexion sur son procès d'écriture. Force est de constater que *Les Rédempteurs* s'avère beaucoup plus qu'un récit naïf de jeunesse.

Échapper à la mort des autres, au suicide collectif, c'est déjà choisir la sienne ; c'est aussi déterrer, et d'un même mouvement, couvrir une voix presque éteinte dans le désert, le germe d'un récit écrit ailleurs dans un autre temps. La démarche aquinienne s'inscrit dans ce processus de déconstruction qu'il convient de rattacher à cet exercice littéraire que représente *Les Rédempteurs*. Une continuité existe entre ce premier récit d'Aquin et l'ensemble de sa production ultérieure. Des *Rédempteurs* à *Obombre*, une fiction se crée autour des couples oppositionnels réalité/fiction, lumière/ombre, dedans/dehors, moi/collectif, faisant éclater le texte de toutes parts, et l'instaurant parallèlement au centre du logos :

> Ce que je voulais te dire, en fin de compte, écrit-il à son amie Michèle Favreau peu de temps avant sa mort, c'est que l'histoire individuelle est indissociable de l'aventure cosmique et que le sens mystique se glisse précisément à la charnière du moi et du collectif... Les mutations de la perception qu'on peut attribuer à l'imprégnation du moi par le collectif ne sont rien à comparer à la révolution opérée par la résurgence du mystique dans l'existence indi-

viduelle [...] Dieu seul est devant et autour [...] On n'en sort pas et c'est pourquoi j'y reste[19].

Si l'intertexte biblique soutient le récit, une analyse des marques de l'intertexte religieux et de son fonctionnement tend à montrer que la manifestation du sacré n'est pas liée seulement à l'affirmation du religieux mais tout autant à sa négation, soit au paradigme de la révolte et du renversement. Transgression et subversion de la loi divine, de la Genèse, voire de toute genèse ; affirmation d'un discours *autre*. Le texte se définit ainsi partiellement en dehors de ce qui l'engendre ; non plus en fonction d'un centre, d'un savoir déjà écrit ailleurs, mais en marge d'une certaine (re)connaissance, refusant d'avance les notions d'autorité, d'originalité, de commencement, de vérité, d'influence.

Note sur l'établissement du texte

Le manuscrit des *Rédempteurs* appartient à une collection privée inaccessible. Le texte de base est celui qui parut en 1959 dans *Écrits du Canada français*. Les modifications apportées à la publication originale sont mineures : correction des coquilles typographiques, quelques erreurs grammaticales (genre, nombre, majuscule, accent) et orthographiques (une quinzaine en tout).

---

19. Hubert AQUIN, « Le texte ou le silence marginal ? », *Blocs erratiques*, © Les Éditions Quinze, Montréal, 1977, p. 271-272 ; *Mélanges littéraires*, tome II, Montréal, Bibliothèque québécoise, 1995, p. 559-560.

*
* *

Je remercie vivement les membres du comité de direction et mes collègues de l'équipe éditoriale de l'ÉDAQ pour leur précieuse collaboration et leur patience infinie. Je remercie également les organismes subventionnaires qui ont rendu cette édition possible. Enfin, j'exprime ma gratitude à l'Université de l'Alberta pour son appui financier.

Claudine Potvin

Les Rédempteurs[1]

Chacun de nous est habité par le remords de sa grandeur perdue. Il nous est facile d'imaginer tout ce que nous aurions pu faire, de sonder quelles irréductibles révoltes, quels coups éclatants nous portions en nous. Mais c'est à d'autres gestes que nous épuisons nos forces, négligeant ainsi nos projets les plus impérieux.

Voici l'histoire d'un de ces actes absolus, arrachés au plus secret de l'homme[2]. Disons que cela se passe en un temps où les hommes n'étaient pas nombreux, bien avant les prophètes[3]...

Midi sur Édom[4]. La ville était assoupie sous le soleil : ses toits bas, rangés par centaines, semblent des paupières fermées sous trop de chaleur. Kénaz[5] courait dans les rues silencieuses : il traversa la place du Temple[6], regarda partout. Comme il passait dans une entrée, un bras l'arrêta.

— Allons, Kénaz, où vas-tu ?

— Ah ! je ne t'avais pas vu...

C'était Aram[7], un ami de longtemps. Kénaz semblait surpris, et même gêné de le rencontrer à cet instant.

— Tu sais ce qui arrive, lui dit Aram.

— Oh! je sais, je sais...

Kénaz ne mordait pas à la conversation. Aram le prit par l'épaule, l'entraînant vers la place du Temple. Ils marchaient le long des murs, lentement.

— Mais que penses-tu de tout cela, Kénaz?

— Je crois que c'est un fou, ce Sheba[8].

Aram ne répondit rien; Kénaz reprit sa pensée.

— ...Je cherchais mon frère Héman tout à l'heure. C'est lui qui devrait s'occuper de cela.

Aram écoutait toujours, surpris.

— ...Héman[9] devrait dénoncer publiquement cette folie. Il a toute l'autorité. Pour poser un tel geste, le prestige de mon frère, dans la ville, vaut bien la crainte stupide qu'inspire Sheba...

Aram parut sourire.

— Je ne te reconnais pas, Kénaz.

— Que veux-tu dire?

— Je ne t'ai jamais entendu faire l'éloge de ton frère...

— Je ne fais pas son éloge, coupa Kénaz, mais je constate qu'il pourrait mettre de l'ordre dans Édom!

Il y eut un silence; aucun n'enchaîna. Ils traversèrent la place du Temple. La ville semblait déserte: pas un pas, pas une parole ne troublaient cette heure. Aram se sentait le besoin de parler:

— Ton frère, connaît-il Sheba? ...enfin, sait-il de quoi il s'agit?

— Non, il ne sait rien... On ne le voit plus d'ailleurs. Je me demande où il peut bien se cacher; quand il devrait être présent, il fuit...

Kénaz s'arrêta net, sentant qu'une étrange humeur s'emparait de lui, le rendait ridicule aux yeux d'Aram. Comment en était-il arrivé à parler si naïvement d'Héman, à se confier à Aram ?

Les deux amis se dirigeaient vers une maison plus renfoncée que les autres, la maison de Basmath[10]. Kénaz et Aram entrèrent à une heure où d'habitude l'endroit est assez calme, souvent désert. Ce jour-là, la maison était pleine de buveurs. Il y en avait de tous les coins d'Édom ; même les silencieux parlaient à tue-tête, happaient les rumeurs, hasardaient une opinion. Cette maison semblait surchauffée de paroles.

— Allons, criait un vieux, je vous dis que ce n'est pas un homme comme les autres. Il n'a pas le même sang que nous dans les veines ; il ne voit pas les mêmes choses que nous, il voit plus loin[11]...

Kénaz et Aram s'avançaient parmi les tables. Le nom de Sheba emplissait la salle.

— Moi, lança une voix, je vous dis que c'est un fou, un malade, et qu'il faudrait le tuer avant qu'il ne devienne un danger[12].

— Tu as raison, cria Kénaz.

On se retourna vers lui, il se sentit gêné, forcé de continuer.

— Les gens sont à l'envers à cause de cet individu ; et vous voulez le laisser en liberté ? Il faudrait que quelqu'un s'en occupe !

Kénaz sentit que sa parole tombait dans un terrain hostile. On criait encore plus fort le nom de Sheba autour de lui, on se répétait qu'il n'était pas ordinaire, qu'on avait peut-être mal compris ce qu'il voulait dire, que ses paroles étaient mystérieuses et grandes...

— Et qu'en pense ton frère, lança-t-on cavalièrement à Kénaz. Il n'est pas jaloux ? Il ne craint pas que Sheba lui enlève sa renommée ?

Ils éclatèrent d'un grand rire que Kénaz entendit comme une insulte, sans trop savoir pourquoi ; il rageait en silence. La plaisanterie continuait de plus belle autour de lui.

— Peut-être Héman a-t-il peur de Sheba ?

À chaque fois le rire jaillissait de la salle et se resserrait autour de lui comme un cercle.

Il se leva brusquement, traversa la salle et sortit. Il entendait encore les rires épais qui résonnaient de l'intérieur. Aram le rejoignit :

— Mais, Kénaz, pourquoi prends-tu cela tant à cœur ?

— Ne t'occupe pas de moi, veux-tu. Je n'ai rien...

— Rien... mais quoi ?

— Ah ! je sens qu'il y a un air de folie qui passe sur la ville. Les gens ne parlent plus le même langage. Ne vois-tu pas que quelque chose est changé !

— Oui, mais j'attends pour comprendre, pour voir. Il n'est pas encore temps de crier « au meurtre » ; il est trop tôt pour condamner.

— Il faut condamner Sheba et au plus vite !

— Tu es injuste, Kénaz. Tu juges trop vite.

— Non, Aram, c'est tout de suite qu'il faut chasser l'intrus qui vient nous troubler, sinon[13]...

Il ne termina pas. Les deux amis marchèrent en silence, chacun songeant aux choses étranges qui semblaient se préparer dans Édom. Kénaz pensait à son frère, aux paroles qu'on lui avait lancées au visage à propos d'Héman.

— Laisse-moi, Aram, je m'en vais seul.

Aram lui serra la main, le regarda s'éloigner au bout du chemin et disparaître au-delà des maisons.

— Tu sais maintenant que j'ai besoin de toi...

Et elle embrassait sa poitrine ouverte, elle respirait cette sueur d'épices qui couvrait son corps. C'était l'heure la plus éclatante de l'après-midi, le moment le plus difficile du monde.

— Ne retournons plus à la ville, Élisha[14]. Je suis trop bien avec toi. N'allons plus nulle part, restons ici, seuls.

— Nous ne sommes jamais seuls, murmurait Élisha, les autres nous pressent, nous cernent de toutes parts.

Héman se retourna vers elle, il embrassa son cou, ses épaules, ses seins brûlants. Elle était une vague gémissante, parcourue par un grand vent...

— Ah! Élisha, je ne veux plus vivre. Je ne veux plus quitter tes bras, ton corps chaud.

— Héman, je t'appartiens.

Ses cheveux se prirent dans l'herbe. Puis ils se laissèrent rouler dans un grand calme où la solitude leur était accordée au prix de leurs caresses, où ils étaient rendus à eux-mêmes sans mesure.

Héman et Élisha restaient entrelacés comme ces branches d'oliviers qui veulent se protéger du soleil. Élisha respirait plus calmement; moins de fureur soulevait sa poitrine. Elle sentait le poids de son amoureux sur sa chair.

— Il n'est plus rien que je ne ferais pas pour toi, Héman.

— Je ne te demande rien... sinon de rester comme tu es en ce moment. Aussi belle, aussi douce, avec tes longs cheveux sur tes épaules, et ta poitrine que j'entends respirer... Moi je suis heureux quand nous sommes étendus contre la terre chaude et que j'ai ma tête sur ton ventre. Je me moquerais de tout si je pouvais te donner mon corps à tous les instants! Ah Élisha, tu me tiens, tu es la terre et je suis enraciné en toi[15].

Élisha eut un léger râle, une plainte quand Héman l'empoigna aux hanches. Mais elle lui caressa la tête, elle posa ses deux mains tièdes sur ses épaules.

— Ne te défends pas, Héman, je ne suis pas une ennemie, non; je suis ce que tu veux de moi...

— Élisha, ne retournons plus à la ville, sauvons-nous de tous, restons seuls.

— Je suis là, oublie les autres...

— Parfois je voudrais les tuer tous pour être seul avec toi, et mourir de t'aimer.

Élisha le fit taire d'un baiser. Dans ses bras, il retrouva le repos et la précaire amnésie des caresses[16].

Vers la fin de l'après-midi, la foule s'assembla de tous les coins de la ville. On discutait, on criait tout haut. Un grand nombre attendaient debout sur la place du Temple ; d'autres s'étaient assis autour de la tribune, la seule qu'il y avait dans Édom.

Le nom de Sheba faisait frissonner les gens, provoquait les disputes, autorisait les prophètes. « Sheba est un imposteur. Il se moque de nous[17]. » — « Comment un imposteur ! Savez-vous seulement ce qu'il veut de nous ? » — « Il veut notre mort. » Alors les cris de protestations surgissaient ; mais la voix continuait : « ...c'est un fou qui menace de devenir un criminel ! » Les arguments se perdaient dans les approbations ou les protestations qui fusaient de toutes parts. Les gens se confiaient les pires prédictions : on ne tarda pas à murmurer qu'il était question de menacer Sheba quand il parlerait.

Kénaz avait l'air mécontent. Aram le prit par le bras et lui montra Héman. Kénaz se retourna et le vit dissimulé dans un retrait de mur. Il semblait vouloir passer inaperçu, ne pas se mêler à son groupe habituel.

Sheba apparut sur la tribune[18].

Le silence se fit instantanément. Les regards se tournaient irrésistiblement vers cet homme devant eux. Une sorte de malaise immobilisait la foule. Le visage de Sheba semblait empreint d'une certaine désolation, ou marqué non par la tristesse, mais par un renoncement étrange, par un courage apaisé : ce n'était pas la force toute seule, ni seulement la douceur, mais une expression intense et paisible, une sorte de plénitude qu'on trouve rarement sur un visage d'homme, et qui trouble.

— Je n'ai rien à vous offrir, sinon du sang et de la désolation...

Sheba parlait posément. Chacune de ses paroles se détachait du silence avec difficulté ; ses mots étaient lourds, chargés d'une étrange intensité.

— ...Je m'adresse à vous parce qu'il est encore temps de faire un acte courageux. Avant longtemps, je vous le dis, les hommes seront incapables de courage[19].

Il hésitait : on aurait cru qu'il avait peur des paroles qui s'échappaient de lui, que la force de parler allait lui manquer.

— Si aujourd'hui je vous demandais de me suivre sur les plateaux des hautes montagnes, où il n'y a pas de végétation. Que feriez-vous ? Vous resteriez collés à vos maisons, à vos jardins, à vos paysages... Et si je vous disais que vous devez me suivre dans les montagnes, grimper sur du roc, crever de faim et de soif, ne jamais vous reposer ! Vous m'insulteriez, vous me traiteriez de fou ; car alors il faudrait bien que je sois fou, pour que vous ayez raison de ne pas me suivre[20]...

Tant de regards avides tournés vers lui le gênaient : il recula un instant quand il comprit qu'ils demandaient l'espérance et que lui, Sheba, leur apportait autre chose.

— Je vous l'ai dit, n'attendez rien de moi ; je ne vous apporte rien, je vous demande quelque chose. Je n'ai rien à vous donner, je suis dépouillé, comme vous l'êtes ! Vous êtes dépouillés par le châtiment de Dieu, misérables par punition. Il y a des instants de joie dans nos vies, mais ce sont des spasmes, puis entre ces spasmes, il y a la laideur, la petitesse, la misère qui sont notre vraie vie.

Cela ne vous révolte pas d'être faits pour souffrir, d'avoir une chair qui pourrit, un corps qui s'épuise[21] ?

À mesure que Sheba parlait, les fronts s'assombrissaient, toutes ces têtes penchaient sous le coup de la vérité. Ah! ces années passées à travailler la terre, à construire une maison, on se demande tout d'un coup à quoi cela sert... Les vieux comprennent que le travail est une loi injuste; ils le comprennent avec l'usure de leur cerveau, la rigidité de leurs muscles, et leur corps sans nom, prêt à se confondre avec la terre. Héman dans son coin s'échappait vers d'autres mondes; les paroles de Sheba le ramenaient à ce feu qui l'avait consumé dans les bras d'Élisha, quelques heures plus tôt, et au soleil, brûlant complice de leur volupté.

— C'est votre misère et votre déchéance que vous transmettez à vos enfants. Vous les mettez au monde sachant qu'ils n'échapperont pas à votre cruel héritage; vous leur donnez votre poison à téter, votre odeur à respirer, votre travail à continuer, que peuvent-ils contre cela? À mesure que les hommes se multiplient, c'est la souffrance, la laideur, l'injustice qui se multiplient[22] !

Ces derniers mots avaient frappé la foule à coups d'épée. Personne ne pouvait rien ajouter à cela, sinon d'autres cris de révolte. Kénaz et son groupe ne parlaient pas; ils étaient fouettés. Héman regardait Sheba avec une sorte d'inquiétude. Il savait qu'avec de telles paroles, Sheba voulait en arriver à quelque chose; il pressentait qu'il ferait appel aux courages les plus enfouis, à une décision pénible.

Héman avait de la difficulté à supporter ce discours. Constamment le souvenir de son après-midi s'emparait de lui, le ramenait aux heures chaudes passées avec Élisha, à tant de promesses soulevées par le désir. Il ne voyait pas la laideur et la souffrance dont Sheba avait la bouche pleine. Rien de cela ne l'occupait, sinon la vigueur et le poids de son corps, la joie sans ombrage de son âme. Comment pouvait-il voir l'horreur et la misère dans son amour? Pourquoi leur étreinte porterait-elle la marque du châtiment? Pourquoi leur désir les vouerait-il à la souffrance maudite? Héman pensa que Sheba s'égarait, qu'il perdait pied dans un monde méconnaissable, que quelque chose devait lui manquer pour souffrir à ce point de tout et ne rien voir que de désolant... Sheba continuait:

— Je m'abstiens de faire des enfants, parce qu'ils deviendraient malheureux, criminels, menteurs, rapaces; et par-dessus tout mes fils feraient des enfants qui ne seraient rien de plus beau! Qui parmi vous peut affirmer que son fils ne sera pas un assassin ou un lâche? Le fils n'est pas mieux que le père depuis que nous sommes tous fils d'Adam, et depuis que la faute d'Adam a retombé sur sa descendance[23]. Notre impureté expie un péché que nous n'avons pas commis. Nous sommes punis dans notre chair et dans notre esprit, et nous n'avons pas péché; nos fils seront encore punis, leurs fils, et tous les hommes qui descendront de nous. Tous les hommes expieront la faute d'Adam... Ah! cette faute doit être grande pour que Dieu la fasse payer aux innocents!

Un grand murmure sortit de la foule, exclamation de douleur et de rage que lance une bête exaspérée[24].

Sheba continuait de parler, mais personne ne l'entendait; des cris surgissaient de différents groupes: «Il a raison... Il n'y a personne d'heureux... L'injustice est partout...» La clameur montait de toutes les gorges, et cette foule, soulevée par les paroles de Sheba, voulait parler avec lui, se joindre à sa plainte, crier avec lui que l'homme est innocent et malheureux, que le pain qu'on mange est taché, que la chair des femmes est souillée, que les sueurs sont stériles comme les sables du désert... Quand les hommes s'unissent dans le gémissement, ils sont capables de percer les oreilles de Dieu. Les hommes d'Édom ne s'entendaient plus: c'était un seul râle indistinct, une colère mal prononcée qui s'élevait de leur assemblée. Sheba s'adressa à eux très fort:

— Voulez-vous que l'injustice se propage, que la misère s'étende? Voulez-vous qu'il y ait toujours plus d'hommes pour expier une faute qui ne leur appartient pas? Voulez-vous qu'il y ait toujours des naissances et des morts, et que cela ne serve à rien?

«Non, non! criait la foule, il y a bien assez de malheureux comme cela... C'en est assez de l'injustice et de l'expiation... Si le malheur est sans espoir, arrêtons-nous...»

— Oui, s'écria Sheba, arrêtons-nous! Arrêtons-nous si nous n'engendrons que malheur et souillure; si toutes les générations qui viendront après nous, si tous les hommes qui connaîtront la lumière du ciel et les charges de la terre sont condamnés à expier la même faute. Arrêtons sur nos têtes cette injuste condamnation. Soyons les derniers des hommes!

Héman n'avait plus le cœur de suivre ce que disait Sheba; il fermait les yeux avec une certaine langueur, pour revivre son après-midi, l'infinie complaisance d'Élisha... Il avait écouté Sheba, et ses derniers mots particulièrement, mais son esprit était las. Les réactions de la foule l'exaspéraient; les gens semblaient affolés, hors d'eux-mêmes. Un émoi très vif parcourait tous ces visages; Héman en était agacé, tout dérangeait son souvenir. Il avait l'impression d'être pris dans un courant déchaîné; il avait beau résister, il était emporté quand même. Cette exaltation collective de l'amertume l'entraînait avec elle, emplissait ses oreilles de son fracas, le transperçait de symboles maudits.

— Que tout le poids de la faute d'Adam retombe sur nos épaules, criait Sheba, et expions-la de notre sang et de notre propre vie! Si nous ne pouvons pas racheter cette misère qui menace nos descendants, il faut au moins la rendre impossible. Exterminons tout ce qui reste d'hommes sur terre, et nous empêcherons la souffrance et la haine de se propager[25]. Sommes-nous assez courageux pour arrêter sur nous la condamnation qui pèse sur tous les hommes à venir? Sommes-nous capables de mourir pour sauver nos descendants du désespoir et de la guerre?... Il est encore temps d'arrêter ce qui menace les hommes, de suspendre leur destin. Demain il sera trop tard: demain les hommes se répandront partout; ils diviseront leurs forces, ils chercheront où porter leur méchanceté et leur corruption[26]!

Sheba quitta brusquement la tribune.

Les gens étaient restés abasourdis ; un silence pesait sur l'auditoire. Sheba les avait laissés brusquement en proie à eux-mêmes : d'un seul coup chacun était remis à ses doutes, plongé dans un monde affligeant, face à une seule pensée.

La foule se dégageait lentement ; on regagnait les foyers. Quelques groupes s'attardèrent ; on y discutait à voix basse. Kénaz et ses compagnons formaient un groupe un peu plus bruyant que les autres.

— Si vous écoutez cet homme, disait Kénaz, aussi bien dire que la folie vous inspire.

Quelques-uns du groupe maugréèrent, mais Kénaz les devança :

— Je vous dis qu'il faut se débarrasser de cet homme. Il s'empare de la ville. Demain les gens iront le voir, puis après demain, qui sait jusqu'où il nous mènera[27]...

Kénaz parlait nerveusement, il semblait agacé, prêt à bondir sur un ennemi. Un du groupe, Gossen[28], reprit :

— Allons, Kénaz, si ton cheval était atteint d'une plaie incurable, si ses jambes et son ventre pourrissaient lentement, le laisserais-tu vivre plus longtemps ? Tu l'achèverais tout simplement...

— Je veux bien, mais les hommes ne sont pas aussi malades que ce cheval. L'humanité n'est pas atteinte de la lèpre ; nous ne sentons pas la pourriture et le vice encore, n'exagérons pas.

— Tu ne veux pas voir ! reprit Gossen. À quoi cela revient, notre vie ?... Des plaisirs qui ne durent pas et qu'il faut payer par du travail, de la peine, des maladies, de l'ignorance. Je le sens, moi, que notre ancêtre Adam a commis une faute que nous expions; je le sens parce que je ne suis rien, que je ne suis pas heureux, parce que je sais que je vais pourrir sans avoir avancé...

Gossen s'était enflammé en parlant; il criait presque, et les gens s'étaient avancés pour l'écouter. Kénaz parla:

— Alors toi, Gossen, tu n'es pas content et tu trouves qu'il vaut mieux mourir; tant pis, meurs. Moi, je n'y tiens pas.

La discussion prenait un ton vif. Kénaz s'était emporté. Chacun pressentait en lui-même le trouble qu'avaient répandu les paroles de Sheba. Une fureur nouvelle les opposait maintenant dans les discussions. Quelque chose était changé dans Édom. Un rien: un souffle, un vent sournois qui irritait les esprits. Aram prit la parole; il regardait Kénaz, c'est à lui qu'il s'adressait.

— Ce n'est pas nécessaire d'être triste pour comprendre que notre vie est tachée d'avance. Je n'ai pas de rancœur contre rien, ni contre personne, mais je sens que je ne peux rien faire de ma vie; elle est marquée, salie...

Il s'émut lui-même de ce qu'il disait, se sentit soudain une fougue inusitée:

— Je suis condamné, alors aussi bien en finir avec cette sentence jetée sur toute ma progéniture. Si je ne puis rien faire d'autre, je puis au moins racheter le mal qui est en moi... Et si tous les hommes acceptent de racheter leur souillure, il n'y aura plus de mal dans la création, justice sera faite!

— ...avant le temps! répondit Kénaz.

— Qu'en savons-nous? Peut-être Dieu n'attend-il que cela des hommes? peut-être espère-t-il le moment où les hommes seront capables de racheter la faute qui est en eux?

Il faisait noir sur la ville d'Édom, mais il y avait des groupes un peu partout dans les rues, où les hommes parlaient violemment; Kénaz et ses compagnons discutèrent très avant dans la nuit.

Héman avait fui ces groupes; il s'était glissé avec la foule, tournant seul dans les rues de la ville avec ses pensées, ses souvenirs, son amour. Le discours de Sheba l'avait impressionné; mais il n'essayait pas de comprendre, il avait l'impression que tout cela était un rêve, ou, enfin, sans trop d'importance. À la noirceur il prit le chemin de la maison d'Élisha; c'était un peu désert dans ce coin de la ville. Ses pas retentissaient.

Il appela Élisha, elle vint le trouver dans le jardin[29]. Il n'y avait pas de lumière, pas un bruit, sinon la sourde rumeur qui monte de la terre endormie. Élisha semblait une tache de blancheur dans la nuit, sa robe flottait au souffle d'une imperceptible brise. Ils échangèrent un toucher, quelques paroles indistinctes, sans importance puisque Élisha sentait une main forte sur ses reins, et qu'il y avait tant de fraîcheur à se retrouver. C'était une nuit tellement douce.

— Non, ce n'est pas juste. On ne peut pas obliger cet homme à se taire. Il a dit ce qu'il pensait, comme nous en avons tous le droit. Il n'est coupable de rien puisqu'il n'a fait violence à personne.

Éliphaz avait parlé avec force devant le Conseil des vieux de la cité[30]. Voilà déjà une heure qu'ils discutaient le cas de Sheba. Les uns l'accusaient d'être une menace publique pour les citoyens; d'autres le défendaient; d'autres ne savaient trop comment s'attaquer à lui, ou qu'en penser vraiment... Thémas[31] se leva indigné :

— Quel est notre rôle à nous les vieux ? Défendre les citoyens, prévenir les catastrophes, voir ce qu'ils ne voient pas. N'attendons pas que ce Sheba mette le feu à nos maisons pour l'arrêter !

Le vieux Mizza[32] cria :

— C'est un fou qui veut la mort des autres !

— Il faut enfermer cet illuminé !

— ...et mieux vaut tout de suite, les gens l'oublieront.

Les voix sortaient de toutes parts. Une sorte de panique régnait dans le Conseil des vieux. Éliphaz, le doyen de la ville, leur parla :

— Vous ne pouvez pas arrêter un homme qui n'a rien fait de mal.

— Qui sait ce qu'il peut faire ? lança Thémas. Nous anéantir peut-être. On ne laisse pas la liberté à une bête dangereuse[33] !

— On ne juge pas quelqu'un sur ce qu'il peut faire. Vous ne pouvez l'accuser ni de violence, ni d'injustice, ni de crime ; c'est la peur qui crie en vous. Ses paroles vous ont excités, vous ne savez plus de quoi le trouver coupable. Attendez du moins qu'il pose un seul acte[34]...

L'atmosphère était tendue.

— Moi je propose, cria le vieux Mizza, qu'on l'empêche de parler en public!

Toute la salle retentit d'un seul cri d'approbation. «Oui c'est cela. Il le faut! Empêchons-le de parler...» Les vieux s'étaient levés: ils discutaient en brandissant le bras. Éliphaz tenta en vain de les calmer; ses paroles étaient enterrées par les cris de son Conseil. Il ne put rien contre cette coalition subite et, vaincu, il dut se résoudre à endosser une mesure qu'il trouvait injuste.

Les curieux qui attendaient à la porte du Conseil l'apprirent les premiers. Puis la nouvelle se répandit à travers toute la ville comme une étincelle: «Sheba n'a plus le droit de parler... On fait taire Sheba par la force!» On se réunit dans les rues pour discuter de cette action de l'autorité contre Sheba. Les uns prétendaient que les vieux avaient peur, qu'ils craignaient que le peuple d'Édom suive Sheba plutôt qu'eux[35]. D'autres y voyaient une mesure de prudence.

— Comment, de la prudence! c'est un sale complot contre un homme.

— Ils sont jaloux de sa puissance.

— Ils ont peur de lui!

La rumeur s'enflait comme une gorge qui va crier sa colère et sa rage. Les hommes avaient prononcé les mots clés qui poussent à l'indignation:

— La liberté d'un homme est sacrée!

— C'est un crime contre la parole[36]!

— Allons, citoyens, criait le jeune Tarsis[37] à des gens attroupés, le Conseil des vieux veut persécuter

Sheba. Ils veulent l'empêcher de parler. Au nom de quoi peuvent-ils empêcher Sheba de nous livrer son message ? Il n'y a que des lâches pour faire un tel affront à la vérité !

— Tarsis a raison. Ils n'ont pas le droit de prendre parti contre un homme que tout le monde aime.

L'attroupement qui entourait Tarsis crachait ses exclamations à tue-tête ; c'était une masse bruyante qui éclatait d'un seul cri. Tarsis fit appel à toutes les capacités d'indignation, il cria à la mesquinerie, à l'insulte, au crime ; la foule, fouettée par ce vent, se soulevait, menaçante comme la tempête.

Kénaz entendit Tarsis. « C'est de la folie, se dit-il. Il encourage un malade ; il va faire un dieu d'un malheureux qui veut tuer tout le monde. » Il pressentit l'urgence de ce qu'il fallait faire pour empêcher Tarsis d'exciter les esprits, mais cela augmentait son irritation.

Il se dirigea vers la maison de son frère. Héman y était assis, au fond de la pièce, absent... Kénaz contenait ses mouvements. Il se sentait en proie à une nervosité fébrile. Héman le regarda sans rien dire. Kénaz avait le goût d'éclater, il tenta de maîtriser sa voix :

— Tu sais ce qui arrive ?

— Oui...

Il y eut un bon temps. L'insolence, le détachement d'Héman l'offusquaient.

— Et qu'en penses-tu ?

— Ils perdent la tête.

— Alors empêchons-les d'encourager Sheba. Fais taire Tarsis !

— Laisse... ce n'est pas mon affaire.

Kénaz ne comprenait pas sa propre colère. Était-ce seulement parce qu'Héman ne l'écoutait plus, parce qu'il était au-dessus de tout cela ? Il serrait les poings.

— Tu devrais empêcher ce qui se fait. Les gens t'écouteront, tu le sais. Va parler. Remets du calme dans ces têtes affolées, j'en connais beaucoup qui te suivront. Toi seul tu peux empêcher ces idiots de tout bouleverser.

— Laisse-moi avec tes histoires, lui lança Héman avec impatience. Ne t'occupe pas de moi. Va leur dire toi-même qu'ils sont détraqués, empêche Tarsis de parler si tu veux, moi je me moque de tout cela.

« Ces questions, ces ennuis, semblait penser Héman, tant de choses compliquées pour rien. Qu'ai-je à faire dans tout cela, et que vient faire ici mon frère, que vient-il m'agacer de ce qui le préoccupe[38]... » Kénaz paraissait indigné devant lui :

— Ton attitude est louche, tu ne te mêles de rien de ce qui te passionnait ; tu te caches quand tu pourrais agir ; tu fuis la cité... pour tes amours !

— Tais-toi.

— Je veux bien me taire, mais cela ne t'empêchera pas de croupir dans la mollesse, de t'écraser sur ton bonheur, de te retrancher de tout parce que tu aimes Élisha ! Tu pourrais faire entendre raison aux gens, tu gardes silence, tu savoures ton bonheur !

— Rien de tout cela ne te regarde. Élisha n'a rien à voir avec ce que je veux ou ne veux pas.

Kénaz perdit pied dans cette pénible discussion : il avait subitement envie de pleurer plutôt ; sa rage se dissolvait. Il ne savait plus pourquoi il était venu. Le nom d'Élisha le déroutait, enlevait tout son sens à cette conversation tendue. Pourquoi s'offusquer parce qu'Héman a une raison de se retrancher du monde ? Cette lourde querelle de frères, sur rien, pour rien, simplement parce qu'il avait quelque chose sur le cœur, mais quoi au juste, une maladie qui rend violent, jaloux, qui transforme tout en colère[39]... Il entendait maintenant la voix forte d'Héman lui renvoyer son indignation en écho.

— Tu perds la tête toi aussi. Tu ferais mieux de te calmer et de me laisser la paix !

Il sentit la lourde main de son frère s'abattre sur sa nuque. Il ne comprenait plus rien, ni pourquoi ce toucher brutal. Il se détacha et recula vers la sortie en bredouillant quelques paroles qui n'avaient plus de sens. Il entendit une dernière fois Héman lui crier de s'en aller.

Les gens s'attendaient au pire.

L'interdiction jetée contre Sheba par le Conseil des vieux pesait sur tous les défenseurs de Sheba qui avaient pris violemment parti pour lui, lançant ainsi un défi à l'autorité suprême de la cité. Ce soir-là Sheba devait parler : Tarsis avait entouré Sheba de protecteurs de peur que l'autorité n'intervienne.

Les gens tremblaient déjà, sentant quelque troublante atmosphère de panique autour d'eux, en eux. Jamais Édom n'avait connu de pareilles heures, jamais les esprits n'avaient été si excités.

Sheba parut au milieu de tous, serein parmi cette inquiétude ; il semblait au-delà de toute menace, inaccessible aux plus sévères interdictions, noble et inattaquable. Sa présence même défiait les intrigues des hommes et semblait témoigner d'un absolu terrible. Ses paroles furent entendues comme un avertissement suprême :

— Je sens que si nous remettons le moment du sacrifice, plus tard les hommes n'en auront plus la force. C'est aujourd'hui et c'est nous qui devons racheter notre nature souillée ; car bientôt les hommes seraient trop nombreux et ils ne croiraient plus possible de racheter le mal en eux... Ah ! empêchons le mal d'aller plus loin, empêchons notre souillure de se propager comme une semence maudite. Un seul sacrifice, et le mal disparaît ! Notre mort, et tout redevient pur dans la création ! Il est encore temps, je vous le dis, de détruire le péché, d'arrêter notre chute[40]. Si nous ne sommes pas des lâches...

À partir de ce jour il y eut quelque chose de changé dans la ville d'Édom. « Il est encore temps »... Ces mots avaient fait leur chemin jusqu'aux consciences. Il aurait fallu être sourd de toute son âme pour ne pas entendre cet avertissement funèbre.

Édom n'était plus comme avant. Quelque chose d'étrange et d'insolite habitait maintenant cette ville qui contenait tous les hommes dans ses murs. On ne pouvait plus penser sans penser à cela, ni parler sans que les propos ne reprennent toujours le même chemin. Ce n'était pas tout à fait l'angoisse, ni le tourment, mais on aurait dit que les maisons étaient habitées par des pensées, que les gestes mêmes étaient animés par d'étranges remords. Kénaz savait bien d'où lui venait ce frisson glacé dans l'échine, comme une lame coupante et froide qui se glisse sous la peau. Chose saisissante, que la pensée de la mort. Kénaz n'avait jamais cru Sheba ; mais il redoutait cet effroi qui glaçait ses membres sous le soleil. Pour la première fois Kénaz voyait la mort, la sentait en lui comme possible.

Il n'y avait personne autour du Temple, Kénaz s'assit sur les marches chaudes. Plus jeune, il venait si souvent dans ces lieux ; c'est ici qu'il avait vu Élisha... avant qu'Héman n'arrive. Si Héman n'était pas venu, s'il n'avait pas toujours été le plus fort et le plus brillant[41]... « Mais qu'ai-je à me plaindre, pensait Kénaz, Élisha était la plus belle, mais je n'ai jamais osé lui parler... Je ne peux plus revenir ici sans penser à ces rencontres silencieuses, où je lui offrais tout mon amour, où je lui promettais ce qu'il y a de plus beau. Mais s'est-elle jamais aperçue que je la regardais, quand elle passait près de moi ? Pouvait-elle deviner que c'était le plus bel instant de la journée quand je l'apercevais... Ah ! je devrais me taire, enterrer tous ces instants morts, il y a autre chose. Et s'il n'y a rien d'autre que cette succession d'instants, cela ne vaut pas tellement la peine d'aller plus loin. » Kénaz se leva brusquement et marcha sous le soleil éclatant. Il marchait pour fuir cette pensée qui le poursuivait comme son ombre : « Il est encore temps »... temps d'empêcher le mal de se répandre indéfiniment, temps de finir une vie qui engendrerait d'autres vies toujours semblables. Vies, instants, ambitions, il est temps de rompre ce cercle.

Non, ce n'était pas encore l'effroi, ni même la peur, mais chacun sentait en lui le travail secret d'une seule idée, une racine insolite qui suçait son cœur. Une sorte de panique s'était emparée des esprits. On savait maintenant qu'on était capable de sacrifier sa vie, d'en finir avec les hommes. Les paroles déjà prononcées s'amplifiaient du trouble de chaque conscience. Il avait été question de mort, de destruction, d'anéantissement, comment les hommes pouvaient-ils vivre désormais sans y penser?

Pendant un certain temps après le discours de Sheba, on eut l'impression que les gens ne parlaient plus sérieusement entre eux. La panique faisait son chemin, l'alerte était donnée.

On entendit bientôt parler que des groupes se formaient; les gens se liguaient pour ou contre. Tarsis avait réuni autour de lui les plus vigoureux, il y avait tout le clan de Basmath, et Aram aussi. Il était pour que la chose arrive, pour que le temps soit venu. Chaque soir, Tarsis allait voir Sheba qui logeait sur la colline, et il lui demandait de venir diriger son groupe. Sheba refusait toujours: « Il ne faut pas presser les choses, disait-il chaque fois, les gens ne sont pas encore prêts, il ne faut surtout pas les forcer[42]. »

Pendant ce temps, le groupe de Tarsis discutait, se préparait. On essayait d'augmenter le nombre des disciples : on recrutait surtout les aigris, les déçus, ceux qui ayant raté quelque projet en avaient conçu de l'amertume ou du désespoir. C'est eux que Sheba avait touchés du premier coup. Ils se rassemblaient autour de Tarsis, prêts à faire la guerre contre les lâches.

Aram rencontrait Kénaz et essayait de l'emmener de leur côté. Kénaz n'avait jamais dit oui. Il évitait la discussion, fuyait les groupes, absorbé, semblait-il, par son propre drame.

Un soir que Tarsis et son groupe discutaient dans la maison de Basmath, Sheba parut parmi eux. On ne le reconnut pas tout de suite dans cette pièce basse à peine éclairée. Il s'avançait parmi les tables, lentement et fixant de son regard tous les visages. Puis Tarsis l'aperçut : « Sheba, s'exclama-t-il, et il y eut un grand remous de silence, Sheba, vous venez nous voir... »

Beaucoup de ceux qui étaient là voyaient de près pour la première fois, son visage fatigué, ses yeux creusés comme s'ils regardaient de plus loin que les autres yeux. Il resta un moment sans prononcer un mot, le front durci...

— Mes amis, puisque vous voulez me suivre, vous avez songé à l'étendue du sacrifice qu'il faut faire[43]...

Il regardait à terre pendant qu'il parlait. Tarsis et son groupe suivaient avidement sur ce front tendu, la trace de quelque angoisse inconnaissable[44].

— ...La partie n'est pas tout à fait jouée, je vous assure. Car il faut, pour que ce geste ait du poids, qu'il soit consenti.

Aram cria :

— Je veux bien leur consentement, mais si nous n'agissons pas d'abord, ils ne feront rien, eux, pour consentir.

— Ils seront courageux, s'ils sont poussés au sacrifice, lança un autre. Ils ne viendront jamais s'offrir.

Sheba regardait, tentait de percer la noirceur autour de lui. Il y avait du poids dans cette salle surpeuplée, une lourdeur accablante. Sheba, avec une expression impénétrable de douleur et de crainte, de courage et de panique, s'adressa à toutes ces ombres qui se pressaient autour de lui.

— Agissons puisqu'il est temps !

Le groupe de Tarsis lui cria son admiration ; ce n'était qu'un seul hurlement. Sheba était bousculé, Tarsis ne se faisait plus entendre de ses compagnons.

La maison de Basmath resta animée très tard dans la nuit. Tarsis et Sheba ont parlé, puis Aram, et tous ceux qui avaient quelque chose à proposer, quelque mot d'ordre à donner.

Dès le lendemain, on procéda au dénombrement des habitants d'Édom. Tarsis et ses hommes travaillaient consciencieusement.

Le même jour, la foule était appelée sur la place du Temple. Les gens, ameutés par l'atmosphère qui régnait dans la ville, ne tardèrent pas. À l'heure où d'habitude les curieux commencent à se grouper, toute la population d'Édom était rassemblée. Une nervosité à fleur de peau faisait vibrer ce peuple d'hommes. Tous savaient bien de quoi il s'agissait. Ils savaient pourquoi ils attendaient là, pressés comme un troupeau qui vient s'offrir à l'égorgeur[45].

Quand Sheba parut sur les marches du Temple, un silence émouvant se fit. Sheba n'avait pas commencé de parler. On aurait cru qu'il était soudain pris de vertige, ou plongé dans un insupportable malaise. Était-ce du recueillement qu'on voyait dans ce visage tiré, ou de la peur, ou, qui sait, quelle folie contenue?

— Mes amis, lança Sheba, avec un tremblement inaccoutumé dans la voix, s'il y avait seulement un homme et une femme dans Édom qui refusaient de se sacrifier, le sacrifice de tous les autres serait inutile et vain!

Quelles affreuses pensées germaient dans la tête des hommes. «Sacrifice», quel mot! La foule écoutait Sheba, soumise et abattue par la parole.

— Aujourd'hui, vous allez répondre oui ou non. Vous direz devant tous si vous acceptez ou non...

La foule grondait sourdement. Des vociférations et des promesses s'échangeaient. «On n'est pas si pressé.» — «Vous pouvez bien attendre pour exiger cela... moi je ne réponds rien.»

Tarsis se leva:

— Vous voulez attendre, remettre une décision qui vous coûte. Moi aussi je voudrais bien retarder le moment suprême. Mais ce sera plus difficile demain qu'aujourd'hui, dans trois jours que demain; chaque minute qui retarde votre consentement le rend plus pénible.

On ne sait plus très bien comment, mais il semble qu'à partir de cet instant la foule devint très consciente, et, comme en proie à une sorte de culpabilité, les gens s'invectivaient : «Toi, tu devrais être un des premiers à t'offrir.» — «...Et toi donc, tu n'es même pas capable de te sacrifier pour ta mère, comment le feras-tu pour tous les hommes?» On aurait dit que l'injustice leur montait à la gorge, et qu'ils la crachaient à la face des autres. «Toi tu es un lâche.» — «Pourquoi mourrai-je, je suis un innocent.» Jeté devant le sacrifice, chacun se débattait comme il pouvait; chacun se disculpait et condamnait les autres.

Sheba dit qu'il fallait aujourd'hui avoir la force d'entrevoir le sacrifice, que tous devaient répondre de leur consentement. On fit passer chaque personne devant la tribune pour qu'elle réponde si oui ou non...

Il n'est pas à nier que telle procédure comportait une part d'intimidation, et que celui qui devait répondre devant tous de sa propre vie pouvait en ressentir une gêne atroce. Au tout début de cet étrange défilé, on vit les hommes tenter de se justifier : «Je n'ai pas d'enfants, disait l'un, et je meurs pour rien, je meurs par solidarité», ou tel autre : «Je n'ai jamais pensé qu'on puisse mourir pour rendre service...»

Il y avait quelque chose de poignant à voir ces pauvres humains qui, tout crispés, dévoilaient qu'ils étaient capables de se sacrifier. Ils étaient là, silencieux, qui attendaient leur tour. Pour la première fois, on pouvait discerner sur le visage de Sheba des signes certains de douleur : il baissait visiblement les yeux pour éviter de rencontrer, dans les yeux qui le fixaient, l'aveu de tant de courage et de tant de pauvreté. Ah! ces vies capables de s'offrir en holocauste, quelle insoupçonnable grandeur s'y cache-t-il? Quels abîmes d'amour derrière ces visages qui disent «oui, je veux mourir». Sheba n'avait pas pesé toutes ces vies qui maintenant tombaient à ses pieds comme une offrande.

Héman était dans le groupe lui aussi, et attendait son tour. Il voyait devant lui ces pauvres hommes qui vendaient leur vie pour rien, pour du néant, pour la folie d'un homme.

«Je ne veux pas mourir pour rien!» cria Héman arrivé devant Sheba. Cette parole fut lancée comme un défi. On attendait qu'Héman continue, on écoutait cet homme qui refusait le sacrifice.

— Ma vie n'est pas affreuse, elle n'a rien de laid, et si tous mes descendants avaient la même portion de bonheur que j'ai eue, cela vaudrait qu'ils vivent eux aussi! Je n'ai rien à regretter, ni rien à maudire.

Sheba eut la terrible sensation qu'on ne pouvait rien contre quelqu'un qui a pris parti pour la vie. Les gens s'émouvaient autour de lui, attendaient quelque réponse, une réfutation; Sheba restait fixe, impuissant.

Il y eut un remous derrière Héman. Les gens lui en voulaient de rompre un acquiescement général, de poser contre le sacrifice de tous le bonheur d'un seul.

— Comment oses-tu?

— C'est la peur!

— La lâcheté!

Les voix l'entouraient, le couvraient d'insultes, tentaient d'humilier ce bonheur qui les choquait.

— Ta vie ne compte pas plus que la nôtre.

— Il s'agit de racheter beaucoup plus que le bonheur...

Héman étouffait sous cette soudaine révolte. Il se sentait pris à la gorge, forcé, poussé au précipice malgré lui.

— Je mourrai quand même, cria Héman, puisqu'il le faut !

Héman passa comme une exception aussi insultante qu'un instant de bonheur dans une vie rongée par la misère. D'autres passèrent, d'autres sacrifiés. Kénaz dit oui, sans broncher. Aram le regardait avec fierté, il retrouvait dans ce consentement l'ami qu'il admirait tant. Il savait que Kénaz avait dû céder, non pas parce qu'il croyait au sacrifice de tous les hommes ; non pas pour Sheba, mais, peut-être, contre son frère.

Aram songeait à cela, mais ne pouvait se cacher l'immense contentement qu'il éprouvait à retrouver Kénaz près de lui dans un tel moment. Il suivait Kénaz des yeux dans l'assistance, le voyait rester sombre dans cette foule excitée. Puis Kénaz se détacha de la masse, Aram le vit se diriger au-delà du Temple. Aram, lui aussi, quitta l'assemblée au moment où Sheba parlait de l'obligation du sacrifice au nom de la solidarité due à tous ceux qui s'étaient offerts. Aram descendit les marches en vitesse, il se fraya un chemin parmi tous ces corps pressés. Il prit la rue où s'était engagé Kénaz. Déjà il entendait à peine la voix de Sheba derrière lui ; il rejoignit Kénaz.

Ils firent quelques pas ensemble, un peu embarrassés. Aram souhaitait simplement que le geste de Kénaz rapprochât les deux amis...

— Je ne suis pas content de moi, dit Kénaz.

— Que veux-tu dire par là?

— Je sais que Sheba voit loin, je sais que c'est par noblesse qu'il ne peut supporter d'être en faute plus longtemps, je sais que la plupart d'entre nous sommes indifférents à notre médiocrité, que le moindre sacrifice qui nous en ferait sortir nous répugne... Je sais cela, mais pourtant la mort n'arrange rien!

— Elle rachète tout.

— J'ai le sentiment que tout recommencera quand même, que notre mort n'effacera pas tout...

— Que notre mort rachète au moins une chose, et elle sera grandement justifiée, répondit Aram, car notre vie de toute façon n'avance à rien. Si nous mourons tous nous rachèterons au moins les péchés qu'auraient faits nos fils.

Les gens commençaient d'affluer autour d'eux. L'assemblée était finie. Chacun semblait affairé; on regagnait les maisons en vitesse, sans parler. Kénaz regardait ces visages tourmentés.

— Si au moins ils savaient ce qu'ils font[46]!

— Oh! ce n'est pas un problème, il leur suffit de croire que leur geste est grand.

— Ah! je voudrais tout comprendre.

Aram lui serra le bras. Les deux amis marchèrent longtemps. Autour d'eux le sort était jeté: les hommes n'étaient plus les mêmes depuis qu'ils se sentaient la force de mourir.

Ce soir-là chaque porte cachait son drame, ses cris, ses désespoirs ou ses triomphes. Beaucoup de femmes n'étaient pas à l'assemblée, et les hommes devaient leur apprendre... Ce n'était pas chose facile. C'est alors qu'on a pu mesurer si la population d'Édom acceptait de marcher à sa propre destruction. L'homme seul qui décide, ce n'est rien encore. Mais quand l'homme et la femme se touchent et qu'ils sentent en eux sourdre l'envie, c'est alors qu'une décision prend tout son poids, découvre sa déchirante réalité. Les femmes acceptèrent le sacrifice ; il y a tout un monde d'instinct et de résignation dans une femme qui dit oui. L'homme avance dans le noir et l'indécision, sa femme l'entoure de ses bras et il n'est plus seul.

Peu de mères ne comprirent, ce soir-là, que mourir n'est rien quand on a confié sa vie à l'enfant. Les femmes pleuraient, et l'on a dû se demander s'il ne fallait pas reculer, revenir à cette vie qui n'arrachait pas tant de larmes !

Ce soir-là, et très tard dans la nuit, Sheba parcourut la ville, seul. Il sentait affluer en lui ces insondables douleurs qui battaient les murs de la ville comme des tempes fiévreuses. Il frappait à une porte, il entrait sans parler, caressait le front des enfants, échangeait quelques paroles avec la femme, le mari. Il portait en lui le germe de leurs douleurs, et le remords de ne pas tout souffrir à leur place. Pourquoi, d'un geste de la main, d'un regard, l'homme ne pourrait-il pas épargner à d'autres le mal de vivre, et assumer leur peine[47] ?

Le lendemain une équipe de volontaires que Tarsis avait groupée se mit au travail. Ils amassèrent du bois pour ensuite le tailler en piquets. Ils fabriquaient ainsi des gibets avec, au-dessus, un coude qui s'avance. Cette activité donna à Édom un aspect occupé et prospère qui eût trompé celui qui n'en aurait pas connu le secret.

Il y eut ce jour-là une réunion exceptionnelle du Conseil des vieux. Affolés par la précipitation des événements, ils voulurent se rencontrer pour agir. Il était déjà trop tard, le trouble les avait gagnés eux aussi. Ils discutèrent dans le feu, s'adressant mutuellement les pires reproches, chacun accusant tout le Conseil d'avoir manqué à l'ordre, de n'avoir pas arrêté Sheba à temps. Cette réunion ressemblait à ces paroles incohérentes qu'échangent les hommes sur la frange d'un précipice. Mizza se faisait accuser par tous de traître, parce qu'il avait été le premier à dire oui devant Sheba. Il voulut se défendre, mais on parlait plus fort que lui et chacun abritait son propre consentement derrière celui de Mizza.

Éliphaz parla longtemps. Il était plein d'amertume, et, sauf l'apparente fureur de ses paroles, il semblait entrer dans une reposante sérénité. Il médita devant eux sur la fragilité de la cité ; il dit que les vieux ne pouvaient faire d'acte plus sage que de remettre les destinées d'Édom dans les mains d'un homme qui semblait porter en lui une âme différente[48]. Mizza appuya les paroles d'Éliphaz, dit que l'heure était venue pour toutes choses de remonter à Dieu, et qu'il fallait mieux payer ainsi le péché d'Adam que par une éternelle misère.

— Nous n'étions pas capables de décider cela, quelqu'un devait nous forcer à le suivre. Notre tâche maintenant c'est de travailler aux gibets, et de vouloir ce qui était inévitable...

Le temps rongeait Édom. Ce temps qui s'écoulait maintenant à une vitesse abominable, chacun étant acculé à sa limite. « Il me reste tant de jours, tant d'heures, tant d'instants, pour finir ma vie... » Le temps rongeait tout le monde à sa manière. Les amoureux surtout, non pas que leur vie soit plus chargée que celle des autres, mais parce qu'ils sont douloureusement conscients de sa menace. Avec lui, ils sont sur leurs gardes, ils ne veulent lui laisser aucune chance. Il n'est pas un baiser, pas une étreinte qui ne vive de l'illusion d'arrêter le temps. Les jardins d'Édom, pendant ces quelques jours, ont entendu les plus doux serments, les soupirs les plus profonds. Les jeunes amoureux, ceux qui n'avaient échangé jusque-là qu'un regard, qu'un rêve de douceur et d'infini, osaient maladroitement approcher, avant sa mort, le bien-aimé.

Il y eut Rachel et son compagnon Æsham[49]. Ils avaient quinze ans. Ils se connaissaient à peine. En rêve ils s'étaient destinés l'un à l'autre. Ils avaient quelques regards en commun, et cet insondable avenir qui soudain se ferma devant eux. Le temps s'empara d'eux, et, devant le désespoir d'être séparés, ils hâtèrent un trop jeune amour. Æsham avait entraîné Rachel dans les champs près de la ville, et, l'un contre l'autre, mêlés dans une étreinte malheureuse et exaltée, ils tentèrent d'immoler leur chair à une passion sans avenir. Quelles étranges caresses avaient-ils inventées, ces enfants nus, pour sceller leur amour ? Ce n'était plus du plaisir, et bien au-delà du désespoir, ces gestes qui leur arrachaient des larmes.

Le temps continuait son travail dans chaque conscience. C'est lui qui inspirait ces cris d'amour, qui montrait des abîmes jamais soupçonnés et qu'en quelques instants il fallait combler. Parce qu'il allait soudain manquer, le temps paraissait infini.

Kénaz sentait lui aussi ce délai imposé à sa vie. Peu importe pourquoi il avait dit oui au sacrifice, la partie était engagée, ses jours étaient comptés. Lui aussi était au bord du précipice, lui aussi poussé aux aveux essentiels, aux désirs irremplaçables ! Le visage d'Élisha le hantait. Pour elle, il aurait voulu se sacrifier ; brûler sa chair, mourir torturé, cela n'eût été rien pour qu'Élisha l'entende, le regarde une seule fois... En d'autres temps Kénaz aurait dit : « Quels rêves idiots », et aurait pensé à autre chose. Mais à quoi bon, désormais, chasser cette image d'Élisha passant près de lui, souple et reposante, Élisha aux cheveux noirs...

Dans les bois près d'Édom, Élisha et Héman avaient fui pour y trouver la tranquillité. Ils s'étaient arrêtés dans un coin sombre pour goûter un peu de fraîcheur. Héman s'était assis dans l'herbe, sur la terre encore chaude, Élisha s'étendit près de lui l'entourant de ses bras brûlants. Héman sentait sur sa poitrine le souffle d'Élisha ; il regardait les arbres qui penchaient et le ciel au-dessus.

— Qu'en penses-tu, Élisha ?

— De quoi ?

— Cette mort, le massacre...

— Il est trop tard... on ne choisit pas.

Trop tard, Héman ne croyait pas qu'il fût trop tard. La main d'Élisha parcourait son dos doucement, s'appuyait sur ses reins. Élisha parlait.

— Peut-être ont-ils raison, peut-être sommes-nous voués à la misère et à la honte...

Héman se taisait, car sa bouche était pleine de refus. On ne meurt pas pour rien, pensait-il. Il se renversa sur le dos, laissant aller sa tête dans les herbes. Élisha s'étendit sur lui.

— Il ne reste plus beaucoup de temps, disait-elle, tout va finir...

Et elle s'appuyait sur lui. Mais il sentit ce poids comme une menace. Il comprit que tout allait basculer, dans le néant. Même les arbres sur sa tête semblaient chavirer dans le ciel.

— Tout sera fini, Héman.

Héman fermait les yeux, un vertige profond s'emparait de lui, lançait son corps dans le vide. Élisha était couchée sur lui ; il l'entendait palpiter jusqu'en lui, lui communiquer ses mouvements, ses spasmes. Héman sentait monter en lui, du plus lointain, du plus ignoré de lui-même, un désir aigu. Son corps se transformait, ses pensées se noircissaient, ses tempes battaient sauvagement.

— Le temps est court, murmurait Élisha.

Leur étreinte se durcit comme pour se défendre d'un ennemi sans pitié. Élisha se cabrait pour porter le poids de son amant, Élisha plus chaude que la terre chaude, plus creuse que les lacs... Héman s'enfonçait dans la noirceur absolue de son corps, et elle se sentait habitée, remplie, et, par les gestes de l'amour, rendue à la vie et au vertige.

Au-dessus d'eux le ciel bleu était immobile comme l'instant parfait. Puis les arbres se mirent à chanter. Les feuilles bruissaient, un murmure montait de l'herbe.

Ils se retrouvèrent nus, brisés, ruisselant d'épuisement, et en proie à ces insatiables désirs que le temps pousse à bout. À quoi bon les paroles maintenant, à quoi bon le repos, la tendresse, le calme... La mort inspire des élans plus impérieux, des gestes plus sordides. Alors commence la nuit, cette affreuse nuit qu'on n'ose pas regarder parce qu'on n'est pas sûr de s'y retrouver, ce noir contre lequel on veut se protéger en mélangeant des corps sans force. Héman et Élisha s'accrochaient l'un à l'autre pour ne pas sombrer. D'autres dans Édom vivaient ces tourments ; il y avait des hommes et des femmes qui se jetaient aux genoux les uns des autres, qui auraient voulu pouvoir s'aimer dans la vigueur de leur corps, qui imploraient la chair.

Édom ne fut jamais si peuplée de clameur et de désirs. Jamais les hommes ne furent si près de donner leur mesure d'amour et de contrition. Jamais tant de frères, jamais tant d'amoureux ne se sont découverts. C'était comme une mer cachée sous les pieds, et soudain rompue, qui déferlait, emportant les hommes avec elle jusqu'au pied de l'indicible. Pendant quelques jours, ce brusque éclatement procura un bonheur, un équilibre inespérés. Ce n'était pas la perfection, mais ce réseau d'aveux et de

sympathie qui en un jour s'em...
que merveilleux.

...sembla pres-

Le travail avançait. Les hommes de T... vaillé ferme, et on envisageait qu'en p...aient tra-
gibets seraient terminés.

Cette activité cachait toutefois des ...œuvres inquiétantes. En effet, un soir on rapporta con... dispa-
rus, Sichem et sa famille[50]. La chose paraissait ...nge;
Sichem était bon citoyen et il avait semblé accep... de bon cœur. Personne ne savait rien, sauf que Sichem a...it laissé sa maison vide et qu'on n'y voyait ni lui ni ... famille...

Tarsis et ses hommes cherchèrent dans la ville, questionnèrent tous ceux qu'ils rencontraient, pour savoir où il avait bien pu se diriger. Cet événement ameutait la population. Les gens conjecturaient: «Si on ne retrouve pas Sichem et sa famille, inutile de faire des gibets pour nous, cela ne sert plus...» Quelques-uns se réjouissaient en secret de ce fait divers.

Tarsis organisa une véritable battue hors de la ville. «S'ils ne veulent pas revenir, avait dit Tarsis à ses hommes, tuez-les.» Il n'y avait plus à hésiter; la volonté des hommes était allée trop loin, elle ne pouvait plus reculer. Les hommes partirent tard le soir avec des torches; il y en avait dans toutes les directions et, sur tous les chemins, elles projetaient leurs lueurs contre l'opacité de la nuit. Tarsis suivait un groupe avec anxiété. «S'il fallait qu'ils échappent...», se disait-il. Le temps passait, les hommes

...ais ne trouvaient rien. La forêt était
...taient hommes sentaient la fatigue.
...s den...vit une piste. Vraisemblablement c'était
...Qu... et des siens. On concentra les hommes de
elle de...sis leur criait d'être sans pitié; on aperçut
ce côté... pa... terre sa femme, prostrée, et ses enfants.
Sichem...t pa...lait pas parler. Il avait le visage défait, les
Sichem y... et affolés d'une bête traquée. On les ramena.
yeux perd... de Sichem se lamenta tout le long du retour;
La fem... là une amie resta avec elle pour la consoler.
cette... e lendemain on avait posté des gardes aux sorties
de...a ville, de tous les côtés. Il était interdit de quitter la
...ille. On surveilla de près les jardins donnant sur l'extérieur.

Édom prenait l'aspect d'une ville condamnée. Plus
moyen d'en sortir, d'aller recommencer ailleurs. La volonté de tous une fois engagée exigeait cette rigueur. Les
gens n'ont pas rechigné contre ces mesures.

Cela ne veut pas dire que tous étaient prêts au sacrifice: il y a, devant le sacrifice de sa propre vie, des îlots
de résistance qui ne se rendent jamais. Même celui qui a
dit oui du fond de son cœur hésite encore. S'il eût fallu
tenir compte de cet inexpugnable attachement à la vie, il
n'y aurait eu aucune mesure de prise, aucun acte possible.
Sheba le savait, et de là ses scrupules. Il savait dans sa
propre chair, et par sa propre hésitation, que l'homme ne
se rend jamais complètement; que le plus grand sacrifice
est toujours d'une certaine manière forcé. Édom semblait
une prison[51] et pourtant, au fond de son cœur, chaque

habitant se sentait ainsi soulagé de sa propre lâcheté, guéri de son indécision.

Le temps battait aux tempes comme un tocsin : chaque instant emportait avec lui une portion de vie. Il n'est pas un citoyen d'Édom qui n'ait alors senti jusqu'à la folie qu'il ne pouvait plus rien contre le temps, que cette chute vertigineuse d'instants conduisait à la fin de tout.

Héman apprit, ce midi-là, que la ville était gardée aux portes. Il sembla nerveux. Il sortit.

Dans la rue, il n'y avait que quelques enfants. Héman marchait vite ; il enfila des petites rues pour gagner du temps. Il arriva bientôt à la place du Temple : des gens étaient assemblés là. Héman distingua, sur l'estrade en avant, Sheba qui parlait. Il y avait alors dans une même journée plusieurs réunions pour parler au peuple, et l'inviter au recueillement. Héman se fraya péniblement un passage dans ces rangs serrés.

Il était en sueur, et cette bousculade l'impatientait. Il en sortit, puis courut jusqu'à la maison d'Élisha. Elle était au jardin.

— Élisha, je veux te parler.

Héman respirait avec peine. Il s'assit dans l'herbe, près d'elle.

— J'ai réfléchi... Sauvons-nous... toi et moi !

Élisha eut un mouvement. Ses yeux fixaient quelque pensée intérieure ; cette contraction sur un visage aussi doux ressemblait à la honte.

— Allons, continua Héman, partons, laissons-les à leur folie. Nous ne sommes pas nés, nous ne nous sommes pas rencontrés pour mourir de la sorte. C'est insensé. Élisha...

Il lui prit la main, mais, comme s'il l'avait réveillée d'un songe, elle se détourna. Quelle étrange fermeté tout à coup sur le visage, quelles rides soudain le creusaient !

— Tu as peur de mourir, dit-elle à Héman avec un mélange d'insulte et de déception.

— Élisha... c'est pour nous deux, ce n'est pas pour moi que je veux échapper à leur folie.

Mais elle se détournait de plus en plus, elle s'éloignait de lui pour ne pas l'entendre ; «...pour nous deux », elle ne voulait pas comprendre cela.

— Pour nous deux... je ne veux pas être lâche, lui dit-elle.

— Lâche ! C'est faux ! Nous serions lâches de nous laisser emporter à la mort avec tous. Nous avons des raisons de vivre, nous !

« Tout le monde en a... », se disait-elle. Mais elle n'avait plus la force de formuler sa pensée : elle n'avait pas appris à se confier à lui, et c'est son propre cœur qu'elle sentait faillir parce qu'elle n'osait plus lui parler.

— Héman, cela ne fait rien de mourir puisque nous nous aimons. Ce n'est que plus beau... Je me sens capable de tout payer, de tout racheter parce que je t'aime...

— Pourquoi mourir alors ? pour les autres, pour les hommes ? On ne sacrifie pas sa vie pour rien.

Héman s'approcha d'elle ; il l'entoura de ses bras vigoureux, il jeta sa tête dans ses cheveux.

— Ah ! Élisha, ne faisons pas d'erreur. N'allons pas nous tuer, nous séparer...

Sa bouche et ses mains se faisaient suppliantes, il demandait la vie, l'indulgence de vivre... Élisha ne se détendait pas, son corps résistait à cette étreinte nécessiteuse. Héman aurait tellement voulu la sentir s'apaiser dans ses bras et rompre toute résistance. Il voulait arracher de ce corps étreint la complaisance qu'Élisha repoussait de toute son âme. Il sentit soudain cette tension de leurs corps : l'épaule où il enfonçait sa tête ne se faisait plus accueillante. Héman se détacha brusquement. D'un seul coup il s'était renfrogné ; sa voix n'avait plus le même son, ni son amour le même accent.

— Quand on aime, cria-t-il, on vit avec celui qu'on aime. Il n'y a pas d'autre preuve d'amour, ni d'autre façon d'aimer[52].

Que pouvait-elle répondre ? s'il n'y a pas d'autre preuve, ni d'autre façon de lui dire son amour... Elle vit son visage tendu, ses traits qui se durcissaient. Elle sentait son cœur faillir depuis qu'Héman ne lui tendait plus les mains. Il ne l'aidait plus ; il interposait des obstacles entre elle et lui.

Il lui parla encore, mais si durement qu'elle ne reconnaissait plus celui qu'elle avait tenu dans ses bras. Comme s'il était disparu, mort pour elle. Et elle ne pouvait envisager cette invivable privation. Elle avait besoin qu'Héman revive, s'approche d'elle encore, la touche jusqu'au cœur.

Héman se tenait droit, impitoyablement ferme, lointain. Il posait les conditions.

— M'aimes-tu ?

Ah ! quelle insondable méfiance, quel orgueil !

— ...Alors suis-moi[53].

Élisha sentait peser sur elle une honte implacable, un malaise qui habitait sa chair, salissait ses pensées. Oh! elle aimait. Elle voulait aimer: toutes les conditions de l'amour elle pouvait y répondre, et combler aussi tous ses caprices. Mais il y avait une faille en son cœur, un trou par où passait un souffle de honte.

Héman prit dans ses mains ce visage tourné, il mit ses bras autour de ce corps absent. Il lui dit des mots qu'elle n'entendait plus, mais une chaleur familière lui couvrait le visage. Il lui expliqua tant de choses, la consola si bien, qu'Élisha, seule et triste, abandonna son corps aux gestes du plaisir. Ils étaient étendus dans un repli du jardin, il lui avait dit de se coucher, de ne plus penser à rien, que la vie serait belle, que jamais il ne l'avait tant aimée. Puis il a dénoué sa robe. Elle sentait des mains parcourir son corps, elle sentait des frôlements, des touchers brusques et appuyés, puis une brûlante excitation qui s'empara d'elle. Mais elle pleurait[54].

Ce matin-là les gibets furent terminés. Les travailleurs se reposèrent. On prit des jeunes pour porter les gibets sur le mont Jetser, au-dessus de la ville[55]. Ce n'était pas tâche facile, car ils étaient lourds, et il fallait de plus les planter en terre. Malgré tout, ce n'était pas encore l'après-midi, que les gibets étaient alignés sur le mont Jetser comme des arbres séchés.

Sheba fit réunir toute la population, pour adresser un dernier message. Les gens s'étaient assemblés silencieusement sur la place du Temple ; il y avait des femmes cette fois, et les vieux même. Sheba parla longtemps[56]. Il disait que le sacrifice qu'ils allaient faire était un acte d'amour, que ceux qui y mettaient plus d'amour accomplissaient un plus grand sacrifice. Les gens l'écoutaient en silence. Sheba semblait dire aussi que ceux qui s'aimaient le plus pouvaient racheter le plus, et qu'en ce dernier jour tout ce qu'il pouvait demander aux habitants d'Édom, c'était d'aimer[57] :

— Il n'y a que l'amour qui agisse ; sans lui nous ne pouvons rien ; sans lui, il est pénible d'affronter la mort.

Sheba parla encore comme cela. Son discours était chargé de paraboles, d'invocations à l'amour et à la grandeur. Il n'osait pas, semblait-il, parler trop précisément du lendemain ; il n'aurait pas dit : « Les gibets sont prêts, demain vous mourrez tous », car chacun ne pensait qu'à cela. C'était un secret entre eux et lui, chacun le portait en soi comme une plaie au cœur, mais il ne fallait pas y toucher. Comment parler du sacrifice maintenant, les mots le feraient paraître insensé. Il y avait, entre eux, un projet terrible qu'il ne fallait pas nommer.

Sheba leur a parlé d'amour encore, répétant que sans l'amour on ne sacrifie rien. Il leur parlait comme s'ils avaient toute une vie devant eux, tout le temps et toutes les années dans leurs mains. Aimer est un projet, une résolution pour l'avenir ; quand il ne reste qu'un jour devant soi, c'est le plus affreux des regrets, le remords le plus poignant et le plus vain. Aimer sans avenir : remplir quelques instants de ce qui déborde toute une vie !

Tout le monde avait compris. Sheba avait dit: «Demain...» Et jusqu'à demain il leur restait l'inexprimable à exprimer...

Les enfants s'amusaient partout; rien ne leur était défendu. Tout leur appartenait pour un jour. Les enfants qui comprenaient avaient, eux, les plus étranges comportements. À cet âge on peut aimer l'incompréhensible grandeur de mourir. On peut trouver une exaltation à disposer de soi absolument. Ainsi Rachel et Æsham avaient pris leur parti de tout cela: à tout instant, ils se retrouvaient dans la ville, ils ne percevaient qu'une plainte au-delà des murs, n'entendaient plus que l'appel de leur âme sœur. Ils sont restés ensemble cet après-midi-là.

Æsham s'accrochait à Rachel, ils roulaient dans l'herbe, cramponnés à cette étreinte d'enfants. Ils s'aimaient sans retour; au bord d'un précipice insondable, ils se sont juré l'éternité, ils ont mêlé leur jeune sang pour ne pas mourir seuls. Leur bonheur était sans nom, parce qu'il était l'extrémité et le seul cri d'amour de leur vie. Qui n'a pas un jour rêvé d'un bonheur que protégerait la mort, d'un amour parfait et si court qu'il échapperait à cet horrible durcissement de la vie? Qui n'a pas souhaité qu'un amour si pur n'ait pas de lendemain et meure de sa propre beauté? Pour Rachel et Æsham, rien ne menaçait leur suprême union, rien au-delà qui soit moins beau. Leurs caresses les précipitaient au sommet de leur amour, dans sa propre destruction.

Sur toute la ville pesait cette lourde destinée. Chacun se sentait menacé et voulait retrouver un dernier refuge où se blottir. Jamais la présence d'un ami ne fut plus indispensable. Il y avait à travers les rues quelques âmes errantes qui se cherchaient une présence familière pour peupler leur désemparement. On les voyait traîner de longues heures sur les pavés, surveiller qui passerait, attendre cet inconnu qu'ils n'avaient jamais rencontré. On les reconnaissait tout de suite ceux-là et on les fuyait. Ils continuaient leur route cherchant un regard, demandant l'aumône d'un ami. Personne ne s'occupait de ces pauvres. Les gens se renfermaient pour les derniers embrassements.

Ce soir-là Aram passait devant la maison de Kénaz. Pas un bruit dans la ville à cette heure. Toutes sortes de pensées lui venaient à la tête. Kénaz serait-il content de le voir maintenant? Peut-être désire-t-il être seul? La nuit était douce, et il n'est pas de moment où Aram ait tant désiré la présence de son ami. Il marchait dans la rue, rongeant d'incompréhensibles scrupules vis-à-vis de Kénaz. S'il est un reproche qu'Aram ne voulait pas se faire, c'était de forcer la solitude d'un ami; mais ils s'étaient déjà expliqués là-dessus. Kénaz avait tenté de faire comprendre: «Tu ne peux pas attendre de moi ce que je ne peux te donner», avait-il dit. C'était d'ailleurs la seule fois où ils avaient parlé si nettement. Aram ne s'était pas choqué des paroles de son ami, et au lieu de se croire repoussé, il se reconnut des torts envers Kénaz, résolut de ne pas le gêner avec un sentiment qu'il ne partageait pas. C'était l'époque où Sheba apparut dans Édom, Kénaz fut de moins en moins visible: les deux amis devaient se rencontrer moins souvent et ne plus avoir de ces longues conversations qui emplissaient leurs anciennes soirées.

Aram, appuyé sur un mur, et regardant cette nuit plus noire que toutes les autres nuits, songeait à tout ce qu'il gardait dans sa gorge pour respecter la réticence d'un ami.

— Kénaz, tu es là?

Kénaz répondit de la maison.

Aram entra. Kénaz était assis contre le mur, un peu de feu l'éclairait. Il fit un geste. Aram s'assit devant lui à quelques pas. Il regardait les mains de Kénaz occupées négligemment; Kénaz ne parla pas.

— Ça ne va pas?

— Au contraire...

Kénaz semblait agacé, il ne regardait pas son ami.

— C'est la dernière nuit, dit Aram comme pour détourner ce regard de sa propre obsession.

— Une nuit comme les autres, ajouta Kénaz.

— Non, pas comme les autres, puisque c'est à elle qu'on demande tout ce que peut donner la vie.

— Qu'est-ce qu'on peut demander... en une nuit?

Aram, d'une voix visiblement émue:

— On peut demander à quelqu'un de s'abandonner...

«S'abandonner, pensa Kénaz, une seule fois, une seule fois et pour toujours... S'abandonner, oui, c'est tout ce qu'on peut demander pour cette nuit. Une seule fois parler à Élisha, lui dire mes pensées, et peut-être plonger ma tête dans ses cheveux.»

— Pourquoi celui qui aime doit-il mourir insatis-fait ? dit Aram.

— Ah ! je ne sais pas, je ne sais vraiment pas pour-quoi...

— Kénaz...

Aram s'approcha de Kénaz, mais Kénaz le regarda froidement, surpris, agacé.

— Kénaz, sais-tu tout ce que j'éprouve pour toi, tout ce que tu es pour moi[58] ?

Il demandait un regard, mais Kénaz semblait en-fermé dans son orbite. « Pourtant il doit me comprendre, pensa Aram, je demande si peu... » Kénaz se leva brus-quement. Il s'appuya à la fenêtre, plongeant dans l'obscu-rité un regard désespéré. Cette nuit... il la passerait sans elle, sans même, par une seule parole, effleurer son âme, sans un seul regard échangé. Élisha dans cette insondable noirceur surgit, blanche et impalpable, souriante mais lointaine. Kénaz n'avait pas tendu ses bras vers elle, elle l'avait toujours appelé. Encore cette nuit, elle passait de-vant lui, il n'y avait que cette image lumineuse dans le noir. Pas de sommeil possible pour Kénaz qu'au creux de son épaule, pas de consolation ni d'apaisement sinon aux genoux d'Élisha. L'âme de Kénaz errait dans les ténèbres, à la recherche de sa sœur perdue.

— Kénaz, je t'en prie...

Cette parole d'Aram arracha brutalement Kénaz à son rêve. Les yeux hagards, le visage marqué par quelque cauchemar, Kénaz se tourna vers Aram :

— Que veux-tu de moi ? Je ne suis pas né pour servir ta tendresse, ni pour consoler ta solitude. Tu es seul, moi aussi. Tu ne peux rien pour moi, je ne peux rien pour toi...

Kénaz s'arrêta. Il comprit la dureté de ses paroles. Il regarda Aram, et trouva sur son visage une douleur poignante. Kénaz se sentait incapable de racheter la peine qu'il causait : il était consterné devant un fidèle ami qui souffre.

— Je sais, murmura Aram, il prononçait à peine les mots. Je sais, Kénaz, que je ne peux rien pour toi ; tu m'as retranché de ta vie, tu veux poursuivre ton drame tout seul, ni tes joies ni tes peines ne sont à ma portée maintenant. Oui, je ne peux rien pour toi, mais toi tu peux tout pour moi.

À ces mots, la voix d'Aram changea, semblait supplier. Il n'avait jamais parlé à Kénaz sur ce ton, et il souffrait d'en être là. Mais les mots s'échappaient de lui, son cœur battait si fort et sa gorge était si près du sanglot, que son âme s'arrachait de lui comme un cri irrépressible.

— Écoute-moi, Kénaz, je n'ai le droit de rien te demander, mais cette nuit, tu pourrais me donner tout le bonheur que je n'ai fait qu'espérer... Non, Kénaz, ne me refuse pas, je n'ai que toi.

— Que veux-tu ? La voix de Kénaz était terrible.

Aram s'approcha de lui et jeta sa tête sur son épaule. Kénaz se détourna brusquement, et ce mouvement fit tomber Aram par terre, mais il restait cramponné à lui. Kénaz n'aperçut pas l'expression de torture et d'abaissement sur le visage de son ami.

Kénaz s'assit dans un coin, la tête pesante dans les mains. Pas loin de lui, gisant par terre comme une femme malade, Aram qui gémissait.

Kénaz voyait venir vers lui, comme un regret sublime, l'image d'Élisha. Oh! ce n'est pas difficile de supporter l'insatisfaction quand il reste à l'homme ne fut-ce qu'un jour de répit, un jour à vivre qu'il peut remplir d'une éternelle rencontre, charger de tous ses désirs. « Il y avait bien quelques heures encore dans cette nuit, pensait Kénaz. Je pourrais courir à elle, lui dire mon amour inapaisé, lui ouvrir mon âme... Je la trouverais peut-être dans les bras d'Héman, reposée, ayant eu sa part. Ah! si elle était seule, si elle m'attendait, si elle espérait que je m'approche d'elle et lui parle... »

Kénaz leva la tête, il aperçut Aram. Pourquoi lui? « Pourquoi cette erreur, ce mélange? Pourquoi n'a-t-il pas compris que nos peines ne se rencontreraient jamais, ni nos désirs? » Aram remuait sourdement, comme en proie à quelque cauchemar.

— À quoi penses-tu? demanda Aram.

Non, ce n'était pas possible. Aram se trompait sûrement. Ce ne pouvait être lui, Kénaz, à qui l'on peut demander un consentement de pitié.

— À quoi penses-tu, Kénaz?

« À quoi pense Élisha plutôt? Où est-elle? Ai-je jamais été un seul instant dans ses pensées? Ai-je jamais effleuré son front, ses lèvres ont-elles un jour appelé mon nom, son cœur se serait-il ouvert à ma peine? Élisha, où es-tu, je te cherche, mon âme. Mais je ne te trouverai jamais, mes yeux n'étaient pas faits pour rencontrer les tiens, ma tête ne devait jamais mourir sur ton sein. Élisha, qu'il doit être doux de dormir avec toi; auprès de toi, que la mort doit paraître futile... » Kénaz avait renvoyé sa tête

117

en arrière, sur le mur, comme si une vague trop chargée l'eût fait chavirer. À l'heure où l'homme se dissout dans la fatigue, il n'y avait plus de sommeil possible pour Kénaz : le temps s'arrachait de lui comme les gouttes de son sang, emportant ainsi son impuissance et son rêve. L'homme peut tout supporter, tout comprendre, mais il ne se résigne pas à un amour insatisfait. Il accepte tout, mais pas l'inapaisement de son cœur. « Pourquoi cela ? Pourquoi y en a-t-il qui se rencontrent, et nous, qui ne nous rencontrons jamais ?... C'était si simple, je t'aurais aimée, tu m'aurais souri, et puis en silence et sans rien déranger de l'ordre des choses, nous aurions mêlé nos souffles à celui des fleurs, nos paroles aux chants des oiseaux. Élisha... » Kénaz avait fermé les yeux sur cette image stérile et qui le griffait jusque dans les racines de son corps : c'était trop de cette souffrance et trop de cette exaltation. Le sursis qui pesait sur sa vie comprimait ses espérances, les rendait plus tenaces, mais plus impossibles. « Comment se fait-il que j'aie manqué Élisha ? Pourquoi y a-t-il en moi des abîmes qui ne seront jamais comblés ? Pourquoi des cris qui ne sont pas entendus... ? »

Aram fixait sur le front de Kénaz le cheminement de ces pensées, cherchant sur ce visage renversé un signe amical. Il s'approcha, et, dans cette nuit où le jour lentement s'infiltrait, distinguant mal l'ami, il rampa jusqu'à lui avec l'effort d'un noyé.

Il y eut un étrange corps à corps dans le noir, deux poitrines qui se heurtèrent en laissant s'échapper un essoufflement tragique[59]. Kénaz était sur ses genoux et frappait. De sa bouche sortait une plainte comme si c'était son rêve même qu'il battait ainsi sauvagement, pour l'anéantir à jamais. Comme si on lui avait fait mal, il eût mis plus de haine et plus de férocité pour venger une douleur trop intime.

Il s'arrêta. D'un seul coup, ce front de colère se détendit. Il se leva, mais très étourdi, en proie à un saisissant vertige comme si tout son sang se fut arrêté. Il trébucha contre Aram étendu sur le sol, soufflant à peine. La nuit devenait plus pâle à l'approche du matin. Kénaz, immobile, le regard perdu vers quel[que] infini, semblait attendre le jour.

La lumière perça la nuit par tous ses pores. Kénaz, dépaysé, regarda Aram gisant, puis il sortit de la maison comme on tombe d'un cauchemar.

Quelques-uns virent se lever le jour avec un serrement de cœur. Les dernières caresses mirent quelque résistance à se défaire. Ces baisers prolongés rendaient toute la soif, tout l'élan de la vie. Un instant de plus dans l'étreinte bien-aimée, et cette folie de mort et de destruction ne paraissait qu'un songe. Cette vie qu'on pousse à l'extrémité, on ne savait pas qu'elle pouvait tant donner. On avait oublié de quelles profondeurs de courage, de quels ciels de joie, étaient remplies les caresses de tous les jours... jusqu'au moment où la mort force les choses. Ces découvertes, et un certain désespoir se lisaient ce matin-là sur les visages.

D'autre chose se lisait dans les yeux d'Élisha. Elle regardait Héman près de la fenêtre, nerveux, qui attendait l'imprévu. Il regardait ceux qui s'affairaient, ceux qui allaient comme tous les autres matins chercher l'eau. Héman tapait de la main sur le mur, puis changeait de place et regardait Élisha.

— À quoi penses-tu, Élisha?

— À tout cela...

— ...Nous allons réussir, j'en suis sûr! Il le faut! Élisha retombait dans sa rêverie.

Au dehors les tambours résonnèrent. Les gens comprirent. Le martèlement de tambour frappait sur les murs d'Édom, et comme une convocation funèbre faisait gémir toute la ville. Le soleil était clair au-dessus du mont Jetser.

Les gens sortirent de leurs maisons. Les hommes, arrachés aux objets familiers de la vie, étaient tournés vers leur mort qui les appelait par ces coups secs et sinistres du tambour.

La place du Temple était pleine de monde comme jamais avant. Les vieillards qui n'étaient pas sortis depuis longtemps, les enfants et toutes les femmes s'y trouvaient ensemble. Les visages étaient marqués de leur physionomie extrême, comme si, passant de telle ou telle expression, l'homme tout entier, tendu vers le sacrifice, eût afflué dans les lignes de son visage.

Sheba parut devant les hommes: il parla quelques instants à ce peuple qui demandait l'éternité.

— Le jour n'a jamais été plus beau, ni la terre plus accueillante, et celui qui donne sa vie pour racheter le mal est encore plus grand...

Pendant que Sheba parlait et faisait avancer lentement la foule vers la porte d'Édom qui conduit au mont

Jetser, ses hommes fouillèrent toutes les maisons par crainte que quelqu'un n'y soit resté. Il fallait prendre toutes les mesures qui, en toute autre occasion, eussent inspiré un sentiment de révolte.

Sur le parcours, dès qu'on sort des portes d'Édom, le chemin traverse un bois. La foule marchait en rangs serrés, lourdement, car chaque pas sur ce sol élargissait l'abîme qui séparait de la vie humaine. On avait placé les vieux à la tête du cortège pour qu'ils marquent le pas. Ils marchaient avec peine, et comme pour retarder cette mort avec laquelle pourtant ils étaient déjà familiers. Ils la sentaient dans leurs os, c'est elle qui depuis des années pétrifiait leur visage, séchait leur peau. Mais ce dernier effort pour la rejoindre, quand c'est à elle de venir, courbait leurs têtes.

Des pauvres femmes s'écrasèrent d'épuisement. On les relevait rapidement, et entre vieux, comme entre condamnés, ils savaient se consoler.

Après ce bois, on aperçut, éclatants comme des lames sous le soleil du matin, les gibets dressés sur la montagne. Ils étaient là-haut, rangés dans une seule ligne. La vision était nette, froide et cinglante comme la peur.

Les hommes, devant l'image de leur sacrifice, devinrent ivres jusqu'à la folie. Les pieds, au rythme haletant des cœurs, frappaient sur le sol leur pas funèbre. Le signe dressé devant eux leur disait que les hommes pouvaient, d'un geste qui défierait Dieu lui-même, racheter leur misère et vaincre le mal. Chaque homme à ses tempes sentait bondir le sang du sacrifice qui dissiperait les ténèbres et sauverait du pire. Ceux qui n'avaient pas compris, voyaient maintenant; ceux qui avaient hésité jadis, ne pouvaient pas ne pas sentir en eux cette lumineuse exaltation de l'amour qui rachète tout.

La montée était plus abrupte, et le soleil plus chaud. Il fallait aider les vieux, et parfois prendre les plus faibles sur les épaules. Cet effort qu'il fallait accomplir fut une véritable détente. Kénaz heurta Aram qui aidait un vieux. Ils se regardèrent, chacun cherchant dans l'autre un signe, un appel... Aram était maintenant au-dessus de Kénaz, retourné vers lui. «J'ai tout oublié, semblaient dire ces yeux, il n'y a rien eu; tu vois, j'ai à peine quelques marques au visage...» Ils s'engagèrent vers la fatalité, unis, au-delà d'une certaine insatisfaction, dans l'expérience que chacun avait eue du malheur de l'autre.

Vers midi, au moment où le soleil se dresse au-dessus de tout ce qui vit, dans son inattaquable fierté, le groupe était au sommet de la montagne. À leurs pieds, Édom dépeuplée, ville morte, et plus loin, la forêt. Autour d'eux les gibets plantés dans le sol, et la corde finale. En eux, le glas de la fin des hommes, ces coups sourds qui remplissaient les veines de frissons.

Qui allait le premier mourir? Sheba y pensait. «Les enfants pour qu'ils ne voient rien.» — «Mais non, les vieux, car ils ne supporteraient pas de voir mourir les petits.» On discuta: «Les vieux, les vieux, répéta Sheba, c'est eux qui seraient morts les premiers.»

Un frisson saisit l'assemblée quand on vit le premier vieillard se diriger vers le gibet. Il embrassa sa vieille femme comme d'habitude, un peu rapidement, puis il s'avança vers le gibet, sans broncher, le dos penché.

Sheba et quelques hommes l'entouraient. Il fallut l'aider pour qu'il se dresse sur le piquet, il s'y agrippa assez mal, puis quand on lui eut passé la corde autour de la gorge, il se laissa tomber. Le gibet fut ébranlé. Le vieux balançait, et sur son visage s'était fixée la dernière grimace. La douleur avait été tellement forte qu'elle lui avait créé de nouvelles rides ; la torsion du cou avait arraché aux traits une expression inconnue et excessive.

Æsham et Rachel sentirent le besoin de se cramponner l'un à l'autre quand ils virent s'avancer des vieilles toutes courbées, déjà éteintes, vers leur mort. Rachel ne voulait pas voir, elle enfouit sa tête sur l'épaule de son compagnon. Æsham se sentit un sanglot dans la gorge quand les cheveux de Rachel frôlèrent sa joue et qu'il sentit, près de lui, la merveilleuse fragilité de ce jeune corps. C'était trop, trop d'amour pour lui, trop de joie et trop de vie à remplir. Il serrait la main de Rachel dans la sienne, mais rien ne parvenait à épuiser ses touchers trop purs. Son cœur ne s'arrêtait plus, mais s'emplissait toujours ; chaque instant près de Rachel lui promettait l'infini et le rapprochait du désespoir.

Il regarda avec horreur la vieille se raidir dans une posture effrayante, et sentit, comme tous ces gens qui l'entouraient, son cœur reculer. Rachel leva son visage vers lui, l'appuya sur sa joue, il sentit les pleurs de son amie glisser dans son cou.

Sheba résolut d'immoler en groupes pour épargner à tous cette insupportable succession de morts. Les vieux s'étaient attroupés en avant de la population et ils attendaient les ordres. Sheba leur dit que le sacrifice ne devait pas devenir une horreur... Les plus jeunes aidèrent les vieux, mais alors se passa le fait le plus touchant : les vieux couples ne voulaient plus mourir en même temps. La vieille voulait prendre soin de son mari et, jusqu'au dernier moment, veiller sur lui, entourer sa mort de préparatifs et d'attentions qu'elle seule pouvait lui prodiguer. Parfois c'était le mari. Éliphaz refusait de mourir avant sa femme, il voulait lui épargner cette douleur, et jusqu'au dernier instant l'assurer de sa protection. Éliphaz souleva sa fragile compagne, il lui passa la corde ; il atteignait sa taille du bout de ses bras, il lui disait de ne pas trembler, que ce n'était pas la peine. Puis le signal fut donné, et ces vieux corps se sont tous raidis. Une partie de la foule ne regardait plus ; des cris remontaient aux lèvres de la plus lointaine enfance. Il y avait maintenant beaucoup de corps immolés : c'étaient des masses sombres qui cachaient le ciel aux vivants.

Le sacrifice avait pris son visage de laideur et de pitié. Ce n'était plus une idée, un élan d'amour ou d'espérance ; le sacrifice, c'était ces corps tordus au-dessus du sol, ce silence intenable qu'impose la mort autour d'elle. Les figures aimées à jamais fixées dans cette grimace, les corps qui ne parlaient plus, les regards évadés : c'était cela le plus dur à accepter.

« Les enfants, les enfants », ces mots couraient sur toutes les bouches, emplissaient les cœurs d'un même effroi. Le temps était venu de demander aux enfants un dernier acte d'obéissance. Mais cette fois, sans dire pourquoi, ce n'était ni pour faire plaisir à maman, ni à personne, mais pour sauver les hommes du mal. Les enfants ne comprenaient pas, on les conduisait par la main. On les fit monter sur leurs gibets ; les mères criaient à fendre l'âme, elles se jetaient par terre pour ne pas voir. Les petits enfants attendaient, et pour la première fois qu'ils se séparaient de leurs parents, leur départ arrachait les pires adieux aux mères blessées[60]. Sheba donna le signal et ils tombèrent tous dans le vide. Il y eut une chose atroce, la corde ne se ferma pas tout à fait sur ces cous trop petits, et quelques enfants mal étouffés se débattaient comme des démons au bout de leur corde, lançant des cris aigus ; ils se tordaient pour échapper au monstre qui brisait leurs veines. Sheba ordonna de les achever, et les hommes impitoyablement se mirent à serrer eux-mêmes les cordes ; ils tirèrent le nœud jusqu'à ce que chaque petit corps se raidît. Les femmes s'étaient accrochées à leurs maris, et laissaient s'échapper d'elles toute vie et toute consolation. Leurs râles semblaient sortir des entrailles mêmes de la terre...

Les autres enfants, les plus âgés, s'approchaient, pressentant dans leur frémissante lucidité l'abîme où ils consumeraient leur vie. Rachel et Æsham marchaient, pâles amoureux, vers leur unique projet qui dressait au-dessus d'eux son ombre cassée.

Pendant ce temps, quand la plainte ne s'était pas encore éteinte et que tant de regards plongés dans l'horreur n'en étaient pas revenus, au moment où Æsham et Rachel s'étaient gardé leur dernier sourire, Héman et Élisha se glissèrent au dos de la foule et se cachèrent derrière un buisson. Ils restèrent là quelques instants. Personne ne les avait vus. Puis ils descendirent la pente, s'arrêtant parfois pour regarder en arrière... Ils s'enfuirent, laissant derrière eux les hommes se détruire pour rien, rompant ainsi l'engagement sacré du sacrifice[61].

Au sommet de la montagne, les innocents tombaient au bout de leur corde. Æsham et Rachel sont morts comme s'ils avaient mis dans cette mort tout leur amour. Les yeux inondés de tendresse et leur cœur inébranlablement résolu, ils furent pendus tournés l'un vers l'autre, fixés dans un éternel au revoir. Tous les adolescents eurent un peu de cette force pour sombrer, et le sacrifice leur arrachait toute l'énergie qu'ils auraient mise à vivre plus longtemps.

Le soleil penchait maintenant vers l'occident et jetait sur le sol l'ombre des pendus[62]. Il y avait dans l'air un vide terrible, comme si tous les morts, respirant encore, prenaient l'air aux vivants. Il restait maintenant les hommes et les femmes ; ils se tenaient au milieu de ce champ brûlé, comme réchappés d'un désastre. La vie avait pris, dans leur esprit effaré, des proportions gigantesques, des couleurs irrésistibles, un air insolite de fête et d'orgie.

Sheba parcourait les rangs en criant : « Ce n'est rien », voulant ranimer les volontés en retraite. Il fixait les yeux, secouait les épaules. Shamma[63] bondit vers lui et vint se jeter à ses pieds.

— Sheba, je ne veux pas mourir, c'est trop laid... Arrêtons-nous, c'est assez de morts inutiles, assez, tu comprends. Nous sommes insensés...

Shamma criait. Quand Sheba se déprit de lui, il resta par terre, tremblant de tous ses membres, haletant.

— Tu as peur du sacrifice, lança Sheba.

— J'ai peur que le sacrifice ne serve à rien.

— Non, cria Sheba de toute sa voix, toutes ces morts ne peuvent pas être inutiles. Si l'homme se tue, Dieu ne peut pas ne pas l'entendre.

Sheba entendit sa voix se perdre dans le trou béant de la peur. Il sentait sur lui ces yeux affamés, ces têtes qui demandaient à vivre encore. Il sentait l'homme reculer, regretter, tomber à genoux, prêt à lâcher, et, plutôt que de mourir lui-même, préférant supporter la faute de toutes ces morts vaines. Sheba perdit pied, il se sentit d'un seul coup perdu dans ce déferlement soudain d'irrésolution. Les volontés croulaient autour de lui, l'emportant dans leur chute. Oh! pourquoi cet instant, pourquoi cette hésitation, cette folie pire que toutes les folies puisque maintenant on ne peut plus arrêter! Pourquoi cette pensée quand il n'y en a qu'une qui doit tenir les entrailles prêtes pour la mort[64]? Il vit Shamma devant lui, affaibli comme une bête qui ne veut plus avancer. Sheba lui donna un coup de pied sur le flanc, et le fit rouler dans la terre.

— Lève-toi, lâche!

Sheba sentait la colère l'envahir comme un courage. Il ne vit plus rien autour de lui, et, sentant qu'il fallait tirer de leur torpeur ces volontés fléchissantes, il frappa Shamma pour secouer la fatigue des autres. Il le prit par les épaules et le traîna jusqu'au gibet. Shamma se débattit, mais quelques hommes vinrent aider Sheba. Ils hissèrent Shamma sur son gibet, il criait sauvagement.

— Je ne veux pas mourir, je ne veux pas mourir! Mon sacrifice ne vaut rien, c'est un meurtre!...

Cette voix fut coupée par le bruit du cou qui se brise... Il y avait un calme effrayant. Les hommes étaient accablés par l'inévitable qu'ils avaient accepté et qu'il fallait consommer jusqu'au bout. Sheba les regarda. Il songeait à la violence. «Même à ce prix, pensa-t-il, le sacrifice doit s'accomplir... Nous ne choisissons plus les moyens.»

Ils s'avancèrent, courbés par la plus dure résignation jamais demandée à l'homme. Il fallait fuir l'affreuse tentation de la vie possible. C'est cela qui bourdonnait en chaque cerveau comme le crépitement du désir dans la chair, et aussi la crainte que le sacrifice total soit vain.

Pendant qu'il s'approchait du lieu extrême, Kénaz s'arrêta net comme frappé au cœur. Il regarda nerveusement autour de lui; il bousculait ceux qui marchaient à ses côtés, courut à travers les rangs. Il devint hagard, terrible, le visage crispé. C'était clair: Héman et Élisha avaient fui.

Kénaz resta immobile, et songeait à la lâcheté de son frère qui trahissait tous ceux qui avaient accepté de mourir.

C'était l'instant des séparations, et les femmes tombaient l'une après l'autre comme des roches. Il y avait des sanglots partout, des serments avant la mort, des étreintes perdues. Il fallut détacher deux époux entrelacés comme des lierres. La femme ne desserrait plus et, dans son hystérie, parmi les cris et les halètements d'agonie qu'elle lançait, elle se cabrait, et soulevait son mari dans la convulsion de l'étreinte amoureuse. On déchira ses caresses, et la pauvre, torturée et insatisfaite, mourut en criant son amour.

Kénaz songeait qu'une seule de ces douleurs pouvait être rendue inutile par la lâcheté de son frère.

— Sheba, Sheba, appela-t-il.

— Qu'as-tu?

— Je veux te parler Sheba, seul...

Autour d'eux les hommes, entourés de leur passé, devenu chair morte, se donnaient le geste fatal.

Sheba regardait Kénaz.

— Qu'y a-t-il?

— Héman s'est sauvé avec Élisha.

Sheba pâlit.

— Tu es sûr?

— Je suis sûr; j'ai fait le tour de ceux qui restent. Ils n'y sont pas.

— Il faut les punir, hurla Sheba; les tuer!

Un éclair passa dans le regard de Kénaz.

— Moi, Sheba, je les retrouverai.

Sheba regardait ces masses d'ombres qui s'accumulaient sur les gibets. C'était maintenant à ses hommes, à Tarsis et aux autres, Aram aussi.

— Tu dois les trouver, Kénaz, et les tuer tous les deux comme des lâches. Et toi après. Il le faut, sinon nous avons fait la pire faute de toutes. S'il reste un seul chien qui procrée, nous sommes damnés par notre folie.

La voix de Sheba tremblait d'une façon inaccoutumée. Il s'était accroché au bras de Kénaz, qu'il serrait de toutes ses forces. Il fermait les yeux, mais le spectacle de tant de morts habitait maintenant sa pensée et le hantait comme le plus tenace des remords. «Tout cela serait-il donc une erreur? Ne suis-je pas coupable de tous ces cadavres, et quel châtiment mériterai-je pour expier ma démence?»

Kénaz le quitta, et prit le chemin de la vallée portant dans sa tête le message de Sheba, et dans son cœur l'ordre de venger ces mille morts inutiles.

C'était le silence maintenant.

Sheba retrouva les quelques disciples qui restaient[65]. Survivants d'un immense naufrage, ils se regardaient avec amitié avant d'appareiller à leur tour. La fatigue creusait leur visage, et cette mort qui leur revenait maintenant, ils ne la reconnaissaient plus en eux comme une menace intime; c'était ce qui manquait à ce tableau de cœurs arrêtés, la suite et l'achèvement, et peut-être le repos. Tarsis et Gossen tombèrent sans résistance; on eût dit que plus rien en eux ne les dressait contre la mort, même pas cette grimace du visage, même pas la bouche qui veut crier. Le silence s'accumula de leur disparition.

Il restait Aram et Sheba.

— Kénaz est parti pour les trouver?

— Oui...

— Je savais...

Aram se dressa sur son gibet.

— Je meurs insatisfait, Sheba...

Il regardait Sheba avec une extrême désolation comme s'il eût ses propres raisons de se tuer, comme s'il se sacrifiait pour autre chose... ou pour rien.

— Il me semble, Sheba, que rien n'est fini. Il restait tellement à faire avant de mourir, tellement de gestes inachevés.

— Et celui-là en plus...

Aram tomba. Son univers d'espérance et d'amour inemployé se rompit comme une veine qui éclate. Sheba regarda longtemps cette tête penchée qui appelait l'amitié.

Seul maintenant, le monde lui paraissait un catafalque inventé par sa tristesse et sa folie. Il marchait à grands pas parmi ces ombres, pour en trouver une mal pendue à qui raconter son désarroi, un compagnon contre sa solitude. Mais chaque gorge était bien fermée, et il ne devait rester d'humains, sous ce soleil déclinant, que Kénaz qui poursuivait les autres. Ah, s'il fallait que deux lâches puissent détruire la rédemption de l'homme par lui-même !

Le soleil accomplissait sa courbe fatale, et marquait l'heure de ce qui finit. Sheba sentit en lui un appel lointain qui résonnait dans la chambre vide de son corps. À lui maintenant de se jeter dans le noir, l'infini et l'incertain. Il n'est pas une fibre de son corps qu'il ne sentait pas destinée à la consommation absolue du sacrifice. Sa tête était devenue sonore à cette voix qui appelle au gouffre. Sheba se vit dans un étroit couloir dont les murs étaient de chair et qui conduisait à l'extrémité de tout. Il ne voyait plus que ce sombre passage qui écrasait l'esprit comme la fatalité. Il descendait vers la mort, attiré par son vide : ce n'était plus à lui ni d'arrêter, ni de changer de dénouement. Sa chair n'avait jamais palpité que pour cette immolation. Ses yeux s'étaient clos sur des visions d'abomination et de peine. Il se précipita dans son vertige, et rebondit au bout de la corde[66].

La création se vidait de la présence de l'homme. Les palpitations disparues, les paroles ravalées pour toujours avaient creusé dans le ciel un trou immense que peuplait maintenant le cri plaintif des corbeaux[67]. Ces profondeurs, faites pour le chant de l'homme, n'entendaient plus que le murmure de la terre. L'âme de Sheba s'était refermée.

Le ciel était couvert de corps pendus, tournés sur eux-mêmes dans des postures de danse et de folie. Les silhouettes du sacrifice semblaient habiter quelque lieu sauvage au-delà de la terre ; elles planaient immobiles et tristes comme des âmes en peine.

C'est de ces sombres gibets où l'homme avait accroché sa vie que se dégageait la nuit : ce n'est ni du bout de la terre, ni de l'occident inconnu que montait l'obscurité, mais de ces corps étouffés qui répandaient leur âme en noirceur, et qui couvraient la terre de leurs ténèbres. Noirceur absolue qui sortait des entrailles ouvertes, comme l'odeur fétide du sacrifice, et qui empoisonnait toute lumière. La souffrance, la déception, le mensonge, et l'univers inexprimé de l'amour avaient vaincu le jour. C'était la nuit totale, irrémédiable, sans pitié. Et ces masses immobiles au-dessus du sol rappelaient un sacrifice inachevé.

Héman l'entourait ; elle était blottie contre lui, tout près, pour échapper à la froide noirceur. Autour d'eux, la bourdonnante rumeur de la forêt endormie montait de la terre comme une pulsation fiévreuse. On distinguait à peine la forme des arbres, qui se confondaient dans l'obscurité. Élisha se laissait dormir dans les bras qui la réchauffaient.

Héman ne réussissait pas à fermer les yeux. Cette journée d'extrême fatigue alourdissait les muscles, mais laissait son esprit fébrilement éveillé, attentif à toutes les pensées, aux moindres bruits qui venaient jusqu'à lui. Il guettait le vent qui soufflait au sommet des arbres, la brise douce et tiède qui passait dans les cheveux d'Élisha comme la préfiguration de l'aurore. L'appesantissement le gagnait, son corps s'enlisait dans la pesanteur, le sang ralentissait dans ses veines; mais cette vigilance aiguë et épuisante ne le quittait pas un instant. Son attention se crispait: il se sentait sombrer dans une mer épaisse, et voulait laisser à la surface un phare, son propre regard embué de sommeil mais perçant tout, pressentant dans les ténèbres ce qu'il faut voir. Par instant Héman enfonçait la tête dans la gorge d'Élisha, il vacillait dans le sommeil. Il chavirait dans l'insondable conscience de la nuit, puis tout à coup se reprenait, de peur qu'un avertissement ne lui échappe, qu'il ne tombe dans un piège. Mais la fatigue le tenait par en dessous, le tirait à elle et fermait, de sa propre main, ces paupières engourdies, chargées de langueur et d'affaissement.

Dormir, sombrer doucement dans l'étourdissante respiration de la fatigue, mourir d'apaisement pour un temps, flotter à la dérive loin de tous les rivages connus, à jamais soulagé d'être attentif... Quel sombre paradis s'empare de l'homme par des ravissements inconnus à la volupté, différents de toutes émotions conscientes, et qui s'ouvrent sur un autre monde d'enchantement et d'oubli! Cette vie qu'on ramenait à des volontés trop précises, d'un seul coup s'élargit à sa vraie dimension et se dilate en gestes démesurés, en baisers sans limite. Oh! se noyer dans cette brume enivrante...

— Je le vois, il est là!

Élisha s'était dressée sur ses mains, les yeux fauves, et criait.

— C'est lui, je le vois. Ah! j'ai peur, Héman...

Héman bondit. Il était hérissé comme une bête, prêt à sauter sur l'ennemi qui venait hanter son sommeil. Le noir l'étreignait, et lui faisait l'insupportable insulte de dissimuler l'ennemi, de le cacher ici, là, derrière cet arbre, de feindre un bruit de pas, une agression.

— Qui est là? hurla Héman.

Mais sa voix prenait une résonance éperdue dans ce grand bois et se frappait au noir comme à une cloison. Pas un bruit, sauf les frissons de la forêt qui semblait couvrir un acte sournois.

Élisha tremblait de tout son corps, ses yeux lançaient d'étranges lueurs de hantise et de fixité: elle voyait! Une vision, un être, une ombre l'atterraient et la clouaient de frayeur.

L'immense noirceur semblait se moquer des interrogations maladives d'Héman.

— J'ai peur, murmurait Élisha.

Héman se pencha et la prit par les épaules. Elle fut alors secouée par une hallucination stridente, son regard égaré semblait revenir d'un monde impossible.

— Qu'as-tu, Élisha?

Mais elle se crispait sur Héman. Elle se cramponnait à lui comme pour ne pas sombrer plus avant dans un cauchemar. Héman se laissa emporter par ce déferlement physique où il pouvait enfouir sa peur et son épuisement. Ils s'enveloppèrent de leur propre nuit, plus insondable que l'autre. Ils perdirent connaissance dans ces mouvements convulsifs, et Élisha, hantée jusqu'à l'hystérie, enfonçait ses ongles dans le dos d'Héman et le griffait au sang.

Le matin, comme un drap qui se soulève, vint rompre la complicité de la nuit et dissiper les ombres qui avaient prêté une existence mystérieuse aux arbres, aux fleurs, à tant d'êtres inoffensifs. La lumière venait pour un certain temps rendre la nature favorable aux projets de l'homme, et le pousser sur les chemins.

Ils partirent vers l'occident, et s'engagèrent dans les hautes forêts, traversant parfois de grandes clairières, mais s'enfonçant toujours plus avant dans ce pays boisé.

Héman se retournait souvent. Il regardait d'un œil perçant le chemin parcouru. Il mesurait l'éloignement, la distance, et aurait souhaité qu'en un instant se creusât derrière lui un infranchissable cratère, une fosse qui eût consacré sa solitude et sa liberté. Il hâtait le pas.

Élisha avait peine à le suivre par moments, elle glissait sur le sol, devait s'aider d'une branche pour monter les pentes. Héman se tournait vers elle, et lui lançait un regard pour fouetter son courage qui s'usait. Elle sentait la meurtrissure qui attaquait ses pieds et s'y incrustait comme des épines. Héman était infatigable, il ne s'accordait aucun répit et ouvrait le chemin impitoyablement. Quand Élisha échappait une plainte, un cri de douleur, il se retournait, et la regardait. C'est ce regard qu'elle ne pouvait comprendre, qui rendait insensibles les plus tenaces de ses blessures. Elle marchait plus vite, retenait des soupirs d'épuisement; elle voulait rattraper Héman et mériter un regard plus doux, plus tendre, un regard qui se penche vers elle, l'entoure de sa bonté. Héman lui jetait un regard de défi, un ordre sans espoir de récompense. Elle voulait parler et se plaindre un peu. Héman la regardait. Et elle courait plus fort vers lui, pour au moins lui toucher le bras, pour se convaincre que le sang qui coulait de ses pieds, que la chaleur qui l'éperonnait, n'existaient pas. Son courage ne vivait que de cet ami souple et musclé dont elle s'approchait sans cesse. Elle courait presque, parmi les ronces, lorsque soudain elle glissa, s'étendit par terre dans un fracas sourd et vaincu.

Écroulée, elle pleurait comme un enfant blessé qui sent ses plaies devenir plus vives, qui retrouve dans un instant de capitulation toute la douleur refoulée par un vain courage. Héman était planté au-dessus d'elle, elle sentait sur sa nuque le poids de ce regard.

— Je ne peux plus avancer, Héman...

Héman la regardait et songeait avec anxiété qu'il ne fallait pas s'arrêter avant la fin du jour.

— Lève-toi Élisha, nous ne pouvons pas nous arrêter ici... je vais t'aider.

— Non, je ne veux plus marcher. Pourquoi ne pas s'arrêter ici! Nous serions bien, Héman, il fait doux et je pourrai me reposer.

— Il ne faut pas ! et son œil plongeait dans l'anxiété ; il sentait un vague avertissement le mordre à la gorge... Non Élisha, partons !

— Pourquoi partir, puisque nous sommes seuls et que je n'en peux plus...

— Partons, je te le dis.

Il la prit par les poignets et tenta de la lever. Elle ne pouvait se tenir, elle chavira et s'affaissa contre le sol. Elle ne voyait ni la nécessité de partir, ni l'angoisse de son compagnon. Renversée sur elle-même, elle goûtait l'immobilité qui, pour un instant, la délivrait de ses plaies irritées.

— Oh ! Héman, arrêtons-nous. Nous méritons le repos, c'est pour cela que nous avons tant marché...

Héman était ravagé par une sombre obsession : il ne voulait plus s'arrêter. Ce n'était pas encore le temps du repos pour eux ; pas encore le calme de la parfaite solitude, de la docilité de tout autour de leur fuite. Il savait que c'était audacieux, risqué de s'arrêter sur cette route, comme si quelque malin destin poursuivait leur repos. Il s'approcha d'Élisha, il la consola comme il pouvait, puis il prit son propre linge et lui pansa les pieds, et couvrit ses plaies[68].

— Tu pourras continuer maintenant ?

Il la prit par la taille et la soutint pour chacun de ses pas. Mais elle souffrait comme si elle se traînait sur ses chairs vives. Elle se pendait à lui, silencieuse et fatiguée. Elle glissait, il la relevait et il la traînait. Elle comprit soudain qu'il se passait quelque chose : que tout n'était pas normal, mais qu'un sort guidait leur pas et leur défendait tout repos sur la route. Elle comprit qu'ils étaient engagés sur une pente où il n'était plus possible de s'arrêter, que tout leur être dévalait comme une roche emportée vers le vide, que sommeil, repos, bonheur, calme... étaient précipités dans un trou d'anxiété et d'incertitude.

— Tu ne souffres pas trop? demanda-t-il.

« Mais non, pensa-t-elle, on ne mesure plus la souffrance et le bonheur comme avant, puisque nous allons quelque part... » Elle vit le visage d'Héman, étiré, tendu vers quelque fatalité, hanté par la pression de tout ce qu'il pressentait. Elle s'accrocha à lui plus fort, et comprit alors à quel point ils étaient liés l'un à l'autre, condamnés par leur fuite à avoir besoin l'un de l'autre. Cette révélation lui fit peur : elle vit l'espace autour d'elle se vider complètement, s'éloigner tous ces arbres, disparaître ces champs et, sur un plateau dévasté, le seul homme qui lui restait. Par bonheur, par malheur, par amour, par haine... dans une immense cage[69] deux êtres sont rivés l'un à l'autre. Elle le regarda et vit son regard plus battant qu'une veine, plus nerveux que la fuite. Elle sentit quelque envoûtement s'emparer d'elle, appesantir ses membres exténués, envelopper son esprit. Comme si quelque chose arrivait, l'air se transformait, la lumière changeait. Elle regarda son compagnon et perçut en lui ce saisissement qui traversait soudain la forêt, ce frisson d'un événement qu'on sent tout proche. Elle sentit une chose dans le dos, sur sa nuque, comme une menace. Elle se retourna brusquement et vit un homme. Il était là, immobile, attendant qu'on se retourne vers lui et qu'on le voie.

Il était droit comme un bras tendu par la colère. Présence insolite et glaçante dans l'immense solitude de la forêt, il était aussi mordant qu'un remords, aussi insolent que la mort par cette chaude après-midi.

Héman le reconnut: son frère, qui semblait sortir de leur commune enfance pour venir aujourd'hui venger une peine d'enfant, une rage trop longtemps retenue. Ô immobilité de l'instant quand deux frères se reconnaissent du bout de la terre, et mesurent cette distance de souvenirs et de sang qu'il faut enjamber pour en finir. Il y eut un éclair, une entente secrète fendit l'air. Élisha sentit quelque mécanisme fatal se déclencher et marquer les instants d'un rythme sourd. Elle comprit qu'une rencontre devait se produire, mais bien loin de l'entente, au-delà de l'amour et de toute pitié; une rencontre nette et drue, tranchante comme la haine. Avant cette rencontre, pas de repos possible, pas d'arrêt permis; rien de calme et rien de normal. Et après, tout sera définitif, net, sans retour, sans remords ou sans espoir. Elle se laissa aller par terre, de tout le poids de son impuissance et de sa résignation. Plus rien n'était à décider, plus rien à choisir entre sa joie et son malheur, entre vie et mort. Cet acte, dont le projet funeste et précis ébranlait maintenant la forêt, se ferait sans elle, sans elle enfoncerait une poitrine et soulagerait l'autre. « Je suis celle qui écoute, regarde, tombe par terre. Consolatrice si on est vaincu, orgueilleuse avec les victorieux, je dois fournir les états d'âme à des actes qui se font sans moi[70]. » Elle frémissait devant ces quelques instants où allait se dénouer le complot de deux frères. Ils s'avançaient maintenant, avec précision et lenteur, comme si le sol avait pu manquer sous leurs pieds. Le silence semblait avoir tout aboli autour d'eux, sauf cette scène dénudée comme une toile de tambour où ils battaient une sombre danse. Ils s'étaient arrêtés, mesurant l'élan, la distance, l'endroit et le temps qui les séparaient du combat. Élisha se traînait vers eux, offrant mille fois son âme pour pouvoir empêcher cette rencontre, elle aurait voulu faire un geste contre cette écrasante fatalité. Du fond de sa gorge éteinte, du fond de son âme de femme, de son corps prostré mais brûlant d'aimer, elle voulait appeler, crier vers eux et dire : « Me voici, ne mourez plus[71]... »

Kénaz la vit près de lui. Sa volonté, bandée comme un poing, chavira dans ce regard immense tourné vers lui, dans cette profondeur d'affection inespérée qui l'appelait. « Oh ! Élisha, il suffirait d'un mot, d'un signe, d'un instant qui déjà se rompt et s'échappe de nous, et je ne voudrais plus ni tuer ni mourir. » Il sentit son genou fléchir, sa tête vaciller comme étourdie. Un instant lui ramena l'image du sacrifice qu'il avait promis d'achever, et de toutes ces morts qui attendaient son courage pour signifier quelque chose. Mais il y avait à côté de lui un abîme de douceur vers lequel penchaient son vertige et son désir, les yeux d'Élisha, ce visage, cette nuit épaisse où jeter son espérance et apaiser sa soif brûlante. Le temps se contractait, la décision devenait imminente ; il sentait près de lui l'haleine violente de son frère, il entendait battre sa poitrine. Il voulut redresser le genou, tendre son bras, mais sa force s'échappait vers le regard d'Élisha, ces yeux sombres et infinis dont il ne pouvait plus s'arracher ; il se sentit lié à Élisha par un pacte inconditionnel, cruel, sans limite et qui lui jurait la mort. Il ne vit pas venir le premier coup. Héman le frappa à la tête.

Élisha échappa un cri. Elle sentait les coups résonner en elle et la faire vibrer d'effroi et de pitié. Ce corps à corps se faisait en elle et déchirait ses chairs. Ils étaient tordus, enlacés l'un à l'autre dans d'étranges convulsions comme s'ils tentaient de vomir d'eux un démon qui les possédât. Ils roulèrent, se fracassaient l'un sur l'autre comme des bêtes en folie. Élisha comprit que rien ne pouvait plus les défendre, rien les arrêter. Ils semblaient reculer l'issue, retarder la fin, mais le temps de la défaite et de la victoire était inexorablement marqué. Rien n'en changerait le cours fatal ; quand l'instant viendrait, il s'abattrait sur l'un d'eux comme une roche lancée par Dieu.

Un cri affreux perça le ciel, une plainte sortie du fond même de la douleur et de la vie remplit la forêt de son appel. Héman se leva et regarda ses mains tremblantes et sauvages, pleines d'une force inconnue et nouvelle qui lui semblait venir de loin, d'une puissance obscure qui avait noué ses jointures, durci ses os, pour frapper elle-même. Il se sentit investi d'une force qui se défendait avec ses bras et se répandrait par son sang.

Il regardait son frère, et ne pouvait mesurer la profondeur de son meurtre, ni sonder sa fierté ou sa honte. Ses bras lui semblaient des instruments démesurés qui lui échappaient, dont la vigueur était incontrôlable. Et ce corps, Kénaz mort devant lui, par quelle fantaisie était-il venu à ses pieds ? Par quel complot étrange l'avait-il tué ? Son corps se dilatait dans une chambre où l'air manquait.

Il ne percevait plus les frontières de sa décision et de sa liberté, il ne se souvenait plus d'un nœud de haine dans son estomac qui l'avait poussé à tuer. Les objets se dérobaient à son monde ; son esprit n'avait ni pensée, ni joie. Il vit, à ses pieds, Kénaz, ouvert et saignant, dernier ennemi, dernier frère, dernier homme qui lui avait volé du ciel et de l'air. D'étranges gouffres l'attiraient, il s'écroula.

Élisha se coucha sur lui, elle le couvrit de sa chaleur, le rendit à lui-même, à ce monde dont les caresses marquent les limites extrêmes et reposantes. Elle resta longtemps sur Héman tremblant et en sueur. Elle attendait qu'il se relève et lui dise : « Suis-moi ». Car maintenant, il commandait. Maintenant il était le seul, et elle, l'unique. Plus rien n'interviendrait dans leur projet, plus d'ennemi, plus de fous. Plus rien ne les empêcherait de vivre puisque c'est cela qu'ils avaient choisi.

Ils quittèrent cet endroit, cherchèrent d'autres forêts, d'autres chemins où traîner leur désir et leur solitude.

Le corps de Kénaz fut laissé là, baignant le sol de son sang, perdu comme un appel désespéré mais jamais entendu. C'était lui le passé, lui la dernière folie qui aurait pu triompher du malaise de vivre. Mais le sacrifice n'était pas allé plus loin que ce corps vaincu[72].

Le monde était dépeuplé aux deux survivants. Ils s'avançaient dans une immense cage où résonnaient démesurément leurs pas, où leurs paroles semblaient des cris éperdus que rien ne renvoyait. Tremblants et délaissés, sous un ciel où leurs caresses mêmes semblaient de trop.

La nuit les rapprocha. La fièvre physique leur rendit la terre comme un objet familier et proche. À son murmure, ils mêlèrent leurs soupirs, à sa chaleur, leur étreinte qui peuplera le monde et rendra à l'insatisfaction sa continuité ininterrompue. Il fallait que deux mortels s'aiment comme ils se sont aimés, et n'aient de courage que celui de cette faiblesse inscrite dans la chair, pour que l'œuvre fatale et lourde de l'humanité se poursuive jusqu'à nous. Personne n'en arrêtera jamais la course effrénée vers quel sombre horizon que nous n'atteignons pas, vers quel progrès incompréhensible qui se résout en pitié.

La nuit entourait Héman et Élisha, recevait leur souffle, entendait leurs plaintes, encourageait une œuvre qu'elle protège encore. Et tout cela continue dans les ténèbres.

Paris, 1952.

Les sables mouvants

Présentation

Cette nouvelle fut écrite pendant un séjour en Italie
(Palerme, Syracuse, Agrigente, Taormina, Naples, Rome)
et probablement transcrite à la machine à écrire à Montréal en mai 1953[1]. Un court extrait a été publié dans
Signé Hubert Aquin. Enquête sur le suicide d'un écrivain
en guise de préface.

Si elle est datée de mai 1953, l'idée initiale se dessine dès mars 1952 alors qu'Aquin termine *Les Rédempteurs* : « Quand j'aurai fini mon roman, j'en ferai un autre
plus grand : *la Rencontre*[2]. » Il note cela le jour même où
il lit *Romeo and Juliet* de Shakespeare : « Cette autre histoire d'amour et de mort, ce mal d'aimer qui porte en lui

---

1. Il existe d'autres états de texte des « Sables mouvants »
dans un fonds privé demeuré inaccessible. Aquin a écrit vingt pages
à Palerme, quatorze le 5 mai à Agrigente, dix pages le 6 et dix-huit
le lendemain à Syracuse, trente-trois pages à Naples le 10 mai et
finalement, seize le 12 mai à Rome.

2. *Journal*, 15 mars 1952, p. 118.

sa sombre fatalité et ses promesses sans avenir[3]. » La veille il avait entendu *Tristan et Isolde* : « Cette rencontre est la rencontre absolue, l'extase divine d'aimer et d'être aimé dans un monde fatalement hostile[4]. » Il songe aussi à donner à son « roman » le titre « Les Condamnés ».

Le 21 août 1952, tandis qu'il séjourne à Athènes, il entreprend, inspiré par les dieux, une pièce qu'il intitule *Le Prophète*. Plus tard, il écrit ces notes éparses qu'il glisse dans son *Journal* le 20 septembre : « Monologue — au présent de l'indicatif faire à titre d'essai en vue du projet suivant : Le Temps perdu Proust Time of scorns Time on my hand Keats Trouver une phrase à faire un titre Du Bos le rivage sables[5] ». Songe-t-il au *Byron et le besoin de la fatalité* de Charles Du Bos qu'il a lu deux mois plus tôt, ou bien fait-il référence à son ouvrage critique *Approximations* ou encore à son célèbre *Journal* ? Les mots « rivage » et « sables » se retrouvent dans une étude sur le célèbre diariste suisse Amiel : « Par-dessous son esprit, le plus mouvant qui soit — sable d'or qui s'écoule sans fin dans le sablier — Amiel, lui, est bien cette âme immobile[6]... » ; ou encore cette phrase d'Amiel que Du Bos cite à quelques reprises dans sa correspondance et dans son *Journal* : « Je finirai dans les sables, comme le Rhin, et l'heure approche où mon filet d'eau

---

3. *Ibid.*
4. *Ibid.*, p. 117-118.
5. *Journal*, p. 325, 132.9
6. *Approximations*, Paris, Fayard, 1961, p. 139.

aura disparu[7]. » Cette phrase aussi, où le rivage est métaphore du point de vue de la pensée d'Amiel : « Debout au bord de la rive il laisse chaque fois le bac s'éloigner ; un enchantement le cloue au sol : il ne peut ni s'embarquer, ni même s'écarter du rivage : il semble toujours qu'il guette un messager invisible[8]. » Dans son exemplaire du *Journal 1896-1942* de Charles-Ferdinand Ramuz, Aquin souligne cette citation de Nietzsche : « Connaît-on le chemin qu'on a fait quand le rivage lui aussi a cheminé[9] ? »

Dans *Approximations*, ouvrage qu'Aquin a souvent fréquenté, Du Bos s'attarde sur la beauté du titre *À la recherche du temps perdu* de Marcel Proust[10], d'où probablement cette transcription d'Aquin : « Le Temps perdu Proust ». Ou bien encore, lie-t-il, par ce que représente le sablier, le sable au « Temps perdu » ? Car le sable peut être métaphore du temps, mais un temps qui évoque la longueur, l'immobilité, le risque de l'engloutissement, comme dans *L'Invention de la mort* : « les pyramides sombrent lentement dans leur sol brûlé, elles glissent d'année en année de tout leur poids, car tout sable est mouvant[11]. » Le sable *fait* disparaître ; sa mouvance, dangereuse, engloutit.

7. *Ibid.*, p. 154.

8. *Ibid.*, p. 137.

9. *Journal 1896-1942*, Paris, Grasset, 1945, p. 268.

10. *Ibid.*, p. 93.

11. *L'Invention de la mort*, p. 23 ; voir note 26.

Aquin revient à «son roman» en décembre, cette fois pour envisager le discours narratif. Il en retarde la rédaction parce qu'il écrit n'être pas «fixé sur la technique»: «Je rêve d'y exploiter une nouvelle technique du personnage à laquelle m'inclinent mes recherches phénomé[nologiques] actuelles de ma thèse[12].» En effet, son sujet de thèse[13] est «Phénoménologie du roman» ou «Phé. de la création du personnage dans le roman». Il veut étudier Green, Joyce, Faulkner et Dostoïevski avec une méthode empruntée à Husserl.

Au fil des jours, de ses lectures, de ses visites dans les musées, Aquin ne cesse de prendre des notes qu'il compile dans son *Journal*. Il commente entre autres *Le Visionnaire* et *Moïra* de Julien Green les 21 novembre et 15 décembre, *Roméo et Juliette* de Shakespeare le 13 décembre; ses impressions d'une visite au musée Kunst Halle où il voit des œuvres de Goya et de Holbein le Jeune (15 février 1953). Il élabore des plans dont certains éléments seront exploités dans «Les Sables mouvants» (voir Appendice III). Le plan retenu est celui du samedi 18 octobre 1952.

Cette nouvelle, fort différente des autres par le style, le point de vue du narrateur — monologue intérieur, introspection — et la temporalité non linéaire de la trame narrative — exploitation des temps verbaux présent-passé-futur —, est caractérisée par le retour incessant au

---

12. *Journal*, 11 décembre 1952, p. 143.
13. Lettre à Lucien Pépin, Paris, 6 novembre 1952. *Journal*, appendice III, p. 356.

lieu clos. Asile de la relation amoureuse en compagnie de la femme aimée, la chambre d'hôtel est aussi un refuge où le narrateur rêve et projette sa relation. L'élaboration de la «technique narrative» est poussée plus avant que pour *Les Rédempteurs* — car bien que cette nouvelle soit la plus longue de toutes, la narration demeure linéaire et ne se distingue pas véritablement des précédentes.

Pour la première fois, comme il le note dans son *Journal* à cette époque, l'urgence de la relation amoureuse, voire charnelle, se fait sentir. Les préoccupations d'Aquin à ce moment ne sont pas sans rappeler celles qui sont présentées dans son roman *L'Invention de la mort* (1959) qui accentue, développe et nuance des thèmes comme l'altérité de la femme, la relation charnelle, la poursuite et la fuite, la déception amoureuse, le désespoir, la chambre close.

François Poisson

Les sables mouvants

Je suis coincé entre les quatre murs du souvenir, dans une chambre humide et basse. Je n'ose pas regarder par cette fenêtre. Ça me donne l'impression que je suis dans une cave. Tout se passe au-dessus de moi. Je vois des jambes courir devant la fenêtre. Décidément, elle est très haute. Si je devais m'enfuir, il serait tellement facile de m'écraser les mains, de me broyer les doigts. Et je retomberais dans mon trou. Je suis pris dans une sorte de fosse d'où j'aperçois encore les jambes des fossoyeurs et des amis. Le couvercle[1] va peut-être se refermer, je resterai seul avec mon humidité, seul dans cette chambre d'hôtel qui ressemble à un salon mortuaire, seul à attendre la vermine. L'endroit est propice à cela, je l'ai tout de suite compris. Déjà je me sens pénétré, il y a des choses qui travaillent sur mon corps. On entre en moi lentement.

Je regrette maintenant d'avoir choisi Naples. Il y a tellement d'autres villes où nous aurions pu nous rencontrer. Florence, Rome, Milan même. Naples, évidemment, c'est un nom magique. Je voyais tout de suite les sérénades, les promenades au port le soir, le soleil. Elle était enchantée, elle aussi. Naples, c'était la grande aventure.

Tant pis. Je n'aurais pas le temps de lui écrire que je préfère l'attendre à Rome. Elle est déjà partie. Non pas encore, presque. Demain matin, à neuf heures, elle prend le train à la gare de Lyon. Vingt-quatre heures pour Rome, puis, en prenant le direttissimo[2], elle sera ici à une heure quarante. Je lui ai tout expliqué.

Décidément, c'est malsain ici. Ma chemise s'alourdit sur moi. Quand je m'étends sur le lit, c'est pire, je deviens comme écœuré : je n'ai le goût de rien faire. Mes forces s'effritent. Même lire m'ennuie. J'ai d'ailleurs presque terminé le Stendhal[3]. Dieu sait si cela peut être ennuyant des impressions de voyage en Italie. On voit bien qu'il n'attendait pas, lui. Il regardait tout simplement ; il rentrait chez lui le soir et racontait ce qu'il avait vu. Il n'était pas impatient ou inquiet. Il n'attendait personne à Naples, sinon... Deux jours. Deux jours, mais après un mois. Et surtout dans cette chambre. Il faudra changer d'ailleurs, car Hélène ne coucherait pas ici. Nous quitterons Naples au plus vite à son arrivée ; moi j'en aurai assez. Nous trouverons une petite auberge, près de Sorrento. Mais pas cette chambre, pas ces murs. Ces murs bruns laids. Il y a même des dessins de fleurs. Elles ressemblent plutôt à des araignées[4]. Sur les quatre murs et de bas en haut, elles étendent leurs grandes pattes. Au plafond, ce sont les vraies araignées. Ma foi, il y a des fils partout, entre les tuyaux et le mur, dans l'encadrure de cette porte barrée[5]. Cette fausse porte d'ailleurs déplairait à Hélène. C'est comme si quelqu'un pouvait entrer d'un moment à l'autre et nous surprendre. C'est une menace perpétuelle, et si je continuais de la regarder, je sens que je ne pourrais fermer l'œil de la nuit. Pourtant, elle doit être barrée. Mais une porte, on ne peut oublier que cela reste une porte : une porte blanche, mal peinturée, avec un trou de serrure. Regardons par le trou. On l'a bouché probablement, c'est noir. Je me souviens de la première fois qu'Hélène est venue à ma chambre. C'est ce qui lui avait déplu : la porte, juste en face du lit. Je lui ai répété que jamais elle ne s'ouvrait, que jamais à ma connaissance elle n'avait été ouverte, que jamais de toute éternité quelqu'un ne passerait ce seuil. Elle ne l'aimait pas. Elle l'a regardée tout le temps qu'elle est restée dans la chambre. Elle ne pouvait pas s'y habituer. Elle est revenue par la suite. Deux fois. Non, trois fois. C'était pour m'aider à faire mes valises. On ne pensait plus à la porte alors. Hélène y pensait peut-être. On n'en parlait plus en tout cas. D'ailleurs, ensemble nous n'avons jamais beaucoup parlé, il faut bien le dire. Même la première fois que je l'ai vue.

On a commencé en silence. Je n'ai jamais bien compris son comportement ce soir-là. À quel moment ai-je senti que quelque chose se passait, que nos relations se transformaient. Même pas. J'ai à peine deviné la complicité de son regard. On se regardait si peu de face. Une sorte de certitude m'assurait qu'Hélène n'était plus la même. À quoi attribuer ce revirement de sa part. Car moi je lui avais fait savoir trop souvent qu'elle me plaisait. Et avec quelle maladresse. Je n'osais plus escompter un succès que j'avais désiré avec trop de rage. J'avais toujours le dessous avec elle, c'est moi qui me fourvoyais en paroles, en explications, en commentaires. Elle ne disait jamais un mot. Elle régnait sur une montagne que je gravissais péniblement pour la rejoindre, puis finalement je trébuchais et je dévalais toute la pente. Devant les autres, je devenais plus maladroit. Je détruisais tous mes efforts avant même de m'en servir...

Qu'y avait-il de changé ce soir-là ? J'étais le même, peut-être désinvolte, car j'en étais venu à me moquer d'une ambition à jamais vaine. À un certain moment dans la soirée, après le repas, quelque chose est arrivé, un changement de densité. Elle m'écoutait parler et me donnait toujours raison. Cela m'autorisa à produire mes idées encore plus cavalièrement : elle confirmait toujours, elle approuvait, elle disait toujours : «C'est vrai»... C'était mon soir. Les événements tournaient en ma faveur. Il était près de minuit, et j'étais décidé à ne pas partir de chez elle. J'avais hâte que l'heure du dernier métro fût passée pour m'aider de ce prétexte. Vers minuit et demi, je remarquai d'évidents signes de nervosité chez elle. Moi, j'étais à vide de conversation, et nous écoutions en silence marquer les secondes à l'horloge. Nous étions très nerveux tous les deux. Mon cœur faisait tous les temps dans ma poitrine. Je n'avais rien dit encore à Hélène pour la séduire. L'heure passait, j'étais sauf, seul avec Hélène dans une chambre, sur un même canapé. Tout paraissait évident quoique, pour moi, inespéré.

Je pris quelques minutes pour reprendre mon aplomb. J'appliquai toute mon énergie à dissimuler mon ravissement. Je parlai un peu, trop, sûrement. Il se passa un bon quinze minutes de malaise. Puis, risquant le tout pour le tout, sans transition aucune, sans le préambule habituel de la douceur et de la tendresse, je me levai pour fermer la lumière. Elle ne disait toujours pas un mot. Moi non plus. J'avais pourtant quelques boutades qui me brûlaient la langue. Cette scène était décidément comique. Je me frappai contre le lit en revenant, je pris ma place, je relevai sur nous une couverture que j'avais remarquée d'abord, et tentai de reconnaître les lieux de son corps pour m'y conformer. Je rencontrai d'abord son visage dont le contact me fut infiniment doux, cette peau lisse et brûlante que j'avais à peine effleurée quelques fois en dansant et qui tout d'un coup m'était offerte. Je reconnus le coin de la bouche et les lèvres. Je posai, à tout hasard et comme par principe, quelques baisers sur ce visage avec lequel je n'étais pas encore familier. Je passai tant bien que mal une jambe par-dessus les siennes. Je mettais du temps à prendre ma position. Tout cela se faisait en silence, nous ne prononcions pas un traître mot. Je l'embrassai sur les lèvres. J'avais un peu de difficulté à rendre ces baisers faciles : je tournais et retournais ma tête pour trouver l'harmonie parfaite. Je commençais par les commissures, je me rapprochais du centre, je relevais ses lèvres et je passais ma langue. Je sentis enfin l'accord se produire. Ses lèvres remuaient avec les miennes, je sentis sa salive pénétrer dans ma bouche et nos langues s'effleurer avec douceur, se tenir un langage nouveau et capiteux. Puis je me retirais ; nos lèvres étaient encore mouillées de salive, et nous reprenions ces étreintes qui étaient nos premiers gestes.

Le moment n'était pas encore venu de me laisser aller à mon ravissement et d'avouer un plaisir qui m'aurait,

encore une fois, fait perdre le dessus. C'est son ravissement que je voulais le premier. Je l'embrassai dans le cou.
La devinant consentante, je pris une initiative qui aurait
dû être une douce découverte, mais qui était alors une
gageure. Je dégrafai les deux épaisseurs qui la couvraient.
Elle ne dit pas un mot, moi non plus par principe. Elle se
laissait faire, et moi j'allais d'autant plus lentement que la
chose me semblait ridicule. Je me rendis jusqu'au bout de
la rangée de boutons, j'écartai les vêtements et j'embrassai ses seins. Quelle merveilleuse sensation de toucher
cette poitrine palpitante et ouverte à mes lèvres. Je la
couvrais de mes lèvres. J'aurais voulu que son sang af-
fluât en moi et m'inondât. Je l'embrassais à lui rompre la
peau. J'aspirais ses seins brûlants : c'était mon pain et
mon vin, ma nourriture la plus indispensable[6]...

Je commence à ressentir des douleurs dans le dos. Il
faut bien venir à Naples au mois de mai pour souffrir de
l'humidité. Je ne devrais pas refaire sans cesse mon
passé[7]. J'ai peur de ne pouvoir rattraper tout ce que j'ai
fait. Une bonne fois, il m'arrivera de m'arrêter en chemin,
de bloquer quelque part. Il me tarde de finir cette nuit
pour m'assurer qu'elle est bien passée... J'ai peur qu'elle
ne soit pas encore finie et que je reste accroché pour toujours à un souvenir défectueux. Où en étais-je. J'ai de la
difficulté à reprendre. Il y a pourtant un dénouement, une
fin. Je me souviens du lendemain matin quand je pris le
métro... Je riais. Je riais, je ne pouvais pas m'arrêter. Oui,
je m'arrêtais. Et tout à coup, insolemment, j'éclatais à
nouveau chaque fois que je revoyais ma nuit avec Hélène.
En la quittant, juste avant, je m'étais appliqué à être le

plus froid possible, à éteindre toute démonstration. C'est toujours ce qui m'a désarçonné avec Hélène[8] : cette lourdeur de l'effusion, cette gêne (est-elle physique ou autre) à exprimer les sentiments les plus convenus. Il n'y a que ses yeux qui parlent sans affectation, mais les yeux c'est la chose au monde à laquelle on peut le moins se fier... Elle n'a pas de ces gestes relâchés et insouciants qui précèdent la pensée dans les moments de passion. Elle n'étreint jamais irrésistiblement. Cette nuit-là, je devais me fier à sa respiration pour mesurer son acquiescement. J'écoutais le rythme coupé de son souffle et je savais si mon geste portait juste, et si ma main pressait assez fort... Dieu que je riais. Les gens me regardaient dans le métro. J'avais le goût de taper tout le monde sur l'épaule. J'étais content. La fierté avait eu son compte. Enfin, s'agissait-il de fierté. Cela rendait toute émotion impossible.

Inutile de sortir. Il pleut trop. Je reviendrais encore plus humide. Et je n'ai pas d'habit de rechange. Restons dans ces murs pour attendre la nuit. Étendons-nous peut-être. Sur le dos. Sur le dos, cela nous oblige à regarder les murs et le plafond. Je n'avais pas remarqué ces guirlandes de plâtre au plafond. De vrais nids d'araignées, quoi. Par un temps pareil, les araignées doivent s'en donner à cœur joie. C'est un jour d'araignées. Elles sortent de leur cachette et se pendent à leur grand fil. Elles descendent le long des murs, lentement, puis je ne les distingue plus. Elles se dissimulent dans les fleurs brunes. Il y en a partout mais je ne les vois plus : cachées dans les fleurs, elles m'observent. La couleur n'est pas tellement différente, on confondrait aisément. Mais moi je guette. Je les vois remuer. Elles s'agitent sur les fleurs, et tout le mur ressemble à une forêt. Je vois des milliers de grandes pattes autour de moi et des fleurs qui bougent. Ce doit être le printemps sur les murs : il y a des germes partout ; les fleurs s'allongent à vue d'œil et viennent balancer au-dessus de ma tête. Je dors dans un champ d'araignées et je ne puis empêcher cette végétation affreuse autour de moi. Mes cheveux se prennent dans les tiges, je ne peux plus les démêler. Il y a des fils partout. Je sens des frôlements dans le cou. Ma peau va bientôt germer elle aussi et je deviendrai nid d'araignées...

Les fleurs ont changé ce matin. On dirait qu'elles sont bleues et plus grandes. Il fait soleil aujourd'hui. Il n'est que sept heures. Ce sera long. Et je ne m'endors même pas. Je passais mes mains sous son corps et je m'approchais d'elle. Qu'il fait bon de se retrouver ainsi le matin. On s'était éloigné pendant la nuit sans le vouloir, et puis quand le jour est entré par la fenêtre, je me retournais vers elle et je la réveillais. Elle n'ouvrait même pas les yeux. Elle se plaignait un peu parce que je la déplaçais. Ses seins étaient encore plus chauds le matin, et son dos surtout. Je m'appuyais à ce balcon étrange qu'elle a aux flancs et où je restais pendu des heures de temps comme un désespéré. J'embrassais son ventre. Je me cramponnais à cette montagne comme si le vertige m'eût pris et que je craignisse de tomber dans le vide. J'enfonçais mes mains dans ce roc brûlé par le soleil et je mouillais son ventre de ma salive. Parfois j'effleurais cette noire forêt, cette végétation fière, cette crinière plus farouche que les cheveux. Je me souviens des premiers moments où ma main a parcouru ce sanctuaire de feu ; il m'a semblé trouver quelque chose de plus intime que sa nuque, et cette odeur de brûlé que j'aimais tant dans les cheveux. Je caressais tout son corps. J'essayais de me rapprocher le plus près possible de cet animal puissant qui attirait mon âme ; il n'est pas un lieu de cette île que je ne voulais pas embrasser. C'était la magie de l'île magique : maintenant que je l'avais abordée, je ne pouvais plus m'en détacher. Il fallait plutôt que je m'y perde. Je ne pouvais plus repartir ; je m'enfonçais le plus loin possible au fond des terres. Des voix m'appelaient... C'est un matin comme celui-là que la magie la plus inespérée m'enchaîna à ces rivages brûlants. Je l'avais dévêtue. Je sentais l'imminence d'un événement qui pourtant me bouleversait trop. Je ne sais plus comment cela s'est produit. J'entrais en elle. Silencieusement. Elle était douce et mouvante, mon corps mouillé glissait dans son ventre, je sondais les parois de cette chapelle ardente, j'emplissais ces lieux sacrés de ma force et de mon plaisir. C'était une voûte de cathédrale qu'emplissait mon chant et l'écho me revenait en même temps. Il n'est pas un repli que ma voix n'atteignait pas, pas une épaule que mon corps dilaté ne remplissait. Je connus cet instant où tout le corps se sent tiré par le dedans, où toute sa chaleur se ramasse en une seule plaie brûlante...

Je me roule dans mon lit. Ah il est pénible de se rappeler ; j'ai le sentiment que mes souvenirs ne sont pas normaux. Il y manque toujours quelque chose. Que s'est-

il passé exactement ce matin-là ? Nous avons pourtant...
Je ne suis plus sûr de ce qui revient à mon esprit. C'est
idiot, je ne peux tout de même pas douter de cela. J'ai
bien senti cet indiscutable arrachement dans le ventre qui
est l'extase. J'ai bien connu cet essoufflement, et Hélène
s'est bien tordue sous moi, il me semble. C'est bien son
haleine que je recevais, et son bassin que je tenais de mes
mains. Que manque-t-il à tout cela ? Je souffre comme si
je n'avais pas vécu ces instants et que je les désirais
affreusement. Tout semble s'échapper de moi. J'essaie de
garder l'odeur âcre de son corps et le parfum grisant de
son ventre. J'essaie de garder le poids de ses seins nus,
mais tout glisse, il reste du sable. Que m'a-t-elle dit ce
matin-là quand nous nous sommes séparés ? Quand nous
étions encore au lit peut-être ? Nous n'avons rien dit.
Après non plus. J'ai fait chauffer l'eau pour le café, je
suis allé chercher du pain. Je suis même retourné parce
qu'il manquait de café. Quand je suis rentré, elle était
habillée. C'était comme si rien ne s'était passé. Elle était
peignée, propre, prête à partir. Elle était comme je l'avais
vue cent fois avant : vêtue en noir, avec ce sourire
ininterprétable et cet air immobile qui m'a décontenancé.
Après la nuit que nous venions de passer, j'aurais voulu
que nos propos soient plus secrets, pleins de douces allusions. Mais non ; nous avons parlé de je ne sais plus quoi.
Deux personnes prenant leur petit déjeuner ensemble,
voilà de quoi nous avions l'air. Deux inconnus, deux
amis. Nous avions pourtant passé la nuit dans le même lit.
Oui, mais pas un mot, pas un seul mot dont je puisse me
souvenir maintenant, pas une seule parole qui me re-

vienne. Pas un seul aveu pour me prouver que je ne me trompe pas. Cherchons tout de même : elle a sûrement dit un mot à un certain moment, échappé une exclamation. A-t-elle murmuré mon nom ? Même pas. Elle n'a pas échappé un cri... C'est impossible. Elle a sûrement parlé. Oui. L'heure. Elle a demandé l'heure. Et j'ai pris sa montre sur la table pour lui dire. C'est ridicule. Impossible de trouver une seule parole pour confirmer mes souvenirs. Un seul mot d'amour, un seul. Elle ne parle jamais, je sais. Oui, elle parle comme tout le monde, mais à un certain moment elle ne dit plus rien. Tout se fait en silence. Elle a une façon de passer brusquement à l'action. On arrête de parler. On ferme la lumière et l'étreinte se déroule. Pas un mot après, même soupiré. Pas une plainte avec mon nom au bout. Pas même la plainte toute seule qui vaudrait bien tous les aveux du monde. Pas même ce cri qu'arrache l'instant suprême. Elle retient son souffle. Même son haleine ne veut pas avouer, mais moi je sais, j'entends le bruit. Mais cela ne suffit pas. Il faudrait quelques paroles au moins, quelques mots qui prouvent que nous avons couché ensemble. C'est peut-être de ma faute ce silence idiot. La prochaine fois je lui arracherai un aveu ; il faudra qu'elle me donne un mot. Je lui ferai trouver quelque chose de tendre à me dire, une chose secrète qu'on avoue seulement dans les situations extrêmes. Sinon, je lui arracherai un cri ; j'irai fort, je ferai exprès. Je passerai la main très longtemps sans répit. Je n'arrêterai pas avant qu'elle ait parlé. Elle le poussera son soupir. Il y a des instants où l'on ne retient pas sa respiration. Je ferai palpiter ce ventre jusqu'à ce qu'il en sorte une parole. Alors seulement je la comblerai. Elle ne sait pas ce que c'est que l'incertitude et l'éloignement. Près, il y a toujours le corps qui peut remplacer à tout moment toutes les certitudes du monde. Mais loin, perdu dans une chambre au fond de la via Giuseppe Barilli à Naples, il faut d'autres certitudes. Car le corps même devient incertain et nos souvenirs improbables. Il me faudrait une parole pour croire que j'ai vraiment touché ses cuisses, embrassé sa poitrine, pénétré de toute mon âme au fond de son gouffre noir... Les souvenirs sont tellement vagues. Et comment sentir la chaleur d'un corps si je ne le touche plus.

Je ne savais pas que le temps pouvait être si long. Je marche, et il ne se passe rien. Il fait toujours soleil. C'est l'époque de l'année où les jours sont les plus longs. Je commence à avoir les jambes raides. Je m'assois à une terrasse, mais je ne reste jamais plus d'une demi-heure au même endroit. Je repars. Dix minutes après, je suis encore fatigué et je m'assois. Il faut attendre un peu avant de repartir. J'essaie de le mériter. Quand j'enfile une rue, je regarde tout de suite jusqu'au bout si je ne distingue pas une annonce de café. Je n'ai même pas le goût d'aller au musée. On me montrerait le plus grand chef-d'œuvre de la terre que je dirais : une autre fois, demain. On me dirait : marchez encore cinq minutes et vous rencontrerez Dieu en personne, que je dirais : tant pis, je m'assois[9]. Mon septième café depuis le matin : j'étends les jambes et je regarde. Le monde finit ici. Allez dire à la Joconde et à Dieu de défiler devant moi, je les regarderai volontiers.

Il y a assez de ces Napolitains qui m'épuisent. À toutes les trois minutes, je tâte la poche de mon veston. C'est un préjugé de touriste, mais je ne saurais m'en débarrasser. Quand j'aborde un Napolitain, je le regarde comme un ennemi. S'il approche, je me cabre. Je le traite intérieurement de sale Italien, de lâche, de voleur et je bénis le ciel de vivre dans le Nord. Parfois je les aime et j'ai le goût, comme eux, d'embrasser tout le monde. Quand je les entends chanter, je les aime. Je voudrais chanter comme eux à longueur de journée...

Marchons un peu maintenant. Tiens, si j'allais à la gare vérifier l'horaire. Non tout de même. J'ai tout vérifié cent fois. Elle arrive à onze heures trente, c'est définitif. N'y pensons plus et marchons sans être troublé. Marcher, c'est tout ce qui me reste. Et regarder les visages. Les visages de femmes surtout. Ils sont admirablement reposés, des visages paresseux et comblés. Ces femmes doivent avoir des gestes merveilleux dans un lit. Le plaisir qu'on donne à un animal aussi spontané doit nous être remis au centuple et par tout ce que leur reconnaissance peut inventer, en retour, de douceur. Hélène n'a pas de ces gestes de reconnaissance animale. Elle ressemble à ces amis qui n'accusent jamais réception des cadeaux. Un an plus tard, ils vous annoncent que ça leur a procuré un grand plaisir. Je m'attends à une rétrospective du genre avec Hélène... Parlez-moi de ces vierges qui viennent vous chanter, quand tout est bien fini[10], qu'elles auraient voulu se faire violer. Il doit y avoir une façon de vivre au jour le jour sans accumuler du matériel à dévoilement posthume. Je n'ai pas le temps d'attendre la mort de mes amis pour savoir s'ils m'ont aimé. Et quand je tiens Hélène dans mes bras, je voudrais bien savoir si elle jouit. Elle devrait tomber dans les transes, vibrer de tout son corps, haleter, crier, se tordre comme un poisson qui se débat au bout de l'hameçon. Je ne connais pas de plus grande cruauté que l'économie des gestes, que les ventres qui refusent de palpiter au bon moment, que les mains qui n'osent s'agiter le long du dos. Le corps est fait pour cela : s'agiter dans le plaisir, se prostrer dans le chagrin, gémir dans la douleur. Il faudrait le dépouiller de cette fierté qui tient le cou raide quand il devrait se rompre. C'est ce que je détestais en Hélène : cette façon de ne jamais perdre contenance, de garder le buste tendu, la tête brandie comme une insulte. Le corps n'est pas un palais de marbre avec des colonnes immobiles et blanches, des voûtes éternelles..., mais une plante fébrile faite pour vibrer à tous les vents, s'épanouir au soleil du matin et mourir si une main distraite vient la déraciner. Je déteste les corps qui se prennent pour des châteaux et qui refusent d'éclater en mille morceaux au moment d'une grande joie. Je déteste ces murs opaques qui regardent les passants comme des voleurs ou des bandits, et les marbres immobiles dont on veut recouvrir cette vermine émouvante qu'est la chair. Quand je l'avais dans mes bras et que je l'avais blessée au ventre, j'aurais voulu que ces murs trop bien gardés se fendent, que ces portes de fer se déchirent et me laissent voir enfin un jardin plein de fraîcheur... J'aurais souhaité que tant de maladresse et tant de silence cachassent quelque secret qui en valût la peine.

Mais cela en vaut la peine ! Puisque j'ignore encore ce qui s'y trouve. J'ai beau me passer la tête à travers ces grilles si peu accueillantes, je n'y vois que de l'ombre, une noirceur insondable dont je ne puis détacher mon regard, une sorte d'espace vague où je puis imaginer les plus beaux jardins de la terre, des fleurs inconnues et des fontaines éternelles. Mais s'il n'y a que de la pierre au fond de ce palais maudit, si tout cela est en marbre, s'il n'y a pas de fleur qui respire dans cette prison, je détruirai tout cela. Je grifferai ces pierres prétentieuses jusqu'à ce qu'il n'en reste que poussière et sable.

Ce Napolitain qui gesticule devant la police : je veux qu'Hélène soit comme lui. Je veux que la moindre pensée s'exprime par quarante gestes du corps. Je veux que son front se brise, que ses yeux s'agrandissent, que son visage se déforme, que sa bouche trop délicate saigne et que son cou se rompe à la première émotion. Je veux qu'elle perde son identité quand je la touche et qu'elle meure quand je la possède...

Encore toute une soirée devant ces fleurs. Une prison avec des fleurs sur les murs. Je suis cerné. Je ne peux regarder nulle part sans apercevoir ces pétales affreux. Ces fleurs ont été inventées par les tapissiers pour égayer les chambres d'hôtels, pour nous faire croire que les murs ont des germes, qu'ils sont peuplés de petites bêtes et de racines et que tout cela pousse pour le bon plaisir du voyageur. Toute la soirée et toute la nuit dans ce jardin écœurant, à respirer le parfum de mes fleurs. Attendons patiemment demain matin. Demain matin. Tiens ça me réchauffe. L'instant où je l'apercevrai sur le quai. Elle aura son costume noir probablement. Je l'aime, en noir. Quand je pense à elle, elle m'apparaît toujours en noir. Je la vois apparaître sur le bord du quai. Elle ne me voit pas encore. Moi, je suis à la grille de la sortie. Elle avance vers moi. J'aime la regarder marcher seule. Elle fait de grands pas, pas très féminins je sais. Mais il y a tellement de vigueur dans cette démarche. Un temps, je me moquais de sa façon de marcher; je trouvais qu'elle marchait comme un joueur de tennis. Elle pose le pied légèrement en dedans. Je la reconnaîtrais à un mille : sa tête droite, ses épaules immobiles et ce balancement merveilleux, ce rythme puissant des cuisses et des hanches. Est-ce qu'elle me voit ? Je lui fais signe. Elle ne m'a pas encore aperçu. Je l'appelle, elle s'approche de moi. Elle me sourit en approchant, plus vivement que d'habitude. Son visage est plus éclairé. C'est la joie d'arriver sans doute. Rarement elle a eu cette expression : il y a toujours du clair obscur dans ses traits, comme si la lumière ne frappait qu'en un seul endroit à la fois. Je surprends l'éclat de ses yeux, mais la bouche est étrange, ses lèvres restent sinueuses... Mais cette fois, tout est illuminé. L'obscur est à côté d'elle, c'est ce qui l'entoure. Moi je ne vois que ce visage rayonnant et magiquement éclairé. Je l'embrasse. Je l'ai prise fortement, son corps s'est frappé au mien, puis je pose mes lèvres sur les siennes. Je cherche ce point de douceur, cette couche de salive où tremper mon âme asséchée. C'est une fontaine que j'effleure et qui me rend la vie... Je ne l'embrasse pas longtemps, car elle a des choses à raconter: son voyage, quand il lui a fallu changer de voiture, ses embêtements à la gare de Rome...

J'étais debout un soir chez elle, prêt à partir. Il devait être assez tard. Je n'avais rien fait de la soirée. Nous en étions restés à parler théâtre et cinéma, ce qui devient vite exaspérant car on finit par ne plus savoir ce qu'on dit. Je me moquais des opinions que je lançais: j'observais ses jambes, ses genoux découverts, son cou, ses bras. J'aurais pu affirmer le contraire de tout ce que je disais, cela m'était vraiment indifférent. Elle devait comprendre d'ailleurs qu'autre chose m'occupait. Puis, je me suis levé pour partir. Il y eut un silence prolongé. Nous avions quitté la veine du bavardage; ce silence abolissait d'un coup la surcharge de mots qui avaient précédé. Je la regardais en me disant: cette soirée est perdue. J'y étais presque résigné. J'ouvris la porte. Hélène ne disait pas un mot. Souriait-elle, je ne sais plus. Je ressentis alors une telle colère devant la privation qui me brûlait. J'entrevoyais le retour à la maison et ma rage de n'avoir pas touché ce corps merveilleux, de n'avoir rien fait pour apaiser le plus impérieux de mes désirs. Je refermai la porte et me tournai vers elle. Je la pris par les épaules et l'attirai à moi. Je la serrais très fort, je l'aurais griffée tellement cette étreinte me calmait. Je l'embrassai. J'avais le sentiment de retrouver un paradis que ma folie m'aurait fait perdre. La fraîcheur de ses lèvres sur les miennes rachetait les paroles inutiles de toute la soirée. Elle se plaça un peu mieux sous mon épaule et là, debout contre ce mur, nous nous sommes embrassés profondément. Je passais ma langue sous la sienne, je caressais ce lieu tendre du mieux que je pouvais. Nous sommes restés longtemps à respirer nos haleines. Je ne pensais même pas à nous jeter sur le lit juste à côté, car il eût fallu déranger cette harmonie si précaire, et qui sait si jamais nos bouches se seraient unies avec un tel bonheur une fois sur le lit ? Peut-être n'auraient-elles jamais retrouvé cet accord, cette sensation de dire adieu sur le bord d'un précipice, ce sentiment qu'un baiser est aussi fragile et aussi précieux que le temps qui fuit. C'est ainsi que je vois la vie : une suite d'instants privilégiés arrachés à l'imprévisible. Celui qui sent constamment sur sa nuque la présence d'une main glacée sait que le moindre instant est irréversible, que le baiser précaire c'est toujours ça de pris sur la mort. Ceux qui ont besoin d'être bien placés pour s'aimer, ceux qui requièrent des chandelles, la pleine lune et la musique tzigane pour entreprendre le rituel, je les plains. La grâce ne vient pas toucher l'homme seulement quand il est assis et qu'il a bien digéré. L'amour est comme le célèbre voleur de l'Évangile[11]. Si c'est dans l'endroit le moins indiqué et le plus mal choisi que ce feu s'empare de deux mortels, c'est là précisément qu'ils trouveront leur instant suprême, et pas ailleurs. Debout contre une grille froide, sur un coin de rue en plein hiver, dans un lit sale ils toucheront le ciel. Cet instant sans prétention est leur éternité. L'éternité pour moi c'est de posséder Hélène. C'est une sorte de passerelle au-dessus du vide et qui d'un moment à l'autre peut craquer. Nous sommes suspendus à ce pont créé par nos lèvres et nos corps qui se joignent. Nous nous sommes rencontrés en pleine noirceur et sur la frange du néant; à peine avions-nous le temps de nous regarder entre deux étreintes. Nous sommes des complices: nous nous connaissons mal, nous ne disons pas un mot, nous sommes précipités dans une action trop rapide pour nous. Nous nous unissons contre le noir et nous mourrons ensemble peut-être, mais sans nous être connus. J'ai oublié ton visage: je me souviens de la fraîcheur de ta bouche et du goût de ton haleine le matin à sept heures. Tu as peut-être quelque détail sur ton visage qui te distingue? Tes yeux sont-ils cernés? Tes paupières, comment sont-elles? Je connais la chaleur de tes joues, mais je ne saurais retrouver leur dessin. Ton front est fier, mais où commencent les cheveux? J'ai oublié tout cela. Il devait faire noir quand nous nous sommes connus, car j'ai oublié ton visage. Je me souviens de l'odeur de ton corps et du poids de ton ventre et de la chaleur de tes seins. Toi, te souviens-tu de moi? Sais-tu comment est faite ma lèvre aux commissures, comment sont dispersés mes sourcils? Pourrais-tu dire seulement si j'ai des cheveux gris? Tu ne les as peut-être pas vus, mais j'en ai sur les tempes, sur le dessus de la tête, en avant même...

Nous avons scellé un pacte en pleine nuit[12] parce qu'il faisait froid, que nous étions pressés et que nous ne pouvions plus attendre... Ce sera drôle de nous revoir demain. Tout sera à recommencer. D'ailleurs, le jour, nous sommes gênés ensemble. Nous ne savons pas de quoi parler: c'est comme si on venait de nous présenter l'un à l'autre et qu'il fallait, par contenance, ne pas laisser tomber la conversation. Nous ne serons jamais à l'aise quand nous prendrons le métro ensemble, quand nous ferons la queue au cinéma, ou que nous nous rencontrerons par hasard sur la rue en plein après-midi[13]... Nous serons toujours des étrangers, le jour. Mais quand la nuit tombe sur nos deux corps, nous nous reconnaissons; quand nos ventres se rapprochent, notre véritable intimité se révèle. Alors, nous savons pourquoi nous sommes ensemble, nous n'avons plus de comédie à jouer. C'est au fond d'un lit sombre, palpitant de rage et de plaisir, que nous sommes le plus profondément unis. Nous sommes unis contre la mort: c'est là toute notre intimité. Le reste, ce bavardage sur les trottoirs, à la porte des cinémas, ce sont des amoindrissements. Notre pacte n'admet pas ces mensonges: nous sommes des complices contre la mort et il n'y a pas dix façons de conjurer la mort, mais une seule. Une seule chaleur pour combattre le froid, une seule rage contre le néant, une seule volupté contre l'ennui. Voilà pourquoi nous sommes unis, mais si tragiquement que nous n'aurons jamais le temps de nous connaître...

C'est le soleil. Il est dix heures et demie! Mais comment se fait-il que j'aie tant dormi. Je suis tout en nage maintenant... C'était affreux. J'essayais de la prendre et je me luttais à cette chose invisible. Quel rêve. Elle était derrière une vitre et moi je me frappais contre, j'avais le visage en sang. Toujours cette vitre qui ne se brisait pas... Heureusement qu'il y a la réalité parfois. Il me reste encore une chemise propre, je l'ai gardée spécialement pour ce matin. Où l'ai-je placée. Ah oui, la petite valise... Je me frappais contre cette vitre, mais ce qui me désespérait, c'est qu'Hélène ne me voyait pas. La vitre

était pourtant transparente. Hélène ne semblait pas entendre le bruit que je faisais. Elle souriait légèrement, mais
pas vers moi. Je criais, je frappais, elle ne me voyait
même pas à travers cette glace translucide comme le jour.
Je me déchirais pour qu'elle me regarde et elle ne s'aper-
cevait pas de moi. Elle souriait comme ce matin-là quand
je revins avec le pain et le café pour le petit déjeuner. Une
glace entre ce sourire et moi. Je perdais tout mon sang et
je la regardais sourire... — Perdonate signor, ma che
vettura [fa di] besugno prendere per andare alla stazione?
— «Vous partir? Un momento... il conto non è
preparato» — Mais non je ne pars pas... Io vado...
incontrare une personna alla stazione — «Partite oggi o
domani?» — Oggi, ma non adesso, questa sera. — «Va
bene» — Io voglio [prendere] questa vettura... — «Per la
stazione?... numero otto[14]» — Merci. Andouille. Il ne
comprend jamais rien. Numero otto, où est-ce qu'il se
promène lui? Je devrais prendre un petit café avant de me
rendre à la gare. Tant pis, voici mon tramway. Il fait
chaud là-dedans, et quelle cargaison... Gesticulez mais ne
me touchez pas, s'il vous plaît. Hélène doit avoir passé
Formia en ce moment. Elle doit plutôt approcher
d'Aversa. Elle aperçoit peut-être la baie de Naples... Un
[biglietto] per la stazione, prego. — «Vinticinque lire[15]»
— Momento, on va te payer si seulement je peux glisser
ma main dans mon gousset. Je n'ai plus de petite monnaie. Quelle tête fera-t-il maintenant si je lui présente un
mille. Mais, je n'ai qu'un cinq mille! Tant pis. — «Cinque mila! Cinque mila lire per la stazione? Perche non
dieci mila per un passagiero da vinti lire? Qui non è il

direttissimo per Roma, ma soltanto un piccolo trammino
e costa vinticinque lire, vinticinque italiane lire, vinticique
republicane lire[16]... » — Qu'est-ce que je vais répondre à
cet énergumène ? Moi je veux tout juste me rendre à la
gare. Je m'en fous pas mal de la république. Scuasate, ma
non ho niente monetta... Qu'est-ce qu'il raconte maintenant. Cette fois je ne comprends rien. Et ces badauds qui
me regardent parce que je n'ai pas de monnaie. Tiens
regardez là, un beau cinq mille. Ce n'est tout de même
pas de ma faute si votre pays en fabrique de ces machins-
là... Bon, c'est le coup de l'étranger. Ils le savent maintenant. — « Cher monsieur, je comprends votre situation
j'ai longtemps vécu en France... » — Mais pourquoi
donne-t-il vingt-cinq lires au conducteur ? Je vous prie
monsieur laissez faire. Le conducteur prend la monnaie et
remet un billet au type. Mais je ne peux pas accepter.
C'est ridicule. Les autres me regardent avec le sourire
maintenant. Remercions ce francophile. Tout le tramway
me regarde. Moi j'ai l'air d'un bel imbécile. Attendons
cette maudite gare. Qu'est-ce qu'ils ont tous à me regarder comme si j'avais une tache sur la joue ou un col mal
fait ? C'est long pour la gare... « Stazione centrale ! » —
Scendo qui, io scendo qui[17]. La sortie maintenant. Il est
onze heures et dix. Trente minutes seulement et le train
sera là. Dov'è l'uscita[18] ? Il doit y avoir des billets de
quai... Pas de monnaie ? Trouvez-en de la monnaie. Je
suis pressé, moi. Si on manque de monnaie dans les gares
maintenant, où allons-nous ? Qu'est-ce qu'il peut bien raconter lui ? Allez aux guichets ? Mais où les guichets ? Je
vous dis je suis pressé, j'attends quelqu'un sur le train de

Rome. Comprenez-vous ? Il est bouché ! Laissez-moi passer quand même. Vous voyez bien que je n'ai qu'un cinq mille. — «Aspete qui, faccia niente[19].» — Laissez-moi passer, ce sera beaucoup plus simple. Un train arrive. Questa,... da Roma[20] ? C'est celui-là. Elle doit passer ici tout de même, je la verrai. — «Il direttissimo proveniente da Roma è arrivato al binario novedieci[21].» — Il en descend du monde de ce train... Non...., non....., non....., pas elle, non.... C'est normal. Elle ne descend pas tout de suite, elle a trop de bagages... Une femme !.... non. Cette grille est embêtante. Ceux qui sortent passent devant moi et m'empêchent de voir. Plusieurs femmes tout d'un coup. Non pas elle, non..., pas elle non plus. En noir, les cheveux courts, une seule valise, sa démarche... non. Hélène est plus grande que ça : elle n'a pas ce visage d'ailleurs. Une autre encore, non..., non... C'est fatigant de regarder à travers cette grille. Il faut toujours calculer entre deux barreaux, et à distance. Je devrais regarder ceux qui sortent de côté pour être sûr. Inutile, c'est elle. Je la vois. Les groupes sont de plus en plus denses maintenant. Cela me rassure. Plus il y en a qui sortent du train, plus je suis rassuré. Elle doit approcher. Une femme en noir, avec deux valises. Elle s'avance vers moi. Non, ce n'est pas Hélène. Une autre : elle marche comme Hélène. Non tout de même, Hélène marche plus élégamment. Puis, elle ne porte jamais de talons hauts. Rarement. Parfois tout de même. J'ai de la difficulté à discerner les démarches maintenant. En fait, je ne sais plus comment marche Hélène. Est-ce qu'elle porte les épaules en avant ? Il me semble que non. Elle ne se balance pas en tout cas ; elle reste droite. Il ne vient presque plus personne maintenant. Elle a probablement du trouble[22] avec ses valises. Ou peut-être croit-elle que je vais l'attendre sur le quai? Elle a bien pris ce train, j'espère... Oui sûrement. On ne peut pas se tromper de train. Voici un porteur, elle doit le suivre. Elle est trop fatiguée pour porter ses bagages elle-même. Non, ce n'est pas elle... Mais enfin. C'est impossible. Elle ne peut pas s'être trompée à ce point. Ni moi. Une femme au costume noir, aux cheveux courts, et son visage. Elle a dû apparaître dans un groupe et je ne l'ai pas vue, elle a dû passer juste devant moi, ici, à cette grille... Ne perdons pas de temps: elle ne peut être loin. Sous ces arcades? Non. À la grande entrée sûrement. Encore ici une foule. Allons, laissez-moi passer, poussez-vous. Ces Italiens ne fichent rien sur les trottoirs. Pas d'erreur, c'est ici l'entrée. Regardons d'abord à l'intérieur. On ne voit rien soudainement quand on passe du soleil à l'intérieur. C'est encore brumeux. Bon, je distingue des visages. Elle a eu le temps de sortir pendant que ma vue s'adaptait. Elle arrive peut-être à la porte. Hélène, Hélène... Ah cette foule m'empêche d'appeler. Cette fois je vais crier plus fort. Hélène! Elle est ici quelque part, tout près de moi, et je la manque. Elle ne m'entend pas. Y a-t-il de situation plus stupide? Si cet imbécile de vendeur de billets m'avait laissé passer... Bah, c'est aussi difficile sur le quai. Tous les visages affluent tout d'un coup devant moi... Il doit y avoir une colonne qui nous cache l'un à l'autre, un mur qui nous sépare. Je me retourne elle est peut-être derrière moi. Nous brûlons, je le sens. Nous sommes à un instant de nous apercevoir d'un bout de la salle à l'autre ou à travers cette porte ou sur le trottoir d'entrée. Ce n'était pas cet instant, ni le précédent. Ce sera le prochain. Ce taxi barre la vue. Si j'étais moins ébloui quand je passe de la lumière dans cette salle : le temps de reprendre ma vue, elle peut sortir et crier mon nom dehors...

Ça y est, j'ai une douleur à l'estomac, un point. J'aurais dû prendre un café avant de venir ici. Ça creuse la poitrine. Et juste au moment où je comprends qu'il y a deux sorties ! ! ! !

Mais pourquoi aurait-elle pris celle-ci si l'autre est plus près. Cette douleur qui me reprend. On a le sentiment parfois que le corps ne compte plus, et cette douleur précise vient nous rappeler sa présence... N'est-ce pas elle qui s'en va ? Hélène, Hélène... J'ai pourtant crié assez fort. Elle traverse la piazza Garibaldi. Maudit autobus qui passe devant moi. Hélène ! ... Où est-elle maintenant ? Je ne la vois plus. Où est-elle ? On ne disparaît pas ainsi. Je l'ai bien vue traverser. Elle marchait vite, avec ses deux valises à la main. Je ne suis pas dans le désert pour avoir des mirages. Je suis en plein milieu de la piazza Garibaldi. Ce n'est pas un rêve ; je ne peux pas me tromper. Évidemment, je l'ai vue de dos... Elle était ici exactement, puis soudain, je ne la vois plus. C'est impossible. Elle n'a pas disparu, elle est quelque part. Elle a traversé cette place. Suivons la via Umberto. En avançant vite, je la rejoindrai sûrement...

Corso Vittorio, via Roma, Piazza del Plebiscito, via Cavour.... Où serait-elle allée que je ne la vois plus. Que doit-elle penser en ce moment ? Elle doit me chercher avec le même désespoir et la même rage. Elle croit peut-être que je suis un ignoble farceur. Cela me flatterait d'avoir le sens de l'humour poussé à cette extrémité de cruauté, mais ce n'est pas le cas. J'en suis même à me demander si ce rendez-vous était clair et net. L'affreux doute que j'ai depuis ce matin et qui se loge dans ce point dans le ventre où j'encaisse tous les déboires. Comment tout cela peut-il s'accumuler sur moi. Pourquoi ces rendez-vous qui doivent rater sont-ils précisément les nôtres ? Sur les centaines de mille personnes qui se sont revues à la gare aujourd'hui, on aurait bien pu en choisir d'autres pour se manquer. Plus de trois jours que j'attends le train de dix heures et quarante venant de Rome, et trois semaines que je n'ai pas touché Hélène..., je ne méritais pas cette erreur. Il y en a des milliers d'autres qui auraient pu se tromper plus élégamment que moi. Si quelqu'un veut se moquer de moi ici, je me vengerai... Le hasard réunit les pires ennemis et nous séparerait. C'est ce maudit hasard qui la fait entrer par une porte pendant que je sors par l'autre. Le hasard fait deux sorties pour une seule gare, des billets de cinq mille quand personne n'a de la petite monnaie ! Il y a un complot là-dedans. Quelqu'un se paie ma tête ici. Moi pourtant, je ne ris pas, je joue sérieusement. Je ne marche plus avec ce maudit hasard. Ses combines ne m'intéressent plus. Tu peux jouer tout seul à cache-cache. Tu peux t'amuser, si tu veux, à prendre la mauvaise porte au mauvais moment ; tu verras, c'est drôle à mourir. On entre par une porte et puis, l'espace d'une fraction de seconde, un coin de colonne, un morceau de mur et le tour est joué : on a raté la seule personne qui existe vraiment[23]. Alors on recommence. C'est aussi distrayant la deuxième fois : on change de colonne et, comme on connaît le jeu, on peut y ajouter du sien : on retarde la confusion, on fait comme si on devait vraiment rencontrer la personne qu'on attend, on hésite, on s'émeut, on craint et puis, à l'instant ultime où on risquerait de la voir vraiment, on sort par la mauvaise porte ! Un peu plus et ça y était, on était fini : on se voyait vraiment. Le problème c'est de ne pas se rencontrer, mais en y mettant du sentiment et une certaine élégance dans le désespoir... Le hasard est une belle machine pour les amoureux, un joli instrument de supplice. Il suffit de savoir s'en servir et ça fonctionne comme un charme... Ah tu peux la garder ta machine, je n'en veux plus, j'ai assez joué, je l'ai montée et démontée vingt fois, j'en connais tout le mécanisme. Je sais exactement comment faire pour prendre la mauvaise rue, pour m'adresser à toutes les personnes sauf à la bonne ; je connais le mécanisme dans ses moindres détails. Tu peux le garder ton joujou, je te le rends. Moi, je veux rencontrer Hélène pour le vrai[24]. J'en ai assez de frôler des ombres, je veux toucher Hélène, prendre ses mains, ses bras, serrer sa taille, frapper mon corps contre le sien. Ce n'est pas un fantôme que je cherche, mais une femme, grande, forte, noire comme la nuit de l'attente et limpide comme le plaisir de la retrouver. Elle a des yeux lointains et une bouche qui ressemble aux ruisseaux qui descendent des Alpes au printemps, et sa chaleur vaut vingt fois le ciel et l'éternité... Non je ne veux plus jouer, je veux Hélène... Je vends mon âme à celui qui me la rend[25] ! ! ! ! M'entends-tu ? je vends mon âme pour la chaleur d'Hélène. À bon marché et sans restriction : mon âme avec mon passé, avec ses nuances et ses calculs, mon âme d'homme faite à la ressemblance de Dieu ; ce peu d'éternité qui m'a été accordé, je le vends. C'est à toi que je m'adresse démon, diable, satan. Je te vends mon âme pour le corps d'Hélène. Tu fais un bon marché. Une âme pleine de vie intérieure et de pensée, vingt-cinq ans d'instants les uns après les autres, tout cela pour Hélène, pour la douceur de ses bras, la tendresse de sa peau, la chaleur de son ventre... Tout ce qu'il y a d'âme en moi, les moindres soubresauts d'infini, les plus petites parcelles de nostalgie divine, les pensées les plus secrètes, les idées qui me font passer d'une journée à l'autre avec plaisir, les regrets, les remords même sublimes, tout ce qui ressemble, de quelque façon que ce soit à de l'élévation vers Dieu... — voilà, prends tout, mais donne-moi ce que j'ai perdu. Rends-moi mon éternité et mon dieu, ces jambes merveilleuses où je m'enroulerai comme du lierre pendant le sommeil, ces cuisses où j'ai trouvé l'infini du repos et la paix absolue, rends-moi les sables mouvants[26] de son ventre où je m'enfoncerai jusqu'à la mort, c'est sur ce rivage bien-aimé que je veux finir[27] et non dans les portes tournantes du hasard. C'est sur cet oreiller de sang que je veux appuyer ma tête un moment. Donne-moi ce corps, démon, et mon âme t'appartient pour toujours. Tu en feras ce que tu voudras. Tu la mettras à l'encan, ou tu la revendras, toi aussi, pour le corps d'Hélène : Satan, je t'appelle, réponds-moi vite. Je n'ai pas une minute à perdre. Satan, démon, diable, lucifer, belzébuth... la veux-tu mon âme ou tu ne la veux pas ? Je te l'offre. Tiens ! ! ! ! !

Tu ne me réponds pas?... Que veux-tu de plus? Je n'ai plus rien à t'offrir, moi. Mais dépêche-toi, je suis frémissant... Ma foi tu me réponds. Ah quel repos, quelle transformation, mes jambes se paralysent, mon sang est plus léger. Je me sens faible; il faut que je m'appuie sur ce mur, sinon je tomberais par terre. As-tu vraiment pris mon âme, toi? Tu es sûr de n'avoir rien oublié, car je ne me sens pas bien du tout. C'est une fatigue étrange, et cette même douleur au côté, ce même point qui creuse toujours. As-tu bien pris mon âme?... Réponds-moi. Si tu as acheté mon âme, rends-moi la monnaie maintenant, je veux ma part, c'est à ton tour de payer. Où apparaîtra-t-elle? Tu ne me feras pas retourner à la gare n'est-ce pas. Cet endroit me déplaît: ces salles noires, ces doubles sorties, ce système de portes comme s'il ne suffisait pas d'une seule bonne entrée centrale, comme si une porte ne valait pas ce décor de fou avec trois portes, des couloirs, des arcades et partout des écrans pour ceux qui veulent se voir... Où la feras-tu apparaître? Devant moi sur le trottoir?... Je ne la vois pas pourtant. Je ne vois que ces têtes de Napolitains, ces yeux d'imbéciles qui fixent toujours. Peut-être là devant ce restaurant?... Mais je la vois! C'est donc vrai: là, devant moi, à l'intérieur du restaurant. Hélène, avec ses cheveux sombres, ses yeux brillants, mais lointains. Elle est noire comme nos chambres d'hôtels à minuit. Je reconnais sa bouche, ses lèvres comme deux lames trempées de sang... Elle sort du restaurant. «Hélène, Hélène, enfin nous nous retrouvons. Il en a fallu de la chance pour nous rencontrer ici et du malheur pour avoir tant attendu. Hélène c'est moi! Ne passe pas à côté. Nous avons assez

joué à ce jeu depuis le matin, ne me fais plus languir...
Hélène. Oui, cela était drôle, mais cette fois ne tentons
plus le hasard. Ne jouons plus à ceux qui s'égarent, mais
à ceux qui se retrouvent: c'est plus drôle. Inutile de te
cacher, je t'ai vue. Voilà touché! Fini le cache-cache, j'ai
gagné... Tu me reconnais tout de même??? Moi,... François. Tu veux rire encore. Moi aussi, je veux bien rire...
trouvons d'autres motifs... Ne te sauve pas, je t'en prie,
cela est ridicule. Les bonnes farces ne durent jamais longtemps; il faut les écourter au contraire... Je t'assure, Hélène, nous devenons ridicules. Arrête.» Elle saute dans un
tramway. Mais pourquoi fais-tu cela, Hélène??? La
porta, la porta! prego, la porta[28]. Ouvrez. Je ne veux pas
recommencer à courir tout Naples. Ouvrez. La porta, per
favore. Encore ces maudites confusions de portes: ma vie
ne se passera pas aux portes, il faudrait bien entrer parfois! Hélène. Regarde-moi. Hélène. À l'autre arrêt. Tu
vois, je n'ai pas pu monter. Oui, tu descendras à l'autre
arrêt. Baisse cette vitre, je veux te parler. Par en haut...
Baisse la vitre... Pourquoi sourit-elle ainsi? Elle me regarde. C'est toi, Hélène, que j'ai vue cette nuit derrière
une vitre. Tu avais ce même air fatigué et ce sourire qui
fait mal à la longue. Je le reconnais maintenant ton visage
derrière ce mur transparent. Cette vitre donne d'abord
l'impression qu'on peut s'entendre et se toucher, puis se
moque de nous quand on s'y frappe. Je vais la briser cette
vitre, je la ferai sauter en miettes et alors tu sauras qui je
suis. Alors tu entendras le vrai son de ma voix et verras
la vraie couleur de mes yeux. Jusqu'à maintenant il y
avait toujours cette glace, ce miroir à double tranchant où

je me déchirais. En miettes, en mille morceaux égaux, en poussière ; il ne restera plus rien entre nous. Tu me verras pour le vrai[29] désormais. Évidemment, avec cette fenêtre fermée par le haut et le bruit du tramway..., mais tu te rappelleras tout d'un coup tous nos gestes. Oui, d'un seul coup, quand j'aurai fait sauter la vitre, tous ces instants te reviendront. En un sens, c'est presque normal que tu aies oublié un peu... la fatigue du voyage, le dépaysement, l'arrivée à Naples et le bruit du tramway. J'aurais dû te laisser une photo de moi, car après trois semaines et en plein jour c'est déjà difficile de se reconnaître... Si je peux rejoindre ce tramway maintenant. Je ne cours pas après les tramways tous les jours ; ça me donne des points partout. Heureusement qu'il avance comme un corbillard. Je vais le rattraper au prochain arrêt. J'arrive, j'arrive... Hélène, c'est moi ! ! ! Tu ne me reconnais pas ? Mon visage ne te rappelle rien, non ? Tu ne revois pas sur mes bras nos nuits d'amour ? ? ? Les voilà nos nuits d'amour, je vais les faire jaillir en mille étoiles. Me reconnais-tu maintenant. Il y a encore des vitres. Il faut que je brise tout cela. Il faut que je me déchire les mains pour écarter ce rideau. J'emplirai le ciel de ces miettes, j'en couvrirai le visage de tous ceux que je déteste, j'en ferai de la poudre pour farder Dieu, je lui en mettrai sur les joues et sur les tempes et, au moment où il ne me regardera pas, je lui en mettrai plein la bouche pour le faire étouffer. Ça lui fera des raies de sang dans le palais et il sera longtemps sans parler, il bafouillera et crachera le sang comme un pulmonaire... Tant qu'il y aura des vitres intactes, je ne serai pas heureux, car elles m'empêchent de voir. Je les briserai toutes avec mon poing, comme ça... Et maintenant, Hélène, regarde-moi. Il n'y a plus d'écran entre toi et moi. Reconnais-tu celui qui s'est couché avec toi dans un grand lit immobile. Mes cheveux, mes yeux, mon visage, mon corps nu et déchiré par le désir. Alors Hélène, tu ne me souris plus? Mais qu'est-ce que tu as maintenant? Tu n'es plus la même. Ton visage a changé. Ma foi, tu deviens laide. Ton sourire est croche, tes lèvres galeuses, tes yeux ressemblent à des boules de sang noir; le pus coule sur tes seins... Pourquoi me regardes-tu ainsi? Tu ne voulais pas que je brise cette vitre? Où sont ton sourire de tout à l'heure, tes cheveux ardents, ta bouche merveilleuse... Ce n'est donc pas toi. Pourtant, je le sais. J'ai encore le goût de tes baisers dans ma bouche, je me souviens de l'odeur de ta peau. Tout cela ne peut mentir. C'est impossible. Mais tu es laide, affreusement laide. Tes yeux surtout sont laids. Ta bouche est sale et je ne peux croire que j'y ai posé mes lèvres si souvent. Souris encore, de grâce, souris, je te l'ordonne, que je sois enfin persuadé de ta laideur. Ah, je te déteste. Tu es laide. Je vais te couvrir de vitre toi aussi: je vais planter du verre dans tes prunelles, je vais te farcir le ventre de petits morceaux coupants, je te caresserai avec ces nouvelles griffes et tu saigneras. Je t'enfermerai sous une ampoule de verre et chaque baiser que je te donnerai la fera éclater en mille miettes sur ton visage; chaque fois que je soupi-rerai vers toi, tu recevras des éclats de verre. Quand je te caresserai, tu te sentiras couper à l'intérieur. J'entrerai en toi hérissé de crochets, je déchiquetterai ton ventre, je mettrai ton âme en lambeaux et je la vendrai comme j'ai vendu la mienne... pour un reflet dans une vitre. Le Maudit m'a remboursé avec du faux, tu paieras pour lui. Car il faut que je me venge. Je me suis condamné à tout détester à jamais et tu seras mon univers.

Hubert Aquin
Palerme, Syracuse, Agrigente,
Taormina, Naples, Rome,
mai 1953.

L'instant d'après[1]

Il me semble lire de la haine dans ses yeux. Son regard est la négation de tout ce qui s'est passé entre nous depuis cet après-midi, depuis plus d'un an. Qu'ai-je donc fait pour transformer mon ancien amoureux en un amant cruel? Je lui ai dit de venir à moi doucement, de ne pas me laisser maintenant, car j'ai encore besoin de lui... Je ne lui ai dit rien d'autre depuis ces quelques heures où j'ai cru, une fois de plus, lui prouver mon amour. Rien qui aurait pu le blesser du moins; je lui ai crié mon désir... et depuis, il continue de nouer sa cravate placidement. Oui, j'ai besoin de lui, me voici réduite à ma soif, mon corps n'existe plus qu'autour de son absence... Peut-être qu'il se moque de moi! Mais alors sa persévérance même dans une ironie insensée dépasserait les règles du jeu. J'accepterais quand même qu'il se soit moqué de moi sans raison et que l'injure qu'il m'adresse en ce moment n'ait été qu'une invention compliquée de son orgueil, mais qu'il cesse enfin, qu'il cesse de s'habiller lentement devant moi, à mes côtés, si près du lit où je l'appelle. Qu'il mette fin à cette contradiction qui me tue et vienne s'étendre ici et me laisse dénouer son nœud de cravate. Ce serait si simple, il me semble, et si merveilleux qu'il m'aime comme avant, sans m'imposer, à titre d'expiation, ces longues conversations indiscrètes qui me blessent et ne lui procurent aucun triomphe. Il persiste à me rappeler que j'ai appartenu à un autre homme, que je suis mariée et que chaque soir encore... mais quelle importance cela peut-il avoir puisque j'ai tout renié. S'il éprouvait le millième du désir qui me hante, il se précipiterait sur moi sans manière et je deviendrais encore une fois, mon Dieu, sa proie bienheureuse. Mais je pleure, je pleure depuis je ne sais plus quelle heure de l'après-midi ; et je n'ai pas d'autre langage que celui-là quand je ne suis pas transpercée d'amour. Hors de sa visite tumultueuse, je ne suis rien, je deviens désincarnée, réduite à ma solitude adultère et à mon âge. Je me sens laide et je sais alors que mon corps est moins beau et moins pur que mon amour. Lui aussi doit le savoir, car il ne me regarde plus. Il m'a donc vue avec mes propres yeux ! Il se tient droit, près du lit où je l'ai aimé, et m'ignore. Il s'habille soigneusement, sans me voir. Mais moi, d'où je suis, je surprends, dans le miroir, son visage d'enfant mort... Et c'est mon œuvre. C'est moi qui l'ai tué par mes étreintes empoisonnées ; je suis bien l'auteur de ce meurtre dont je contemple hypocritement le beau reflet. Mais qu'ai-je fait de mal sinon me laisser épouser, devenir mère sans aimer, vivre fatalement avec un homme que je suis résolue à fuir aujourd'hui, demain, n'importe quand pour ne plus vivre que des baisers de mon nouvel amour. Comment aurais-je pu éviter mon propre mariage puisque j'ignorais alors l'existence de ce bel enfant qui parcourait les rues de Montréal et qui, depuis un an seulement, grandi, s'est laissé entourer par mes bras décharnés. Cet après-midi, quelque chose de sournois vient de se produire entre nous deux, un événement que je ne reconnais même pas clairement et que rien n'annonçait hier encore. Il s'est transformé, en quelques instants il s'est assombri comme un ciel de tempête. Je le sens s'échapper de moi, me fuir sans raison, me semble-t-il, mais éperdument. Peut-être qu'il ne me désire plus? Ce serait donc cela ma punition: que mon corps le laisse indifférent ou même lui déplaise! Il me voit enfin telle que je suis, il me voit nue... Il aurait fallu que je me garde belle et fraîche pour sa venue, que je l'attende, pendant des années, immobile, intacte, embaumée. Me voilà deux fois punie, car moi j'aime follement son corps, ses épaules fortes, sa peau, sa plénitude et sa force. Je désire et j'ai mal. Il aurait été préférable de ne jamais le découvrir dans sa splendeur, de ne pas le rencontrer ni lui appartenir, mais je lui appartiens encore. Loin de lui, il m'arrive parfois, honteusement, de trouver mon plaisir, mais lui seul me rend à la vie. Seule sa bouche me donne des baisers. Je ne peux plus m'arrêter de pleurer. Un mot de lui me retiendrait dans ma chute. S'il me touchait une seule fois encore de sa main, je redeviendrais vierge[2].

FIN

La dernière Cène[1]

Ce qui l'a trompé, c'est qu'il ne sentait rien dans le dos. La fois précédente, le malaise avait d'abord frappé dans le dos, comme le poignard d'un ennemi. Il n'avait pas eu de peine à discerner cette localisation soudaine du mal, dans la région lombaire à l'envers/au verso[2] du cœur ou peut-être un peu plus bas. Depuis un an, il avait enregistré si bien toutes les descriptions capables/susceptibles de l'aider à lui faire reconnaître une simple fatigue de la crise que les médecins lui avaient appris à redouter.

Cette fois, c'était différent, à tel point qu'il eut vite fait d'attribuer les sueurs à une cause bien différente/éloignée. Il sourit un instant à la pensée qu'il s'en faisait pour rien, que c'était passager, courant, futile ou normal, enfin... et continua à prendre le consommé en gelée qui se remuait dans sa prison de porcelaine comme un œil sans prunelle. Il prit une cuillerée pleine, avec vigueur, et le goût qui effleura sa langue lui déplut. Il avala quand même pour surmonter le sentiment désagréable qui le gagnait. Puis il reposa la cuiller sur le bord de l'assiette et se renversa sur la banquette, levant la tête vers le restaurant trop bruyant, cage sonore et tumultueuse dans laquelle il se sentit pris. Depuis deux ans pourtant les murs du Café Martin[3] lui étaient devenus aussi familiers que ceux de sa chambre et les boiseries anglaises aussi proches/douces que le souvenir de ces conversations clandestines qu'elles avaient abritées, recueillies. Soudain, dans cette pose qu'il s'accorda, il eut physiquement horreur de cet éclairage et du bruit et du va-et-vient des garçons à vestes blanches et même de leur politesse.

— Le consommé ne vous plaît pas, Monsieur Lacoste ?

— Mais non. J'ai terminé. Je n'ai pas tellement faim ce soir...

Le garçon s'éloigne. Pierre Lacoste se sentit mieux. Cette vapeur interne qui l'avait troublé et l'avait mis en nage, disparut. Les plafonniers du restaurant ne l'aveuglaient plus : rien ne le dérangeait. Il se plut à changer de place sur la banquette pour éprouver à nouveau la réponse de ses muscles. Il se possédait : son corps lui appartenait. Au lieu de rester là à attendre le plat suivant, il aurait pu se lever allégrement, sortir en laissant un pourboire à Jules le maître d'hôtel et partir sous n'importe quel prétexte, mais avec dignité. En se détournant vers la gauche, il aperçut son propre visage en profil trois-quarts reflété dans/au fond d'un miroir encastré dans le bois sombre. Il était pâle. Mais cela tenait sans doute à l'éclairage funéraire du restaurant. Son col détachait sa tête de ses épaules, lui donnait du cou, lui qui n'en avait pas. Il tenait la tête raide en se regardant/s'examinant dans le miroir non pas avec dignité, mais, croyait-il par force. Il portait la tête encore plus haut qu'à vingt ans ; malgré ses cheveux gris, il ne faisait pas vieil homme, mais plutôt homme fort, racé, lion, peu de rides à vrai dire pour ses cinquante et un ans. Des traits nets, bien coupés. L'orgueil reflua en lui avec le bien-être. Le garçon revint avec le plat principal : entrecôte bordelaise avec haricots verts. Le garçon lui servit un peu de vin dans son verre.

Pierre Lacoste se mouille les lèvres avec le vin rouge et entame son steak. Au moment de le porter à sa bouche, il n'en <u>avait</u>/<u>eut</u> plus envie. Le steak, il l'aurait bien mangé, mais la sauce trop onctueuse l'écœurait. C'était la sauce, <u>rien d'autre</u>/<u>évidemment</u>. Il l'avait commandée par bravade, sachant très bien qu'elle lui était interdite par son médecin. Mais enfin, pour un peu plus de *cholestérol* qui adhère aux parois des coronaires ! C'est infinitésimal d'ailleurs et la crainte d'en avoir trop doit être aussi fatale que sa présence. Pierre Lacoste ressentit un dégoût tel qu'il ne put aller plus loin. Il crut, un instant, que son dos lui faisait mal. Il se raidit. Il ne sentit rien, ses muscles dorsaux lui obéissaient docilement. Aucun point ; rien d'anormal, aucune tache sur la surface plane et blanche de son dos.

Cela le confirma dans la conviction que tout son mal venait de la nourriture qu'il avait choisie. Le consommé madrilène couleur jaunâtre vitreux, puis cette sauce marchand de vin. Il s'était trompé, avait commandé par habitude, alors que son goût réel ce soir aurait dû le guider vers des salades, des fruits, ou du poisson bouilli. Voilà. Une sole ou mieux un saumon ; pas de sauce, pas de friture. Il faut l'avoir flairé son propre goût : les habitudes nous jouent des tours, nous entraînent sur des fausses pistes. Pierre Lacoste se dit cela tandis qu'il regardait sa table couverte comme une nature morte. C'est à ce moment qu'il ressentit la première vraie douleur. Il se durcit, cessa de respirer. Un nœud sembla se former dans son cou à la hauteur des omoplates : une sorte de bulbe hérissé d'aiguilles, un *corps étranger*, un parasite hostile qui cramponnait à lui de l'intérieur, et le dominait ! Combien de temps a duré ce premier signe ? Secondes, minutes. Chose certaine, <u>c'était bien/il reconnut</u> le symptôme, le même exactement, le même que l'an dernier, une certaine nuit de juillet à la mer. Allait-il s'affaisser sur le parquet ou s'écraser la tête dans son couvert ! inconscient. Cela ne pourrait pas s'accomplir aussi vite sans qu'il n'ait le temps de se reprendre un moment. Mourir dans un restaurant chic le dimanche soir, seul, alors que tout Montréal est heureux de vivre et que ces couples s'unissent...

Un repos survint, une détente. La douleur était moins aiguë, mais le *point* persistait dans le dos de Pierre Lacoste, l'habitait, comme une certitude intolérable le tenaillait. Pierre Lacoste pensa qu'il mourrait seul, seul au Café Martin, seul. Sa femme était à Boston dans une clinique. Et Roger où était-il ? Pour le retrouver il faudrait se lever, téléphoner, plusieurs fois, mais où le rejoindre ! La dernière fois qu'il avait parlé à son fils, cela remonte à deux mois plus tôt en septembre. Pierre Lacoste pensa qu'il n'avait pas vu son fils depuis tout ce temps. Il l'avait bien croisé une fois ou deux, mais ils ne s'étaient pas parlé. Roger avait tout fait pour éviter son père. Il rentrait tard, s'enfermait dans sa chambre. En ce moment, où était-il ? Sûrement pas à la maison, ni à l'université, bien sûr. À dix-neuf ans, on est insaisissable, fuyant, dégagé, on a la liberté. Il est peut-être même dans le nord, avec cette jeune fille qui l'appelait souvent à la maison, une voix très douce, fragile, craintive, dont Pierre Lacoste se souvenait très bien. Mais ce souvenir de père indiscret ne lui apprit rien et ne lui atténua pas la douleur de ne pas revoir son fils une dernière fois avant cette crise désormais certaine qui le terrasserait et le tuerait/l'achèverait peut-être. Oui, l'événement s'annonçait implacablement : le premier coup au dos, puis le temps de repos, l'euphorie, le sursis avant l'assaut définitif et le coma ! Comme la fois précédente. Pierre Lacoste vivait un/le calque d'une ancienne chute dont il avait gardé un souvenir terrifié et qui, elle aussi, le premier accès passé, s'était muée en une détente trompeuse qui avait bien duré dix minutes.

— Vous ne mangez pas M. Lacoste, le steak ne vous plaît pas.

— Apportez-moi un verre d'eau.

Le garçon s'effaça visiblement perplexe, mais trop stylé pour s'alarmer. Pierre Lacoste demeurait immobile sur la banquette, figé par la crainte de précipiter l'attaque en bougeant, immobile comme un soldat dans le noir à deux pas de son invisible ennemi. Avec un verre d'eau, il avalerait une dose de coramine[4] et qui sait si cela ne suffirait pas à conjurer la mort.

Ce mot trop plein qui obscurcit sa conscience un moment lui parut absurde, injuste, injuste ! Non pas le soir, pas de cette façon dans un restaurant rempli de clients heureux : ne pas mourir, pas seul, non Pierre

Lacoste ne pouvait pas envisager de mourir ainsi, loin de son fils, et surtout après ce long après-midi de désolation qui a duré depuis le déjeuner jusqu'à cinq heures dans cet appartement assombri trop tôt par le ciel de novembre. «On ne finit pas ainsi», pensa-t-il, au plus bas de la honte et de la tristesse, dépourvu, sans espoir, sans consolation, car il y a bien longtemps que les dimanches enfermés dans l'appartement de la rue Lincoln[5] ne ressemblaient plus à des rendez-vous d'amour. Pierre Lacoste compta le temps qui le séparait, en souvenir, des dimanches ensoleillés et cela le ramena aussi loin qu'au début septembre. Tout a changé depuis deux mois, tout a cessé en même temps : l'été, l'affection de Roger, la paix. Sa femme Jeannine, elle aussi, est partie avec l'automne. Oui, a cessé, avec l'été, tout a commencé avec l'automne. Le froid, le vent, les querelles des deux derniers mois emplissaient la conscience de Pierre Lacoste et dépliaient leur symbole une fois de plus dans sa mémoire souveraine.

Il était venu dîner seul le soir, contrairement à tous les autres dimanches soirs, parce que tout était *rompu* — même en parole — à jamais brisé entre Jeannine et lui. Quelques heures plus tôt, Pierre Lacoste se trouvait chez elle, engagé dans une conversation cruelle, désabusée, las déjà d'un plaisir qu'il lui fallait payer d'amertume. Mais il avait déjà payé la somme de ses infidélités. Que lui restait-il maintenant, et tout ce gâchis qu'il avait chéri avec impudence, qu'il avait créé de toutes pièces, alors que sa femme était douce et qu'elle l'aimait et que tous trois vivaient. Roger, Jeannine et lui, sans ce gâchis, dîneraient encore ensemble ce soir. Toutes ces années de double vie ne semblaient plus, au client moite et solitaire du Café Martin, qu'une futile multiplication de mensonges en échange d'après-midi honteuses et à la fin même plus voluptueuses. La volupté elle aussi avait sombré dans les ténèbres avec les dimanches d'automne et la maladie de Jeannine. C'est là que tout s'est effondré : des années de ruses et de trahisons, des repas et des repas emplis d'une paix familiale imaginaire et des milliers de baisers de Judas et de paroles hypocrites[6]. Pierre Lacoste a vécu dangereusement mais pour quoi ? Il a connu de belles aventures, puis soudain, après le drame, il ne lui restait que les pauvres dimanches après-midi sans soleil, dans les bras vieillis de Monique. Il sentit des larmes mouiller ses paupières et couler doucement sur ses joues. Lui qui n'avait pleuré qu'au cinéma pleurait devant son repas froid et l'image qu'il se composait de sa vie. Vingt-trois ans d'hypocrisie soldés par une faille. L'erreur. La faute du voleur qui a déjà tout en poche, et qui relâche sa vigilance.

Le garçon avait ignoré la carafe d'eau sur la table. Mais Pierre Lacoste ne trouvait plus ses comprimés bleus. Il refit deux fois ses poches sans que ses doigts ne touchent la texture lisse du petit coffret de plastique qu'il avait laissé dans la poche intérieure de son manteau. Mais il n'était plus question d'aller au vestiaire, ni même de parler au garçon.

Les minutes engloutissaient toute une vie de remords à un rythme tel que, encore trop lucide, cette rapidité rétrospective fit penser à Pierre Lacoste que c'était la fin. La boucle se bouclait dans une sorte de hâte funeste, affolée.

Toute sa vie lui montait à la gorge. Qui était-il? Qu'avait-il eu le temps de faire? Rien. Peu de choses. Qu'est-ce qu'un peu de succès en affaires. Et comment apprécier, mourant, l'intelligence dont il s'était flatté. Que reste-t-il?

S'il en avait la force, il irait retrouver son fils, lui parler un peu, lui dire qu'il l'aimait, qu'il n'avait jamais [aimé][7] personne sur terre autant que lui, ni sa mère, pas même Jeannine avec qui il avait pris tant de fois l'image d'un père comblé. Pourquoi avait-il ainsi vécu deux vies? Qu'avait-il cherché dans les rendez-vous secrets avec Jeannine, dans les faux dîners d'affaires au Café Martin et dans son fils? Mais quoi donc l'avait ainsi poussé vers elle pendant neuf ans, un certain nombre de fois par semaine? Peut-on appeler amour ce jeu de fuites cette hésitation devenue règle du jeu. Le plaisir? Oui peut-être: le plaisir. Le mot *somptueux* résonnait dans la conscience de Pierre Lacoste, sans ranimer autre chose que des angoisses qui l'avaient entouré ou la désolation qui en avait tenu lieu depuis deux mois. L'âge y avait été pour quelque chose. À cinquante et un ans: mais non... il s'avoua à lui-même que son lien avec Jeannine n'avait pas tenu à des caresses, car là encore il aurait fallu choisir une femme plus habile que Jeannine mais surtout plus jeune. Comment nommer ce lien douloureux et insensé qui avait brisé sa vie au nom de nul triomphe. C'était la fuite ou la trahison qu'il avait aimée sur le corps décevant de Jeannine et le danger aussi, mais surtout la dimension grisante du mensonge. Neuf ans de trahison, neuf ans pendant lesquels il avait regardé Claire en ennemie, sans qu'elle le sût. Oh terrible multiplication de l'infidélité. Pierre Lacoste avait le sentiment d'avoir joué à une loterie maléfique et d'avoir finalement gagné. Trop de dissimulation avait augmenté la probabilité du malheur. La quantité de risques évités avait grandi son arrogance : chaque coup de téléphone non surpris, chaque faux rendez-vous, chaque agenda mensonger, (chaque message impuni), chaque occasion impunie <u>réduisait</u>/<u>avait réduit</u> le champ du hasard.

Pierre Lacoste ressentit une violente envie de vomir : il respira profondément et serra ses mâchoires. Cela lui rappela ses nausées d'enfant quand il redoutait de renvoyer[8] comme si chaque fois il risquait de mourir là. Aucun doute. Même cette nausée tardive le confirma dans son pressentiment. C'est connu, la nausée dans ce cas. Tellement qu'on appelle souvent, dit le médecin, indigestion aiguë et infarctus, le goût de rien. Il n'avait goût pour rien, mais cela ne datait pas de sa première cuillerée de consommé. Oh non. Cet après-midi, il n'avait ressenti aucun goût du corps de Monique. Il l'avait regardée comme en ce moment son repas refroidi. Pas seulement cet après-midi : d'ailleurs, même l'autre dimanche aussi, et le précédent et tous les dimanches depuis que Jeannine est à Boston. Oui, depuis que Roger a découvert la vérité. Pierre Lacoste se reprochait bien une maladresse mais ce pauvre Roger avait dû l'attendre depuis longtemps pour s'en être servi si vilement contre son père. Pierre Lacoste pensa que son fils le détestait peut-être depuis longtemps et qu'il n'avait fait qu'attendre le moment de se manifester. « Mais oui, se dit Pierre, il m'a détesté, voilà !, mais parce que je l'ai trahi lui aussi. Comme il a droit de me détester maintenant, ah comme il a raison de me haïr et de vouloir ma mort ; cela prouve qu'il est plus franc que moi. Je suis fier de lui. Je suis fier qu'il me déteste. Oui car il a raison... »

Pierre Lacoste allait mourir dans ce restaurant qui avait été le lieu de tant de trahisons et de faux aveux. Ici même, sur cette banquette, devant un repas d'homme riche, loin de la femme qu'il avait persécutée honteusement, il le savait bien, et qui maintenant traînait sa blessure incurable dans la cellule d'un hôpital de Boston. Il l'avait laissée se détériorer sans l'aimer, sans même rendre hommage à son corps de femme. Pierre Lacoste sentant ce nœud sombre se reformer dans son dos soudain et le pincer comme un scorpion, sut qu'il approchait de la fin et qu'il allait partir cette fois pour un vrai rendez-vous, mais seul, sans avoir revu son fils trop cruel qui en le dénonçant ce dimanche de septembre avait mis à nu son père. Depuis ce jour, Pierre Lacoste n'a plus été ni un père ni un mari — mais un amant, un amant qui <u>ne veut/ ne voulait</u> plus trahir car il n'a plus personne à trahir. Un homme qui se cache et qui ne pleure pas quand il voit partir sa femme pour Boston et qui reconnaît trop tard, au moment précis où le sang qui circule dans ses veines va le trahir à son tour en le précipitant dans le coma, qu'il n'a pas aimé avant d'aimer son fils, ce jeune être sorti de lui pour le démasquer un jour à ses propres yeux, au seuil de la mort. Après neuf ans d'équivoques et de mystification, voilà qu'enfin tout était <u>net/limpide</u> entre Roger et lui. La haine emplissait le vide, le besoin que lui, son père, n'avait jamais comblé. Pierre Lacoste se cramponna à la table. Que la volonté humaine a peu d'emprise sur le corps qui s'écroule... Les lumières du restaurant lui tinrent lieu de crépuscule. Sa tête retomba en avant, comme s'il avait cédé au sommeil, puis après quelques secondes, mais déjà inconscient sans doute, il s'est écroulé sur la table, son visage a frappé le verre qui s'est brisé et l'a coupé au-dessus de l'arcade sourcilière. Quand le maître d'hôtel s'est approché de lui la nappe était imbibée du sang chaud de Pierre Lacoste. Même le garçon qui l'a servi m'a dit qu'il ne s'était pas inquiété du peu d'appétit de son client. Je suis resté là le lendemain matin à sa place, à vivre en pensée, devant une nappe blanche, les derniers instants de la vie de mon père. J'espère qu'il n'est pas mort en croyant que je le détestais. L'ai-je vraiment détesté...

Paris 10 octobre 1960

Le pont[1]

Hans, ce grand cochon, ne va pas à la cheville de Wolfgang von Tripps s'engageant dans la courbe parabolique une dernière fois! Hans peut toujours courir: une bave chamanique le fait adhérer au sol comme une glu, chien mort en plein milieu de la route sur laquelle je roule, mot à mot, depuis le début de ce récit. Mon tombeau supersonique est ouvert comme une bouche avide: je ne cesse de courir chaque chapitre comme on brûle les étapes. J'avance; mais vers quoi? Avec quel adversaire lyrique que je cherche en vain à rattraper?... Bien sûr, cela crève les yeux: c'est Hans qui me devance et m'obsède, c'est lui le *Campionissimo*[2] qui semble s'évaporer à chaque virage, c'est lui, Hans, l'ombre fugace que je chasse avec tant d'ardeur que mes pneus, exemptés de la glissance[3], font de la lévitation; c'est lui le mobile absolu, mon être-pour-le-crissement[4] démultiplié dangereusement comme une boîte à vitesses qui est sur le point d'exploser après tant de révolutions dont aucune n'est nationale!

* * *

Non, ce n'est pas possible. Je ne peux pas continuer ce récit circulaire sans faire un aveu au lecteur. Tous les mystères de ce récit ; tout ce brouillage de piste, de course folle recommencée à chaque chapitre et sous différents pseudonymes ; tout cela m'est devenu intolérable ! J'ai conféré un semblant de réalité à ces auteurs fantômes, mais si peu, en fin de compte, qu'ils révèlent — ces auteurs impayables — qu'ils se ramènent tous à moi, l'auteur mis à nu — et moi, je ne suis rien ! Moins que rien ! J'ai beau tricher, mentir sous prétexte de faire de la fiction ; j'ai beau m'affubler de noms impossibles comme Belleau, Godbout, Pilon et tutti quanti, je ne réussis pas à traverser le mur de la vraisemblance. L'évidence finale de mon élucubration, c'est que je ne suis pas ces auteurs indéfinissables, non plus que je [ne] suis à l'image du grand Hans qui a un tour d'avance sur moi. À vrai dire, je ne suis rien : je ne suis même pas un homme, mais une femme ! Eh ! oui. Et c'est peu dire : je suis une hypo-femme puisqu'un déterminisme cruel me condamne à l'inexistence vénérienne. Je n'ai jamais joui comme on dit ; ni même éprouvé les frissons prémonitoires que d'aucunes valorisent autant que le dit orgasme final.

Puisque je suis rendue assez loin, je suis aussi bien de tout raconter sans coquetterie, d'avouer que j'ai souvent mimé les voluptés aiguës que les Hans trop rapides attendaient de mon être féminoïde[5]. Et j'ai mimé les folles complaisances que les lesbiennes disent ressentir. Cela m'a découragée ; il serait trop simpliste de me considérer comme un prototype de la patate froide. Je suis une femme

morte, une revenante funèbre ; et je vous prie, cher lecteur nécrophile, de considérer mes épiphanies[6], écrites
sous des noms d'hommes, comme autant de cris d'outre-
tombe. Si j'éructe ce dernier aveu comme le souffle ago-
nistique[7], c'est que, derrière tant d'auteurs incohérables[8],
derrière des personnages lancés sur le papier comme des
engins de mort et tant d'efforts de fiction, une seule réalité émerge : la volonté mortuaire qui emplit mon âme de
morte ! Morte je le suis, car j'ai décidé de me tuer, minutieusement, à la japonaise. Sans d'autre motivation que le
plaisir de planter le cimetière[9] entre mes deux cuisses et
de le relever d'une main morte mettant ainsi, à la portée
de tous, mes grandes tripes d'écrivaine qui a quelque
chose au ventre ! Caresse ultime d'un clitoris éteint, vision hédonique[10] du fer dans la plaie et après, toutes entrailles sorties, j'accéderai au spasme éternel que von
Tripps a atteint, pour la première fois, en quittant la piste
incinérante[11], à Monza, par un beau jour d'été.

Elga von TOD[12]

[Fin été 67]
(Version 1)[1]

Cela ne me ressemble pas de suivre une étrangère, de la traquer littéralement comme je le fais depuis une semaine. Je ne [sais] pas ce qui m'arrive : soudain, je me comporte comme un détective privé qui file la femme d'un client. Mais je ne suis pas détective privé, ni voyeur il me semble ; pourtant, je me suis mis à observer cette femme et je ne suis plus capable de m'arrêter.

Je sais qu'elle est mariée ; j'ai remarqué son alliance. Et je sais beaucoup de choses à son sujet. C'est fou ce que je sais d'elle ; j'en ai un peu honte, je suis comme accablé par tout ce [que] j'ai appris par mon indiscrétion... On commence d'abord par repérer l'auto, en se contentant de vérifier les deux derniers chiffres de la plaque d'immatriculation — c'est suffisant pour éviter les erreurs grossières. Oui, je l'ai suivie en automobile dans Montréal. Les trajets qu'elle empruntait dans la ville m'ont fait tout comprendre...

Le lundi soir, elle laisse l'auto au terrain de stationnement qui surplombe la station de métro Berri-de-Montigny[2]. Après avoir pris son récépissé de stationnement au guichet, elle s'engouffre dans la station de métro. Ce soir-là, je n'ai pas tenté de la suivre sous terre...

C'est vrai qu'elle est belle et qu'elle ne paraît pas tellement ses trente-deux ans — car je sais aussi son âge ! Elle est élégante, indolente un peu et elle semble avoir choisi d'être toujours un peu à l'étroit dans ses costumes, si bien que ses seins se pressent un peu dans l'échancrure du décolleté. Son visage est simple, les traits reposés, le profil fuyant, les yeux sombres ; et ses cheveux semblent irisés légèrement par les reflets d'un crépuscule imaginaire.

Mercredi soir, ce fut le même manège que le lundi : à huit heures, elle stationnait sa Corvair[3] au parking du métro. Cette fois, je l'ai suivie ou plutôt précédée — ce qui est, de loin, la meilleure façon de filer une belle inconnue. Je suis resté debout dans la voiture du métro et à demi tourné vers la vitre sans paysage, comme un passager lassé de voir les gens. Elle s'est assise latéralement, assez près des portes coulissantes. Elle a mis le récépissé du stationnement dans un agenda noir et le tout dans un sac en cuir repoussé. Je pouvais la regarder en paix : elle avait la tête baissée, en reclassant des objets dans son sac et puis, machinalement, elle a regardé ses ongles. À la station Guy, elle s'est levée pour sortir ; j'ai fait de même avec un peu de décalage.

La station Guy était presque déserte ; je me suis arrêté sur une banquette. Un instant, j'ai pensé que j'abandonnerais là toute cette histoire et que je briserais cet envoûtement qui me transformait en sentinelle. Après tout, qu'est-ce donc qui m'attachait à cette femme comme son ombre ?...

Elle a deux enfants: Marcel, six ans, et Lucille, sa petite fille, qui a huit ans. Cela aussi, je le savais à ce moment-là. J'étais troublé par cette belle étrangère dont le visage lisse et détendu masquait si bien cette vie double. J'avais mal à me détacher d'elle, je la voyais manœuvrer aisément ses deux existences comme si de rien n'était...

Je me suis levé alors qu'elle tournait vers l'escalier mobile. Elle avait beaucoup d'avance sur moi; j'aurais presque voulu qu'elle me sème pour que s'arrête ce lien sans nom qui m'enchaînait à cette femme douce et parfaite. Elle est sortie de la station Guy bien avant moi; j'aurais pu la perdre, mais je n'eus aucun mal à la retrouver: elle marchait en direction de la rue Sherbrooke, doucement, en longeant un terrain de stationnement qu'elle n'utilisait pas par prudence, sans doute.

On finit par ne plus penser à rien d'autre. J'ai l'esprit hanté par cette étrangère qui me séduit: je ne me reconnais plus moi-même, je n'oserais raconter à personne ce que je fais, ni pourquoi je m'abandonne à l'obsession somptueuse qui m'habite et me domine. Lundi soir, huit heures, au métro Berri-de-Montigny, j'ai perdu sa trace. Mercredi soir, même heure même endroit, je la retrouve et, cette fois, je ne la lâche pas. Je la suis sans hésiter et sans fléchir. Dans ces moments-là, passe encore: on est mobilisé par la poursuite, on est pris par le jeu, soucieux de contrôler la situation et de ne pas éveiller l'attention. Mais après, quand on est seul dans la rue et qu'il faut arpenter le trottoir en attendant qu'elle apparaisse à nouveau dans le hall de l'immeuble et qu'elle s'en retourne prendre le métro, il faut tuer le temps comme on

peut, ne pas se faire embarquer par la police pour vaga-
bondage et surtout ne pas désespérer. C'est le temps qui
nous use alors... Pendant ce laps noir, elle est là-haut,
dans un appartement dont elle a la clef puisque je l'ai vue
la brandir avant de prendre l'ascenseur.

Plus je suis cette femme, moins je la comprends :
elle m'entraîne dans un labyrinthe dont je ne franchis
jamais le seuil. Je le franchis hypocritement plutôt : je
pénètre en voleur dans sa vie et je reste là, ensorcelé,
immobile, à la dévorer du regard et à imaginer tout ce que
je ne vois pas de mes yeux. Mais cet appartement anonyme de la rue Saint-Matthieu[4], est-ce le sien ou celui
d'un amant complaisant ?

J'ai honte. J'ai honte d'avoir violé son intimité, sa
vie, d'avoir démasqué ce beau visage serein. Je me sens
quelque chose d'un maniaque. Et à mesure que je m'en-
fonce dans cette entreprise insensée, je me désagrège en
éclats désordonnés, je me sens malade et ce qu'il y a
d'amour dans ma démarche est noyé par un flot de mor-
bidité et de folie. Je comprends qu'un détective privé
fasse ce que je fais parce qu'il est payé et mandaté pour
son travail ; mais moi je ne suis pas payé pour me laisser
envahir par cette femme que j'ai attendue pendant deux
heures, mercredi soir, devant un immeuble de la rue
Saint-Matthieu.

Je sais tout à propos de l'appartement : j'ai mis à
profit mon obsession et mon temps mort pour faire irruption dans l'appartement du concierge. Elle a loué l'appartement à son nom : Madame Vincent. J'ai mis un billet de
cinq dollars sur le bureau du concierge et j'ai su tout le

reste : qu'elle l'occupait depuis six mois, y venait peu souvent, avait exigé que son nom ne figure pas au tableau lumineux à l'entrée... Qu'est-ce qu'on ne dit pas à un détective privé — et cela, même sans avoir vérifié sa carte professionnelle ? Mon stratagème n'avait rien de bien malin ; il a réussi, trop même, car le concierge ne s'arrêtait plus : il savait qui venait la rejoindre. Il n'avait pas son nom, mais c'est tout juste... Un grand type portant des lunettes et tenant toujours un porte-documents marron...

C'est fou ce que c'est facile de tout savoir à propos d'une personne et de violer le secret le mieux gardé de son existence. Je n'aurais pas cru ; et cette trop grande facilité n'a fait qu'encourager ma curiosité morbide. Je sais tout sur Madame Vincent. Je connais même celui qu'elle va retrouver régulièrement dans un appartement clos ; c'est un homme convenable, marié lui aussi, et dont elle n'est pas nécessairement amoureuse...

Mais ce concierge, trop volubile, m'a dit qu'il n'y avait qu'un meuble dans l'appartement : un lit, un lit sans draps, sans couverture, sans rien, sans oreiller. Un matelas sur un sommier, rien d'autre : juste de quoi passer deux heures avec un homme, deux heures rapides qui ne laissent même pas le temps de se préoccuper de confort, ni celui de se recouvrir d'un drap, après[5], un lit. Ce détail m'a frappé, presque terrorisé. J'aurais voulu ne pas le savoir, ne jamais le découvrir[6].

Mais une chose est certaine : je mourrai avec mon secret et avec ce lit affreux qui encombre mon obsession.

Madame de Voos[7] est, en ce moment, dans la chambre à côté : elle dort profondément dans notre lit. Et elle n'a jamais cessé de m'aimer aussi aimablement, aussi incroyablement : le hasard m'a transformé en enquêteur sans nom, mais ce malheur n'a d'égal que l'autre : celui de ne savoir jamais pourquoi elle a commencé de me tromper, ni surtout comment elle réussit à vivre ainsi en harmonie apparente : ce soir encore, elle a passé trois heures dehors.

Elle s'est rendue dans cet appartement insolite pour y passer deux heures avec un homme vraiment ordinaire : elle continue de le rencontrer sur un lit sans draps, sans oreiller, sans couverture, dans une sorte de désert anonyme et de faire l'amour comme ça au passage. Et après, elle remet ses vêtements, se recoiffe un peu, reprend le chemin de la maison. C'est banal d'être trompé, c'est courant peut-être de ne pas le comprend[re]...

Mais cette femme est une étrangère qui, de retour à la maison, ne refuse pas mes avances, se laisse toucher par moi !

J'ai le sentiment d'être bien peu de chose, un autre partenaire de lit plus régulier, plus ennuyeux peut-être. Dans sa vie, j'occupe un espace égal à celui que je prends dans un lit...

Étrangère, cette femme m'est cruellement étrangère : j'aurais mieux fait de ne pas la rencontrer par hasard le soir au volant de son auto ; j'aurais mieux fait de ne pas la suivre dans le métro ; ni surtout de recommencer le même manège une seconde fois et de me faire passer pour détective privé auprès du concierge.

J'aurais mieux fait de ne pas apprendre, de cette

façon, que ma femme pouvait si bien s'accommoder de notre mariage et de ces séjours dans un appartement meublé d'un seul lit.

Mais, déjà, j'erre en cherchant à réconcilier ces deux comportements qu'elle ne cherche même pas à harmoniser elle-même : on ne m'avait pas dit que c'était ça l'amour, on ne m'a rien dit et j'ai dû tout découvrir par moi-même. Je sais tout de cette étrangère, je sais même que cela va continuer, à son gré, et qu'elle continuera cette course aveugle vers rien. Car il n'y a rien au bout justement et la course ne vaut pas la peine d'être courue. Tant pis[8].

Après tout, cela n'est pas tellement rare de vivre une double vie. Cela n'est pas si incroyable de faire comme elle — de tromper son mari avec un autre, à intervalles réguliers et non sans procéder méthodiquement, voire même prudemment. La prudence est de règle dans le dérèglement organisé ! Tout cela est normal, prévisible ou, du moins, relativement ordinaire.

Ce qui ne l'est pas, c'est que cette femme soit suivie non moins méthodiquement par un homme qui se cache et qui est le mari.

Comme cela est pénible et pitoyable d'être le mari dans cette histoire ! Comme il me serait mille fois plus agréable d'être l'amant — celui qu'elle voit deux à trois fois chaque semaine dans un appartement que j'imagine faute d'avoir visité ! Ah, quel sombre habitacle que cet appartement dénudé, où cette femme gracieuse vient chercher l'absolu — quelques heures de plaisir adultérin qui, sans doute, l'aident un peu à supporter son existence trop ordinaire! Elle n'est pas débauchée, ni vulgaire; insatisfaite? Non, pourtant: au contraire! Et de cela, je suis certain, chaque nuit plus certain. Alors?

...Alors à quoi ressemble cet épisode à répétition qu'elle vit chaque semaine et depuis six mois... et qui sait si elle ne continuera pas de faire la même chose pendant des années jusqu'à ce que son propre vieillissement ne la confine à la grise monotonie de son mari?

C'est vraisemblable; hélas, c'est écrit d'avance, presque vécu d'avance! On pourrait croire qu'elle ne fait que se conformer à la norme modèle de comportement féminin! Elle réussit son mariage d'autant qu'elle peut y échapper, par période régulière, pour s'offrir tout ce qu'une femme apparemment rangée peut s'offrir de plus grisant: une vie secrète, un amant, la sensation de n'être pas esclave d'un mariage et de l'accepter d'autant plus qu'elle s'en échappe sans jamais en contester la validité! Le luxe suprême, ce doit être cela: l'adultère, l'impunité adultérine implacable. Le luxe véritable, pour elle, commence dans les bras d'un homme qui lui coûte moins cher que des bijoux rares ou des œuvres d'art.

Elle vit dans le luxe inavouable d'une parfaite épouse et d'une mère impeccable. Elle s'offre quelques heures par semaine de pure impunité, sans culpabilité, sans remords, sans même soupçonner que j'ai découvert son inavouable penchant — sa drogue[9].
(suite)

C'est affreux. Je pourrais être un inconnu et savoir tout ce que je sais. Pourtant non ! Je ne suis pas un inconnu, ni même un maniaque que le hasard aurait dirigé vers cette femme exceptionnellement belle. C'est moi, mais sans rien d'autre d'exceptionnel !

[fin été 1967]

[Fin été 67]
(Version 2)

Cela ne me ressemble pas de suivre une étrangère, de la traquer littéralement comme je le fais depuis une semaine. Je ne [sais] pas ce qui m'arrive : soudain, je me comporte comme un détective privé qui file la femme d'un client. Mais je ne suis pas détective privé, ni voyeur il me semble ; pourtant, je me suis mis à observer cette femme et je ne suis plus capable de m'arrêter.

Je sais qu'elle est mariée ; j'ai remarqué son alliance. Et je sais beaucoup de choses à son sujet. C'est fou ce que je sais d'elle ; j'en ai un peu honte, je suis comme accablé par tout ce [que] j'ai appris par mon indiscrétion... On commence d'abord par repérer l'auto, en se contentant de vérifier les deux derniers chiffres de la plaque d'immatriculation — c'est suffisant pour éviter les erreurs grossières. Oui, je l'ai suivie en automobile dans Montréal. Les trajets qu'elle empruntait dans la ville m'ont fait tout comprendre...

Le lundi soir, elle laisse l'auto au terrain de stationnement qui surplombe la station de métro Berri-de-Montigny. Après avoir pris son récépissé de stationnement au guichet, elle s'engouffre dans la station de métro. Ce soir-là, je n'ai pas tenté de la suivre sous terre...

C'est vrai qu'elle est belle et qu'elle ne paraît pas tellement ses trente-deux ans — car je sais aussi son âge! Elle est élégante, indolente un peu et elle semble avoir choisi d'être toujours un peu à l'étroit dans ses costumes, si bien que ses seins se pressent un peu dans l'échancrure du décolleté. Son visage est simple, les traits reposés, le profil fuyant, les yeux sombres; et ses cheveux semblent irisés légèrement par les reflets d'un crépuscule imaginaire.

Mercredi soir, ce fut le même manège que le lundi: à huit heures, elle stationnait sa Corvair au parking du métro. Cette fois, je l'ai suivie ou plutôt précédée — ce qui est, de loin, la meilleure façon de filer une belle inconnue. Je suis resté debout dans la voiture du métro et à demi tourné vers la vitre sans paysage, comme un passager lassé de voir les gens. Elle s'est assise latéralement, assez près des portes coulissantes. Elle a mis le récépissé du stationnement dans un agenda noir et le tout dans un sac en cuir repoussé. Je pouvais la regarder en paix: elle avait la tête baissée, en reclassant des objets dans son sac et puis, machinalement, elle a regardé ses ongles. À la station Guy, elle s'est levée pour sortir; j'ai fait de même avec un peu de décalage.

La station Guy était presque déserte; je me suis arrêté sur une banquette. Un instant, j'ai pensé que j'abandonnerais là toute cette histoire et que je briserais cet envoûtement qui me transformait en sentinelle. Après tout, qu'est-ce donc qui m'attachait à cette femme comme son ombre ?...

Elle a deux enfants : Marcel, six ans, et Lucille, sa petite fille, qui a huit ans. Cela aussi, je le savais à ce moment-là. J'étais troublé par cette belle étrangère dont le visage lisse et détendu masquait si bien cette vie double. J'avais mal à me détacher d'elle, je la voyais manœuvrer aisément ses deux existences comme si de rien n'était...

Je me suis levé alors qu'elle tournait vers l'escalier mobile. Elle avait beaucoup d'avance sur moi ; j'aurais presque voulu qu'elle me sème pour que s'arrête ce lien sans nom qui m'enchaînait à cette femme douce et parfaite. Elle est sortie de la station Guy bien avant moi ; j'aurais pu la perdre, mais je n'eus aucun mal à la retrouver : elle marchait en direction de la rue Sherbrooke, doucement, en longeant un terrain de stationnement qu'elle n'utilisait pas par prudence, sans doute.

On finit par ne plus penser à rien d'autre. J'ai l'esprit hanté par cette étrangère qui me séduit : je ne me reconnais plus moi-même, je n'oserais raconter à personne ce que je fais, ni pourquoi je m'abandonne à l'obsession somptueuse qui m'habite et me domine. Lundi soir, huit heures, au métro Berri-de-Montigny, j'ai perdu sa trace. Mercredi soir, même heure même endroit, je la retrouve et, cette fois, je ne la lâche pas. Je la suis sans hésiter et sans fléchir. Dans ces moments-là, passe encore : on est mobilisé par la poursuite, on est pris par le jeu, soucieux de contrôler la situation et de ne pas éveiller l'attention. Mais après, quand on est seul dans la rue et

qu'il faut arpenter le trottoir en attendant qu'elle apparaisse à nouveau dans le hall de l'immeuble et qu'elle s'en
retourne prendre le métro, il faut tuer le temps comme on
peut, ne pas se faire embarquer par la police pour vaga-
bondage et surtout ne pas désespérer. C'est le temps qui
nous use alors... Pendant ce laps noir, elle est là-haut,
dans un appartement dont elle a la clef puisque je l'ai vue
la brandir avant de prendre l'ascenseur.

Plus je suis cette femme, moins je la comprends :
elle m'entraîne dans un labyrinthe dont je ne franchis
jamais le seuil. Je le franchis hypocritement plutôt : je
pénètre en voleur dans sa vie et je reste là, ensorcelé,
immobile, à la dévorer du regard et à imaginer tout ce que
je ne vois pas de mes yeux. Mais cet appartement anonyme de la rue Saint-Matthieu, est-ce le sien ou celui d'un
amant complaisant ?

J'ai honte. J'ai honte d'avoir violé son intimité, sa
vie, d'avoir démasqué ce beau visage serein. Je me sens
quelque chose d'un maniaque. Et à mesure que je m'en-
fonce dans cette entreprise insensée, je me désagrège en
éclats désordonnés, je me sens malade et ce qu'il y a
d'amour dans ma démarche est noyé par un flot de mor-
bidité et de folie. Je comprends qu'un détective privé
fasse ce que je fais parce qu'il est payé et mandaté pour
son travail ; mais moi je ne suis pas payé pour me laisser
envahir par cette femme que j'ai attendue pendant deux
heures, mercredi soir, devant un immeuble de la rue
Saint-Matthieu.

Je sais tout à propos de l'appartement : j'ai mis à
profit mon obsession et mon temps mort pour faire irrup-

tion dans l'appartement du concierge. Elle a loué l'appartement à son nom: Madame Vincent. J'ai mis un billet de cinq dollars sur le bureau du concierge et j'ai su tout le reste: qu'elle l'occupait depuis six mois, y venait peu souvent, avait exigé que son nom ne figure pas au tableau lumineux à l'entrée... Qu'est-ce qu'on ne dit pas à un détective privé — et cela, même sans avoir vérifié sa carte professionnelle? Mon stratagème n'avait rien de bien malin; il a réussi, trop même, car le concierge ne s'arrêtait plus: il savait qui venait la rejoindre. Il n'avait pas son nom, mais c'est tout juste... Un grand type portant des lunettes et tenant toujours un porte-documents marron...

C'est fou ce que c'est facile de tout savoir à propos d'une personne et de violer le secret le mieux gardé de son existence. Je n'aurais pas cru; et cette trop grande facilité n'a fait qu'encourager ma curiosité morbide. Je sais tout sur Madame Vincent. Je connais même celui qu'elle va retrouver régulièrement dans un appartement clos; c'est un homme convenable, marié lui aussi, et dont elle n'est pas nécessairement amoureuse...

Mais ce concierge, trop volubile, m'a dit qu'il n'y avait qu'un meuble dans l'appartement: un lit, un lit sans draps, sans couverture, sans rien, sans oreiller. Un matelas sur un sommier, rien d'autre: juste de quoi passer deux heures avec un homme, deux heures rapides qui ne laissent même pas le temps de se préoccuper de confort, ni celui de se recouvrir d'un drap après[10].

Après tout, cela n'est pas tellement rare de vivre une double vie. Cela n'est pas si incroyable de faire comme elle — de tromper son mari avec un autre, à intervalles réguliers et non sans procéder méthodiquement, voire même prudemment. La prudence est de règle dans le dérèglement organisé ! Tout cela est normal, prévisible ou, du moins, relativement ordinaire.

Ce qui ne l'est pas, c'est que cette femme soit suivie non moins méthodiquement par un homme qui se cache et qui est le mari.

Comme cela est pénible et pitoyable d'être le mari dans cette histoire ! Comme il me serait mille fois plus agréable d'être l'amant — celui qu'elle voit deux à trois fois chaque semaine dans un appartement que j'imagine faute d'avoir visité ! Ah, quel sombre habitacle que cet appartement dénudé, où cette femme gracieuse vient chercher l'absolu — quelques heures de plaisir adultérin qui, sans doute, l'aident un peu à supporter son existence trop ordinaire ! Elle n'est pas débauchée, ni vulgaire ; insatisfaite ? Non, pourtant : au contraire ! Et de cela, je suis certain, chaque nuit plus certain. Alors ?

...Alors à quoi ressemble cet épisode à répétition qu'elle vit chaque semaine et depuis six mois... et qui sait si elle ne continuera pas de faire la même chose pendant des années jusqu'à ce que son propre vieillissement ne la confine à la grise monotonie de son mari ?

C'est vraisemblable ; hélas, c'est écrit d'avance, presque vécu d'avance ! On pourrait croire qu'elle ne fait que se conformer à la norme modèle de comportement féminin ! Elle réussit son mariage d'autant qu'elle peut y échapper, par période régulière, pour s'offrir tout ce qu'une femme apparemment rangée peut s'offrir de plus grisant : une vie secrète, un amant, la sensation de n'être pas esclave d'un mariage et de l'accepter d'autant plus qu'elle s'en échappe sans jamais en contester la validité! Le luxe suprême, ce doit être cela: l'adultère, l'impunité adultérine implacable. Le luxe véritable, pour elle, commence dans les bras d'un homme qui lui coûte moins cher que des bijoux rares ou des œuvres d'art.

Elle vit dans le luxe inavouable d'une parfaite épouse et d'une mère impeccable. Elle s'offre quelques heures par semaine de pure impunité, sans culpabilité, sans remords, sans même soupçonner que j'ai découvert son inavouable penchant — sa drogue.

(suite)
C'est affreux. Je pourrais être un inconnu et savoir tout ce que je sais. Pourtant non! Je ne suis pas un inconnu, ni même un maniaque que le hasard aurait dirigé vers cette femme exceptionnellement belle. C'est moi, mais sans rien d'autre d'exceptionnel!

[fin été 1967]

NOTES

Rêve...

1. Publié sous la rubrique « Petite anthologie » dans *Le Trait d'union* (VI, 3, janvier-février 1945, p. 4), journal bimensuel du collège Sainte-Croix. Déjà, dans ce premier texte, se dessine un des thèmes récurrents de l'œuvre d'Aquin, soit l'altérité, la *présence*, problématique et difficile, *inquiétude* existentialiste, existentielle, sur laquelle se greffera plus tard la question de la sincérité envers les autres ; apparaît une figure qu'il développe dans la plupart de ses récits, la parodie. Ici, la parodie du récit lui-même joue sur la réduplication d'une même action dans deux contextes différents — le réel et le registre onirique.

Les fiancés ennuyés

1. Publié dans *Le Quartier latin* du 10 décembre 1948 (p. 4) ; repris dans *Blocs erratiques* (p. 17-19 ; © Les Éditions Quinze 1977). Au moment de la rédaction de ce texte, ou peu avant, Aquin lit *Hamlet* de Shakespeare et *Introduction à l'étude de saint Augustin* d'Étienne Gilson où apparaissent ces phrases sur la notion de l'Autre reprise dans les « Fiancés ennuyés » : « Elle (la mémoire) combine donc comme elle veut les éléments empruntés à la connaissance du monde sensible pour créer un monde imaginaire selon ses libres mouvements. De là, d'ailleurs, tant d'erreurs où nous induit cette volonté *conjunctricem ac separatricem** , en nous faisant prendre ses produits imaginaires pour une image fidèle de la réalité » (* de ce qui unit aussi bien que ce qui sépare — Paris, Vrin, 1929, p. 164-165). Les existentialistes, et surtout Gabriel Marcel, avec ce qu'il a appelé la *présence*, ont étudié la manifestation de l'autre et

ses relations avec le *moi*. Le recueil d'essais sur Gabriel Marcel, *L'Existentialisme chrétien* (Paris, Plon, coll. « Présences », 1947), notamment le texte de Roger TROISFONTAINES, « La notion de *Présence* chez Gabriel Marcel », a poussé Aquin à rédiger « Les fiancés ennuyés ». L'étude s'attarde entre autres à définir les relations possibles entre le *moi*, le *toi* et la création du *nous*.

Aquin lit aussi à cette époque *Souffrances et bonheur du chrétien* où François Mauriac imagine l'évolution d'une relation amoureuse (*Œuvres autobiographiques*, Paris, « Bibliothèque de la Pléiade », 1990, p. 136-137). Il transcrit dans son *Journal* une citation de Paul Valéry lue dans le livre de Mauriac : « Nous ne pouvons aimer que ce que nous créons. » (p. 44)

2. Aquin parodie cette parole attribuée à Dieu dans la *Genèse* : « Alors Dieu dit : "Faisons l'homme à notre image, selon notre ressemblance" [...] Et Dieu créa l'homme à son image ; il le créa à l'image de Dieu, homme et femme il les créa. » (1,26-27) Dans *L'Invention de la mort*, il renverse la proposition. À propos de Dieu, il écrit : « Les hommes l'ont créé à leur image et à leur ressemblance... » (p. 147). Dans son *Journal*, il paraphrase les lectures dernièrement faites : « Nous aimons, tant que nous pouvons "créer" l'autre — ou le *nous*, ce qui est encore plus grand et plus délicat. Il arrive que la création de soi-même qui a pris le contexte d'une amitié, qui s'est incarnée en elle, entretienne en retour cette amitié. Certains ont une infinie possibilité d'être créés, transformés (ainsi : certaines liaisons), et cela est le plus beau gage de réussite. D'autres sont trop vite finis, à jamais fixés : morts sous la banalité ou l'habitude. Cet arrêt marque pour un amour un début d'incompréhension : une hostilité naît quand l'un des deux est *arrêté* et que l'autre cherche intensément à avancer. Trop d'amitiés sont trop vite finies — elles ignorent misérablement l'infinie création mutuelle qui les attendrait, cette possibilité de perfection, d'amélioration qui est le sang d'un amour. Nous ne pouvons aimer qu'en tant que nous créons. Ce qu'en dit Gabriel Marcel : "L'amour *crée* et quand il s'arrête pour réfléchir sur lui-même, il cesse d'être amour." (*Exist. chrétien* 242) [...] "Il y a un *nous* quand l'amour le crée... Par

l'amour, le *je* sort de son apathie et devient créateur."» (3 décembre 1948, p. 45) La citation n'est pas de Gabriel Marcel mais bien de Roger TROISFONTAINES: «La notion de présence chez Gabriel Marcel», in *L'Existentialisme chrétien*, Paris, Plon, coll. «Présences», 1947.

3. Dans son *Journal*, Aquin a consigné une référence qui guide la lecture de cette nouvelle: «À propos de la création amoureuse, deux textes importants de Nédoncelle, *Vers une philosophie de l'amour* p. 17, 19» (Paris, Aubier, 1946; voir le Relevé des variantes, p. 309 du *Journal*, de la page 44, ligne 14). Il s'agit du premier chapitre intitulé «L'essence de l'amour» dans lequel on lit: «En principe, l'amant aspire à engendrer intégralement l'être aimé.» (p. 18) Et aussi: «Dans la géométrie des âmes, les lignes sont d'abord parallèles; c'est ensuite que les destins se touchent et se coupent.» (p. 20)

4. Dans le *Cantique des cantiques*, un désir semblable est souhaité: «Je suis à mon Bien-aimé et mon Bien-aimé est à moi.» (6,3)

5. «Le *moi* et le *toi* s'unissent. Forme sacrée de l'engagement, intervient alors le *serment*: les époux, les amis se jurent fidélité» (*L'Existentialisme chrétien*, p. 225). Dans *L'Invention de la mort*, la transsubstantiation apparaît au moment du suicide de René Lallemant: «Ceci est mon corps, ceci est mon sang.» (p. 152)

6. En épigraphe de son *Journal*, Aquin transcrit cette citation de Paul Claudel tirée de la *Cantate à trois voix* («Cantate de la vigne», in *Œuvres poétiques*, Paris, «Bibliothèque de la Pléiade», 1957, p. 346): «Ah, s'il ne veut pas t'emmener, il ne fallait pas lui prendre la main! Ah, s'il ne veut pas épuiser la coupe, il ne faut pas y mettre les lèvres!» (*Journal*, variantes, p. 309, 43.8)

7. Emploi inhabituel du verbe «parler» comme transitif direct. Cette tournure particulière, sans nécessairement parler de tic d'écriture, est répétée quelquefois.

8. Aquin note le mercredi 1er décembre 1948 dans son *Journal*: «C'est d'ignorance que vit l'amour: la part de l'incommunicable est épeurante entre deux mortels qui s'aiment. Marche funèbre

des amants — l'amour est lugubre — aussitôt qu'il s'éloigne de la joie. Nous avons perdu la joie, nous n'avons plus rien à nous dire, nous sommes des ratés.» (p. 44)

9. «À tout prix je dois me faire Robinson — et découvrir mon île inaccessible parmi cette mer en démence, société folle» (*Journal*, 9 novembre 1949, p. 83). Dans l'*Invention de la mort*, l'île est aussi un endroit rêvé, paisible: «[...] j'ai contourné mystérieusement Rambouillet, j'ai navigué autour de cette île sans l'effleurer. Depuis que j'ai connu Madeleine, tous mes projets d'amour se passent à Rambouillet» (p. 21).

10. Cette tournure québécoise, héritage du XVIIe siècle, ainsi que «pour le vrai», est toujours employée au lieu de «pour de vrai», locution familière utilisée en France. La locution provient de la substantivation de l'adjectif «vrai» pour désigner la vérité, *le vrai, pour vrai*.

Messe en gris

1. *Le Quartier latin*, 17 décembre 1948, p. 2. Aquin lit deux livres de Léon BLOY : *Le Salut par les Juifs* et *Le Mendiant ingrat II. Mon journal pour faire suite au Mendiant ingrat (1896-1900)*. Cette nouvelle, tout comme «Ma crèche en deuil» qui paraît un an plus tard, est influencée par le temps de l'Avent qui prépare la fête de Noël. Encore une fois, Aquin parodie des passages de la Bible, tout comme il le fera plus explicitement dans *Le Prophète* et dans *Les Rédempteurs*. Quant au titre, il demeure énigmatique. Il n'existe pas de célébration dominicale où le prêtre revêt une soutane grise. Il en porte une noire lors des cérémonies funéraires et le Vendredi saint, et une blanche à Pâques. «Messe en gris» peut aussi être une allusion à la messe noire.

Même si Aquin veut dénoncer la mainmise du clergé sur la société québécoise et participer à l'éveil des consciences en critiquant le dogme clérical, il demeure très près de l'enseignement des valeurs chrétiennes fondamentales, partage, bonté et message d'amour.

2. Aquin est influencé par les existentialistes qu'il lit assidûment. Dans l'ouvrage d'Étienne GILSON, *Introduction à l'étude de saint Augustin* (Paris, Vrin, 1929), qu'il a lu le 4 décembre, un long passage sur la parabole de la drachme perdue à la page 130 : « Une femme, dit l'Évangile (*Luc* 15,8) perdit une pièce de monnaie et prit une lanterne pour la chercher ; cette pièce était par conséquent cachée à sa vue, puisqu'elle la cherchait, mais présente à sa mémoire, puisqu'elle était capable de la reconnaître en la retrouvant. Mais il peut arriver qu'au lieu de chercher à l'aide de notre mémoire un objet perdu, nous cherchions cet objet à l'intérieur de notre mémoire même. [...] Ce souvenir était donc oublié, pour ainsi dire, de sorte que la mémoire, amputée d'une partie de son souvenir, errait en boitant, à la recherche de ce qui lui manquait. L'effort de l'âme en quête d'elle-même ne serait-il pas un fait du même genre ? »

3. Caïn ayant tué son frère Abel, il est condamné à fuir éternellement. Dieu s'adresse à lui en ces termes : « Qu'as-tu fait ! Écoute le sang de ton frère crier vers moi du sol ! Maintenant, sois maudit et chassé du sol fertile qui a ouvert la bouche pour recevoir de ta main le sang de ton frère. Si tu cultives le sol, il ne te donnera plus son produit : tu seras un errant parcourant la terre. » (*Gn*, 4,10-12).

4. Dans *Mon journal. Quatre ans de captivité à Cochons-sur-Marne*, Léon BLOY écrit le 31 décembre 1900 : « Nous apprenons, que par la volonté de Léon XIII, une messe sera célébrée à minuit dans toutes les églises paroissiales du monde pour l'ouverture du vingtième siècle. J'y renonce, étant forcé d'y aller seul. À minuit, cependant, nous tenons à nous unir à ce grand acte en demandant aussi bien que nous le pouvons, *la vie éternelle* pour nous et pour nos pauvres enfants. »

5. Un passage biblique sur la pauvreté se termine sur ces mots : « Car où est votre trésor, là aussi sera votre cœur. » (*Mt* 6,20-21, Le vrai trésor ; *Lc* 12,33-34) Mot proche du célèbre adage : « Il est des vérités que l'homme ne peut saisir qu'avec l'esprit de son cœur. » Aussi *Luc* 17 : « Le royaume de Dieu est au milieu de vous. »

Dans *L'Imitation de Jésus-Christ*, Livre III, chap. II, la réflexion qui suit le texte biblique va dans ce sens : «Il y a une voix qui nous parle intérieurement et comme dans le fond de l'âme... [...] Quand vous croyez être loin de moi, c'est alors souvent que je suis le plus près de vous.» Aquin note dans son *Journal* le 20 décembre 1948 : «Nos cœurs sont tendus à force d'absence, comme crispés sur leurs propres pensées [...] Puis séparés, ils continuent de sculpter leur solitude, et s'y enferment.» (p. 47) Il suit la thèse existentialiste qui veut que, si l'homme est l'initiateur de sa destruction, il l'est aussi de sa rédemption.

Pèlerinage à l'envers

1. *Le Quartier latin* du 15 février 1949 (p. 3) repris dans *Blocs erratiques* (p. 21-24 ; © Les Éditions Quinze). Sur un bout de papier, qui lui servait de signet et retrouvé dans son exemplaire du livre *De la connaissance de Dieu* de Henri DE LUBAC (Paris, *Témoignage chrétien*, 1941, p. 64), Aquin écrit : «Phrase que j'aurais pu mettre en exergue au "Pèlerinage à l'envers" *Nous ne sommes pas le Dieu que tu cherches* S. Augustin.» Son *Journal* révèle qu'il a lu ce livre onze jours après la parution de la nouvelle, donc le 26 février 1949.

L'influence de Léon BLOY, dont Aquin a lu *Le Salut par les Juifs* autour du 6 décembre 1948 ainsi que *Le Mendiant ingrat II* autour du 24 décembre, semble évidente en ce qui a trait à la rédaction de ce texte. On y lit ceci sur «l'envers» : «Tu as remarqué, bien des fois, et tu as fait remarquer le Texte de saint Paul disant que nous voyons tout dans un miroir, *à l'envers* par conséquent. Il faut aller à l'extrémité de cette parole nécessairement absolue, puisqu'elle est donnée par l'Esprit-Saint. *Donc nous voyons exactement* l'INVERSE *de ce qui est.* Quand nous croyons voir notre main droite, c'est notre main gauche que nous voyons, quand nous croyons recevoir nous donnons et quand nous croyons donner, nous recevons.» (3 juin 1899) La référence à saint Paul est tirée de la première Épître aux Corinthiens (*1 Cor*, 13,12). Cet extrait biblique est aussi cité par Charles DU BOS dans *Approximations*, Paris, Fayard, 1961, p. 1444. Aquin note dans son *Journal* le 30 décembre ce qui semble être un écho direct des mots de Bloy : « Dans le grand art la vie n'est jamais présentée directement : mais recréée à neuf, complètement projetée dans un autre univers qui est celui de la vision intérieure approfondie. Voilà la transposition intégrale. L'écrivain qui s'en est le plus rapproché, je pense que c'est Kafka. » (p. 51-52)

2. Tout comme lorsque Marie et Joseph arrivent à Bethléem. Aucun hôtel n'avait une seule chambre à louer. Marie donna naissance à Jésus dans une crèche non loin de la ville. (*Lc* 2,1-7)

3. Joseph d'Arimathie : membre notable du Sanhédrin — haute cour de justice pour la Palestine antique —, demanda à Pilate le corps de Jésus qu'il descendit de la croix, enveloppa dans un linceul et ensevelit dans une tombe. (*Mt* 27,57-61 ; *Mc* 15,42-47 ; *Lc* 23,50-55 ; *Jn* 19,38-42)

4. Le *Te Deum* est un hymne de louanges à Dieu (*Psaumes*, 135 et suivants). Dans *Le Mendiant ingrat II. Mon Journal 1896-1900, pour faire suite au Mendiant Ingrat* (voir le *Journal* d'Aquin page 87), Léon BLOY écrit le 4 juin 1899 : « Même le *Te Deum* est travesti en cette langue où le somptueux Cantique a l'air d'être vêtu de guenilles. »

5. Dans son article, Troisfontaines cite Gabriel Marcel : « Lorsque je dis : *Je me suis trompé sur lui*, cela veut dire : *Je l'ai inexactement construit.* » (*L'Existentialisme chrétien*, p. 248) Ce passage est tiré du *Journal métaphysique* (Paris, Gallimard, 1928, p. 226) qu'Aquin lit autour du 15 avril 1949 (voir *Journal*, p. 89). Aquin utilise aussi « tricher » qu'il répète à la toute dernière phrase du texte. Le 19 novembre 1952, il note dans son *Journal* : « L'aventure est une sorte de tricherie, une fausse réalité car on veut qu'elle existe mais on refuserait de la vivre jusqu'au bout. » (p. 140) Le mot revient dans *Prochain épisode* (p. 14). Le héros, interné dans une clinique surveillée, songe au système qui l'a emprisonné : « Tout cela ressemble à une formidable tricherie, y compris le mal que je ressens à l'avouer. »

6. Aquin écrit le 7 février 1949 dans son *Journal*: « Elle me dit que j'attends trop d'elle ; que cela la tracasse et peut me faire souffrir ; que notre amitié devrait ressembler à l'horrible masse des autres camaraderies. » (p. 58)

7. À la *Fête de la Dédicace* (*Jn* 10,22-39), alors que Jésus se déclare Fils de Dieu, les Juifs veulent le lapider : « Les Juifs lui répliquèrent : *Ce n'est pas pour une bonne œuvre que nous te lapidons ; c'est pour un blasphème : parce que toi, qui n'es qu'un homme, tu te fais Dieu.* » (*Jn* 10,33) Aquin place en épigraphe du texte de théâtre *Le Prophète* cette citation tirée de l'Évangile de saint Matthieu (23,37) : « Jérusalem, Jérusalem, qui tues les prophètes et qui lapides ceux qui te sont envoyés. » Dans ce texte, Jacques est pris, malgré lui, pour un sauveur par ses amis qui le poussent à défendre leur cause. Comme Jacques ne veut pas parler devant le peuple au nom de leur groupe, ce dernier se retourne contre lui jusqu'à ne plus reconnaître le visage qu'il lui avait donné : « Tais-toi. Je ne veux plus entendre ce fou », et ils finissent par le tuer : « Vous auriez fait la même chose... Juifs ! ! ! » Cette fiction reprend, un peu comme dans « Les fiancés ennuyés », la représentation fausse ou l'image faussée, mais cette fois, le personnage est pris pour le Christ.

Histoire à double sens

1. *Le Quartier latin* du 18 mars 1949, p. 3. Aquin lit le 2 mars *Introduction aux existentialismes* d'Emmanuel MOUNIER dans lequel figure un chapitre sur « Le thème de l'autre ». La relation avec l'autre est quasi impossible ou bien tiraillée : « Deux hommes ensemble sont deux êtres qui se guettent pour s'asservir afin d'éviter d'être asservis. » (Paris, Denoël, 1947, p. 97) L'expression « double sens » se présente à trois reprises sous la plume de Mounier dans ce chapitre seulement. Elle revient à maintes reprises dans *L'Invention de la mort* (1959) : « [...] caresses trop habiles du matin me hantaient comme autant d'indices à double sens » (p. 51) ; « [...] je lui cherchais un double sens » (p. 79) ; « D'ailleurs les raisons de vivre sont

à double sens et portent, en elle, le principe de leur contradiction. » (p. 124) Plus tard, en août 1970, il travaille à un téléthéâtre intitulé *Double sens* qui commence par ces mots : « Pourquoi le miroir représente-t-il à gauche le côté droit de nos corps ? Les images sont autant de masques aussi légers et capricieux que les visages... »

2. G***, « Dédicataire probable de la nouvelle *Histoire à double sens* », selon la note 7 de Bernard Beugnot (*Journal*, p. 278). Aquin note le 14 février 1949 dans son *Journal*, en pensant à G*** : « Je ne verserai plus de larmes pour elle : j'éprouve un plaisir hypocrite à tripoter une âme agonisante. Si je suis incapable de la faire ressusciter, je devrai la tuer d'un coup. » (p. 59)

3. Le lundi 7 mars 1949, après être allé au Community Hall de Ville Mont-Royal, Aquin note : « Nous y découvrons un château merveilleux, inconnu, où nous entrons main dans la main. À l'intérieur c'est la fête. Dans ce château secret nous avons dévoilé tout un royaume à nous deux ; et ne franchirons-nous pas le porche. » (p. 62) Dans *Prochain épisode*, une scène se déroule dans un château, celui de H. de Heutz (p. 117 et suivantes). Les conditions et l'atmosphère sont fort semblables : « H. de Heutz ne m'a jamais paru aussi mystérieux qu'en ce moment même, dans ce château qu'il hante élégamment. Mais l'homme que j'attends est-il bien l'agent ennemi que je dois faire disparaître ? »

4. Dans son *Journal*, Aquin commente un mot de Charles Du Bos à propos de Nietzsche, « Penser contre soi-même » : « Il y a aussi aimer contre soi-même : aimer ceux qui nous blessent, nous humilient, aimer des plus forts que nous. On dirait que la destinée de certains tient dans cet ardu travail contre eux-mêmes : ils sont leur propre bourreau, ne cessent de talonner, de s'épier, d'exiger d'eux-mêmes le difficile. [...] Ils se font leur propre destructeur ; voilà bien le symbole de l'autocritique. Ils ne s'affirment vraiment que dans ce geste d'autodestruction personnelle par l'esprit, par le cœur. » (18 février 1949, p. 60) « Quand je suis intérieurement très rabattu, je déborde de personnages — et de ceux surtout qui sont la risée ou la vengeance de moi-même. L'acteur joue contre lui-même. » (20 septembre 1949, p. 79) En 1950, Aquin signe un arti-

cle, « Massacre des cinq innocents », où il joue le rôle d'un lecteur abusé qui écrit au directeur du *Quartier latin* alors qu'il occupe lui-même le poste à ce moment. Il ajoute avant de signer : « Contre vous toujours ». Cette expression figure aussi dans le *Journal 1889-1939* de Gide (Paris, « Bibliothèque de la Pléiade », 1951 ; BIB).

5. « Autrui est par principe l'insaisissable : il me fuit quand je le cherche et me possède quand je le fuis. » (Jean-Paul Sartre, *L'Être et le néant*, Paris, Gallimard, coll. « Bibliothèque des idées », 1943, p. 479)

6. Ces deux dernières phrases renvoient probablement à la pièce de Shakespeare, à la scène où Hamlet tue Polonius derrière la tapisserie (acte III, scène 4).

7. Aquin écrit dans le *Journal*, le 13 mars 1949 : « À aimer quelqu'un, qui me ressemblait si peu, je me suis cherché moi-même d'autant plus. Notre amitié était une situation extrême, quelquefois elle tenait par miracle. Je me suis abandonné à cette aventure ; il le fallait, pour maintenant voir clair en moi. Depuis longtemps je me débats entre ce que je vois et ce que j'aime encore. Mais l'un tuera l'autre. » (p. 62)

Dieu et moi

1. *Le Quartier latin* du 29 novembre 1949 (p. 3). Le projet de la rédaction de ce texte est signalé par Aquin dans son *Journal* le 8 septembre (p. 78). Figurent sans suite apparente « Éloge de l'impatience », qu'il publie dans *Le Quartier latin* du 19 novembre, et « Interview de Dieu ». L'orthographe du mot « interviews » employé plus loin suit l'usage généralisé au *Quartier latin*.

2. Dans son livre *Qui est cet homme*, lu autour du 22 novembre, Pierre Emmanuel revient souvent sur la relation idée-symbole. Par exemple : « [...] sans la chair des symboles, l'idée n'est qu'un tas d'ossements » (p. 88). Ou bien : « Jusqu'alors, je ne voyais dans le symbole qu'un beau hasard de l'imagination : l'image n'était point un lieu de forces, mais une rencontre agréable et fortuite de mots. Un mélange, dont la teinte et l'aspect constituaient les seuls carac-

tères propres, ses divers éléments (les vocables) demeurant inaltérés dans leur sens.» (p. 98) Ou encore : «Mais la réflexion sur le langage des symboles n'entraîne pas d'elle-même à s'en servir : il me fallait quelque nécessité, d'un autre ordre qu'intellectuel, qui me déterminât à m'exprimer par images.» (p. 171) (Les renvois concernent l'édition du Seuil parue sous le titre *Autobiographies* en 1970.)

3. Avoir foi en Dieu est la seule façon de le joindre pour Gabriel MARCEL : «La seule liaison qu'il soit possible de penser entre Dieu et le monde ne s'établit que dans la foi et par elle, c'est-à-dire qu'elle réside dans la médiation perpétuelle du croyant.» (*Journal métaphysique*, p. 36)

4. Pierre EMMANUEL écrit à propos de la morale : «la morale ne s'y passe pas de la terreur» (p. 58) ; et plus loin, de l'absence : «mais l'image d'un homme, fût-elle la plus aimée, ne nous brûle de remords que pour un temps» (p. 87).

5. Un passage du livre de Pierre EMMANUEL peut être rapproché de ce fragment : «ce langage inouï m'envahissait, les digues de la logique rompues ; car je renonçais à comprendre, pour mieux être saisi. Une logique nouvelle, un vaste mouvement de procession des symboles, me traversait ainsi qu'un fleuve qui se creuse un lit dans l'épaisseur. [...] je n'étais ni sourd, ni aveugle, mais grisé ; j'eusse volontiers consenti à ce langage, comme on consent à figurer l'au-delà, ce qui donne à l'imagination le champ libre, en dehors des contraintes que s'impose l'esprit.» (p. 87)

6. «Laissez faire ces enfants, ne les empêchez pas de venir à moi...» (*Mt* 19,13-15 ; *Mc* 10,13-16 ; *Lc* 18,15-17)

7. L'orgueil est le crime que commet l'Ange Rebelle, car il voulut se faire l'égal de Dieu. (Voir *L'Imitation de Jésus-Christ*, Livre III, chap. VIII)

8. Dans un texte postérieur de cinq mois à celui-ci, Aquin écrit : «Certains jours je mets le Christ de côté, je l'oublie ; d'autres fois je me place devant lui orgueilleusement et je veux le tenir à distance, lui résister : c'est qu'il me dérange, il exige que je donne tout sans comprendre, il ne me laisse même pas le privilège d'être indifférent ou paresseux.» («Le Christ ou l'aventure de la fidélité»,

Le Quartier latin, 21 mars 1950; voir *Mélanges littéraires*, tome I, p. 42-45)

L'enfer du détail

1. *Le Quartier latin*, 6 décembre 1949, p. 3.

2. Claude Paulette est alors chef des nouvelles au *Quartier latin*. De janvier à mars 1950, il écrit le feuilleton «Tétanos le téméraire» en collaboration avec Aquin, Jean-Guy Blain et Luc Geoffroy.

3. Tout comme Antoine Roquentin du célèbre roman de Jean-Paul SARTRE, *La Nausée*.

4. Barbarisme dérivé du verbe «jouir».

5. Dans son livre *Essai sur la compréhension des valeurs* (Paris, PUF, 1945), Raymond POLIN écrit: «En créant, le parfait expulse l'imperfection de sa création hors de lui-même et se purifie en chargeant d'imperfections le transcendé ainsi créé.» (p. 108) Aquin lit cet ouvrage le 21 novembre 1949. Selon Jean-Paul Sartre, l'homme libre peut (a)*néantir* son passé et son milieu, imparfaits et affectés d'un manque, dans le but de se guérir en se transformant. Il appartient à l'homme libre ou en quête de liberté, «de faire son être lui-même jusque dans le moindre détail» (Jean-Marie GRÉVILLOT, *Les Grands Courants de la pensée contemporaine*, Paris, Vitrail, 1947; 3ᵉ éd., 1954, p. 44).

6. Dans «Le Jouisseur et le saint» (*Le Quartier latin*, 24 janvier 1950), texte sur la sincérité dans lequel est cité Pierre Emmanuel, ces mots d'Aquin: «Le jouisseur met son absolu dans sa spontanéité physique, et le saint dans son idéal de perfection.» (Voir *Mélanges littéraires*, tome I, p. 34-36; 387-388)

7. Dans un texte contemporain, «Discours sur l'essentiel», Aquin écrit: «J'ai remarqué avec détresse que les gens se scandalisent pour de l'accessoire et que l'essentiel leur échappe abominablement.» (*Le Quartier latin*, 9 décembre 1949, p. 1; voir *Mélanges littéraires*, tome I, p. 31-34; 387)

Ma crèche en deuil

1. *Le Quartier latin*, 16 décembre 1949, p. 5.

2. Allusion *a contrario* aux sept péchés capitaux qui sont l'orgueil, l'avarice, l'impureté, l'envie, la gourmandise, la colère et la paresse.

3. Voir note 36 de «Dieu et moi».

4. Pour Léon BLOY, non seulement les Juifs ont crucifié Jésus, mais ils le crucifient toujours et à perpétuité car ils refusent, selon lui, de croire en lui: «Jésus est toujours crucifié, toujours saignant, toujours expirant, bafoué par la populace et *maudit par Dieu lui-même*... [...] Faites-moi pleurer avec Vous, *faites-moi porter la mort du Christ*, faites-moi le convive de sa Passion et le miroir de ses Plaies.» (*Le Salut par les Juifs*, Paris, Union générale d'édition, coll. «10/18», 1983, chap. XVIII, p. 56). Ces paroles éclairent une phrase non moins extrême qu'Aquin met dans la bouche de celui qui assassine ledit prophète, à la toute fin de sa pièce *Le Prophète*: «Vous auriez fait la même chose... Juifs!!!»

5. L'Avent, qui signifie «arrivée», temps de préparation spirituelle à la venue du Sauveur, invite les chrétiens à se convertir et à se tourner vers Dieu: «Portes, levez vos frontons, élevez-vous, portes éternelles, qu'il entre, le roi de gloire!» (*Ps* 24,7) Dans la préparation de la naissance du Christ, l'Avènement final est évoqué.

Tout est miroir

1. *Le Quartier latin*, 21 février 1950, p. 7; repris dans *Blocs erratiques* (p. 29-31; © Les Éditions Quinze).

2. Alors qu'il vient de lire le *Journal III, 1940-1943* de Julien GREEN et *Les Mariés de la Tour Eiffel* de Jean COCTEAU, Aquin note: «À vouloir ne rien dire que l'essentiel on avance très lentement. L'on veut trop. Ne pas oublier que l'art est aussi une fête: il a quelque chose de gratuit, de dégagé; un air de fête qu'il ne faut pas négliger.» (*Journal*, 7 février 1949, p. 58) Aquin réprimera cette réflexion, qui accuse Green quelques années plus tard, quand il re-

copie *Les Rédempteurs* : « Je ne suis pas sûr qu'il rende cet essentiel que j'ai voulu y mettre. » (*ibid.*, 31 mars 1952, p. 121) Puis, poursuivant une réflexion sur l'art et la fête entreprise la veille, Aquin note dans son *Journal*, inspiré par la lecture de *L'Amour fou* d'André BRETON (Paris, Gallimard, 1937) : « Cette fête est excédante, trop forte ; il est un miroir où je me vois depuis trop longtemps et que tout à coup je fracasse de mon seul regard concentré. Le propre de l'art est de surprendre l'homme en flagrant délit ; même celui qui s'attend à tout, garde un secret effroyable ou grandiose. C'est là que frappe l'art — *c'est comme si je m'étais perdu et qu'on vient tout à coup donner de mes nouvelles.* André Breton, *L'Amour fou* 13 — L'art doit toujours aller trop loin. » (24 mars 1949, p. 65) La référence est exacte mais la phrase de Breton doit se lire comme suit : « c'est vraiment comme si je m'étais perdu et qu'on vient tout à coup donner de mes nouvelles ». Tout ce fragment qu'il consigne le 24 mars sera repris presque tel quel dans les « Pensées inclassables » (*Le Quartier latin*, 24 janvier 1950 ; *Mélanges littéraires,* tome I, p. 36-38).

3. Sur la dissemblance entre l'objet souhaité et la trouvaille, BRETON écrit que la trouvaille « seule a le pouvoir d'agrandir l'univers, de le faire revenir partiellement sur son opacité, de nous découvrir en lui des capacités de recel extraordinaires, proportionnées aux besoins innombrables de l'esprit ». Il ajoute : « La vie quotidienne abonde, du reste, en menues découvertes de cette sorte [...] Le délire d'interprétation ne commence qu'où l'homme mal préparé prend peur dans cette *forêt d'indices.* » (*L'Amour fou*, p. 21-22)

4. Néologisme rappelant le terme anglais.

5. Néologisme créé à partir d'étriper.

6. Aquin pense-t-il à cette phrase de FLAUBERT qu'il prend en note : « Le monde n'est qu'un clavier pour l'artiste », alors que les mots exacts sont : « Le monde n'est qu'un clavecin pour le véritable artiste » ? (*Correspondance*, lettre du 24 février 1842 à Ernest Chevalier ; extrait cité dans *Signé Hubert Aquin. Enquête sur le suicide d'un écrivain*, Montréal, Boréal Express, 1985.)

7. Québécisme utilisé pour « renforcer » ; vient d'« enforcier » ou « enforcir » et de « renforcier ».

8. Aquin songe-t-il à ce mot fameux de Flaubert : « Mais dans l'idéal que j'ai de l'art, je crois qu'on ne doit rien montrer, des siennes, et que l'Artiste ne doit pas plus apparaître dans son œuvre que Dieu dans la nature. L'homme n'est rien, l'œuvre tout ! » ? (*Correspondance Flaubert - Sand*, Paris, Flammarion, 1981, lettre 409, p. 513) Si Nietzsche annonce au XIXᵉ siècle que « Dieu est mort », l'idée a déjà été énoncée par quelques écrivains et philosophes. Dostoïevski par exemple, dans *Les Possédés* : le héros Stavroguine déclare que si Dieu n'existe pas, c'est dire qu'il est lui-même Dieu (cité par Sartre dans *L'Être et le néant*, p. 653). Sartre, pour qui « l'homme est l'avenir de l'homme » (citation de Francis PONGE dans *L'Existentialisme est un humanisme*, Paris, Nagel, 1946, p. 38), écrit dans *L'Être et le néant* que « l'homme est l'être qui projette d'être Dieu » (p. 653), que « l'homme est fondamentalement désir d'être Dieu » (p. 717) ; non seulement l'homme est « porté vers Dieu comme vers sa limite » (p. 654), il est « Homme-Dieu » (p. 664) et ce « projet d'être-Dieu » est « la structure profonde de la réalité humaine » (p. 670).

Le dernier mot

1. *Le Quartier latin* du 24 octobre 1950, p. 2 ; repris dans *Blocs erratiques* (p. 15-16 ; © Les Éditions Quinze).

2. Tout ce paragraphe rappelle l'épisode de la transfiguration du Christ (*Mt* 17,1-8 ; *Mc* 9,2-8 ; *Lc* 9,28-36 ; *2 P* 1,16-18). Seulement, ici, il s'agit plutôt d'une volatilisation en encens, d'une « suspension douloureuse entre l'homme et l'ange ». Cette désincarnation est ensuite moquée dans le sourire final, incarné, lui, chez la femme aimée.

3. Dans son *Journal*, Aquin désigne celle qu'il aime par ces mots, « mon amie » : voir le 26 novembre 1948 ; 1ᵉʳ, 20, 23 et 29 décembre 1948 ; 7 et 20 février 1949 ; 3 octobre 1949 ; 7 et 13 novembre 1949 ; 29 août 1952.

Rendez-vous à Paris

1. *Le Quartier latin* du 16 février 1951, p. 4, sous la rubrique
« Les Arts ».

2. Ni ce boulevard, ni le Pont de l'Inconséquence, n'existent.

3. Terme employé dans certaines régions du Québec qui signifie « frapper » ; on lutte quelqu'un ou quelque chose.

4. Ce paragraphe n'est pas sans rappeler l'apparition du Christ
ressuscité aux disciples d'Emmaüs (*Mc* 16,12-13 ; *Lc* 24,13-35).

5. Dans la Bible, il est écrit que le Christ redescendra sur
terre pour accomplir le Jugement dernier, c'est-à-dire au dernier
jour, à la résurrection des morts (*Mt* 25,31-46 ; *Ap* 20,11-15 ; *Rm*
2,1-11). Dieu voulut détruire Sodome et Gomorrhe mais l'interces-
sion d'Abraham le convainquit de n'en rien faire : « Vas-tu vraiment
supprimer le juste avec le pécheur ? Peut-être y a-t-il cinquante justes dans la ville. Vas-tu vraiment les supprimer et ne pardonneras-
tu pas à la cité pour les cinquante justes qui sont dans son sein ? »
De cinquante, Abraham se rend à dix, et chaque fois Dieu répond :
« Je pardonnerai à toute la cité à cause d'eux. » (*Gn* 18,16-33)

6. Respectivement ville du secret et ville de la rébellion que
Dieu détruisit en y faisant pleuvoir du soufre et du feu à cause de
sa dépravation (*Gn* 19,1).

7. Charles Du Bos, dans une lettre à André Gide, écrit à
propos de *Numquid et tu* : « Le passage, qui me fut toujours si cher,
me retient plus que jamais — dialogue avec le Christ : *Il y a du
reste, dans ton cas beaucoup plus de manie que de désir véritable
— manie du collectionneur qui se doit de ne pas laisser échapper
cette pièce — comme si sa collection de péchés pouvait jamais être
complète ! comme s'il en fallait un de plus pour compléter sa per-
dition !* et je le rapproche de ce passage-ci de l'autre dialogue :
*Pardon, Seigneur ! oui, je sais que je mens. Le vrai c'est que cette
chair que je hais, je l'aime encore plus que vous-même, je meurs
de n'épuiser pas son attrait. Je vous demande de m'aider mais
c'est sans renoncement véritable* » (*Lettres de Charles Du Bos et
réponses d'André Gide*, Paris, Corrêa, 1950, p. 128-129).

8. Place octogonale située près du Palais-Royal à Paris.

Notes

L'intransigeante

1. *Le Haut-Parleur*, vol. II, n° 29, 21 juillet 1951, p. 5 ; hebdomadaire anticlérical.

Les Rédempteurs

1. Précédant le texte des *Écrits du Canada français*, une présentation d'Aquin précède sa nouvelle : *HUBERT AQUIN — Licence de philosophie de l'Université de Montréal* (1951). *Études à Paris : Institut d'études politiques ; Faculté des lettres, Sorbonne. Actuellement directeur-adjoint du Service des émissions éducatives et des affaires publiques à Radio-Canada. A écrit pour la télévision trois pièces :* Passé antérieur, *donnée en 1955, ainsi que* Le Choix des armes *et* Oraison funèbre. *Travaille à un roman.*

2. Allusion à la rédemption de l'homme par l'homme, qui constitue un motif fondamental dans toute l'œuvre d'Aquin. En janvier 1949, il écrivait dans son journal : « G***, j'appelle encore une Rédemption. Bientôt il sera trop tard. » (p. 56) Aquin reprend ce thème dans son journal à plusieurs reprises (voir 20 octobre 1952, 15 février 1953 et 23 août 1962). Dans « Pèlerinage à l'envers », le narrateur, qui repose dans le tombeau du Christ, avoue se sentir « des penchants de rédempteur » et il ajoute : « il me semblait que je venais de mourir pour les péchés des hommes ». Le protagoniste du *Prophète* fait figure de rédempteur et de sauveur d'un peuple alors que dans *L'Invention de la mort*, il est encore question de rachat et de rédemption par le plaisir (p. 97 et 102). Dans *Trou de mémoire*, il est question de « l'avènement d'un messie colonial » quoique dans un contexte blasphématoire (p. 107).

3. D'emblée, l'auteur situe le drame au temps des origines du monde et de l'humanité telles que racontées par la Genèse, les expressions temporelles « en un temps » et « avant les prophètes » évoquant ces mots du récit biblique : « au commencement ».

4. La ville d'Édom (*Gn* 36), située au sud de la mer Morte, est peuplée par les générations d'Ésaü, si bien qu'il est écrit que

«Ésaü est Édom» (*Gn* 36,19). Ésaü eut cinq fils, dont Éliphaz; repris dans *Les Rédempteurs*, il fait partie du «Conseil des vieux de la cité», il est aussi le «doyen de la ville».

5. Ashkenaz, fils de Gomer, lui-même fils de Japhet de la descendance de Noé, a sans doute servi d'origine au nom de Kénaz (*Gn* 10,1-3). Également, Cénez ou Quenaz, éponyme des Quenizziens, est un des fils d'Éliphaz et le frère de Teyman (*Gn* 36,10-11). Le Quénite est un gentilice du nom de Caïn, qui signifie celui qui doit errer.

6. La place du Temple renvoie au Nouveau Testament. Place publique et sacrée, lieu de rassemblement donc, c'est dans le Temple que Jésus prêche et enseigne la parole divine tout comme Sheba le fait dans *Les Rédempteurs* (voir *Mc* 11,11 à titre d'exemple).

7. Le nom d'Aram semble tiré de la liste de noms des fils de Sem, qui fait également partie des clans des descendants de Noé (*Gn* 10,22). Aram est aussi le nom biblique de la Syrie.

8. Dans la Genèse, la première mention de Sheba indique qu'il était fils de Rama et petit-fils de Cham, toujours de la descendance de Noé (10,7).

9. On trouve dans le récit biblique de la création du monde un Héman, fils de Séïr le Horite, chef des indigènes du pays (*Gn* 36,22). La référence correspondait en partie à la marginalité du personnage d'Héman qui refuse la condamnation du peuple d'Édom et choisit la fuite plutôt que le sacrifice. Par rapprochement phonétique, le mot renvoie à un registre sémantique assez large. Héman, c'est aimant: l'être qui aime, aussi celui qui attire. C'est aussi *émane*, du verbe émaner. Héman renvoie à *amen*, la fin et le commencement.

10. Aucun nom de lieu ne correspond à celui de Basmath dans la Bible, mais une des épouses d'Ésaü, fille d'Ismaël, s'appelait Basmat (*Gn* 36,3). Aquin lui a sans doute emprunté son nom pour sa maison d'hommes.

11. Les nombreuses interventions spectaculaires de Jésus obligent les gens à reconnaître sa nature exceptionnelle, sa puissance et ses vertus de sauveur du monde: «Durant le séjour qu'il fit

à Jérusalem pour la Pâque, beaucoup crurent en son nom, à la vue des signes qu'il accomplissait. » (*Jn* 2,33)

12. Ce passage rappelle les réactions ambivalentes des Juifs face aux guérisons miraculeuses accomplies par le Christ. Ainsi lit-on dans l'Évangile selon saint Jean : « On chuchotait dans les groupes à son sujet. Les uns disaient : "C'est un homme de bien" ou, disaient les autres : "Il trompe le peuple". » (7,12)

13. Caïphe prophétisa que Jésus devait « mourir pour la nation, — et non seulement pour la nation, mais encore pour rassembler dans l'unité les enfants de Dieu dispersés » (*Jn* 11,51-52).

14. Dans la Bible, Élisha est fils de Yavân, dont le père se nomme Japhet. Il est écrit qu'« à partir d'eux (les fils de Japhet) se fit la dispersion dans les îles des nations » (*Gn* 10,4-5). La fuite du couple Élisha-Héman assurera précisément la dispersion et la continuité possible du genre humain.

15. Élisha, la première femme, annonce le personnage de Madeleine de *L'Invention de la mort* que l'auteur lui-même considère comme la rédemptrice, celle par qui le salut est possible (*Journal*, 12 août 1962 ; voir également Nicole BÉDARD, « L'apport d'un inédit : *L'Invention de la mort* », *Revue d'Histoire littéraire du Québec et du Canada français*, nº 10, été-automne 1985, p. 52, note 5). Dans *Les Rédempteurs*, la compagne d'Héman s'avouera « capable de tout payer, de tout racheter » au nom de l'amour (p. 32). La narratrice de *L'Antiphonaire*, Christine, sorte d'antéchrist, reprend précisément l'image du Rédempteur à l'envers : « cette pauvre chienne c'est moi, Christine, médecin pour les pauvres, battue et rebattue par son mari, violée au passage par un pharmacien élégant, humiliée [...] je vidai [...] des tiroirs de produits de beauté (qui me servirent à masquer — tant bien que mal — ma *sainte face*) » (Montréal, Bibliothèque québécoise, 1993, p. 78 ; c'est nous qui soulignons). Enfin, *Neige noire* se termine sur une image de rédemption au féminin dans la personne d'Éva à qui Linda déclare : « Le Christ s'est réincarné en toi. » (Montréal, Bibliothèque québécoise, édition de Pierre-Yves Mocquais, 1997, p. 276)

16. Le couple se construit sur la solitude, l'impossibilité, la défaite, la mort et l'absolu dans les récits d'Aquin, des nouvelles à *Neige noire*. Celui d'Élisha et d'Héman amorce, entre l'homme et la femme, un rapport amoureux ambigu fait de malentendus que la fiction aquinienne multiplie.

17. Tout comme le Christ, Sheba est accusé de se prendre pour Dieu. La figure de l'imposteur apparaît dès les premières nouvelles. Dans «Pèlerinage à l'envers», le narrateur, qu'on prend à tort pour Jésus-Christ, se voit finalement incriminé d'imposture : «Cet homme-là n'est pas le Christ!» Dans *Le Prophète*, qu'Aquin semble vouloir intituler *le Roi des Juifs* dans son journal (12 juillet 1952, p. 126), le protagoniste, incarnation du Sauveur, est vu lui aussi comme un imposteur, un traître, et sera assassiné par son peuple (p. 27). L'imposture d'ordre moral s'estompe dans les romans suivants au profit d'une méprise de caractère politique et d'un jeu verbal propre à l'esthétique baroque; la mystification demeure toutefois au centre du travail d'écriture.

18. Sheba, semblable au Christ, «paraît» ou «apparaît». L'usage du verbe est identique dans *Le Prophète*.

19. Ces mots de Sheba, «Avant longtemps, je vous le dis», sont une reprise des paroles du Christ aux apôtres : «En vérité, en vérité, je vous le dis...» qui reviennent constamment dans les Évangiles (voir *Jn* 3,3 ; 5,19 ; 5,24 ; 5,25 *sq*.). On en retrouve un écho dans *Trou de mémoire* : «En vérité, mes frères» (*op. cit.*, p. 109).

20. Jésus demande sans arrêt à ses disciples et à la foule de le suivre : «Venez à ma suite» (*Mc* 1,17) ; «Suis-moi» (*Mc* 2,14 ; 9,21 ; *Jn* 1,43) tout comme Jacques (*Le Prophète*) invite le peuple à l'accompagner dans sa démarche : «Que ceux qui veulent me suivent sur d'autres chemins.» (p. 27) «Suis-moi» et ses variantes est un leitmotiv du Nouveau Testament. L'appel aux disciples s'effectue sur un mode similaire : «Étant sorti, Jésus vit, en passant, un homme assis au bureau de la douane : son nom était Matthieu. Il lui dit : "Suis-moi !" Et, se levant, il le suivit.» (*Mt* 9,9)

21. Comme l'a signalé Alain Carbonneau, le thème de la détérioration et de la pourriture corporelles domine l'écriture des

nouvelles et se prolonge jusque dans les derniers textes (« De quelques apports de l'édition des nouvelles », *Bulletin de l'ÉDAQ*, n° 7, mai 1988, p. 67). Dans *Obombre*, Aquin écrit : « Mais ce n'est pas seulement la main gauche qui vieillit, j'en sais quelque chose. Passe encore la sécheresse du visage, l'affaissement des traits, mais cette fébrilité musculaire qui ne cesse de s'accroître et de me fragmenter insidieusement […] » (*Liberté*, n° 135, mai-juin 1981, p. 17 ; *Mélanges littéraires I, op. cit.*, p. 340).

22. On peut lire dans la Genèse que « Yahvé vit que la méchanceté de l'homme était grande sur la terre et que son cœur ne formait que de mauvais desseins à longueur de journée » (6,5).

23. Ésaü, l'ancêtre des Édomites, fils d'Isaac et de Rébecca, avait vendu son droit d'aînesse à son frère Jacob pour un plat de lentilles. La faute d'Ésaü rappelle celle d'Adam, soit la faute originelle, et la nécessité du rachat. La malédiction et la condamnation divines rejaillissent sur toute la descendance des fils d'Adam. Si Aquin tire nombre de ses références de la Genèse où l'on trouve des listes onomastiques interminables visant à établir la descendance et l'autorité des patriarches, c'est peut-être que, finalement, ce problème de descendance, voire de continuité et de prolongement, s'avère aussi fondamental dans *Les Rédempteurs* que dans le récit biblique. Gilles THÉRIEN a souligné cet aspect à propos de *L'Antiphonaire* : « Sans généalogie, sans descendance, c'est la fin de l'histoire, c'est l'impossibilité, selon les notes d'Aquin [...] de s'inscrire dans le temps. » (*op. cit.*, p. LVI) La tragédie du *Prophète* se situe également dans le cadre chrétien de la chute et de la rédemption. La pièce se termine sur ces paroles de l'Évangile : « JE SUIS VENU DANS LE MONDE, MOI QUI SUIS LA LUMIÈRE, AFIN QUE QUICONQUE CROIT EN MOI NE DEMEURE PAS DANS LES TÉNÈBRES. » (*Jn* 12,46 ; en majuscules dans le tapuscrit)

24. La métaphore de la bête dangereuse (ici la foule) qu'on retrouve à plusieurs reprises dans le récit (associée à la rage de Sheba, aux deux frères, à Sichem et à Shamma) rappelle le Léviathan, monstre marin de la Bible (*Jb* 40,25s). L'Apocalypse développe aussi cette figure de bête effrayante (13,1-3). Enfin, l'image

de la foule bestiale revient dans le septième tableau du *Prophète* (p. 29).

25. À la suite d'une phrase soulignée dans son exemplaire de *La Signification métaphysique du suicide* de Camille SCHUWER (Paris, Aubier, 1949, p. 73) : « Celui qui se suicide n'a pas le pouvoir de décider "de" mais seulement "contre" la valeur », Aquin note qu'« un suicide collectif déciderait "de"... » Les considérations de Schuwer amènent l'écrivain à établir une distinction entre le suicide individuel qui ne modifie pas l'ordre des choses et l'acte collectif capable d'opérer une transformation radicale semblable à celle que propose Sheba dans *Les Rédempteurs*.

26. Le même ton prophétique habite les sermons de Sheba, de Jacques et ceux du Christ, discours dans lesquels ces visionnaires enjoignent la foule de les suivre afin d'expier la faute d'Adam. Dans *Le Prophète*, Jacques exhorte le peuple à agir avec la même urgence : « Donnons notre vie aujourd'hui, car demain nous serons occupés ailleurs. » (p. 13)

27. Caïphe déclare en ces termes : « Vous ne voyez pas qu'il vaut mieux qu'un seul homme meure pour le peuple et que la nation ne périsse pas tout entière. » (*Jn* 11,50)

28. Ou Goshen ou encore Gessen, terre d'Égypte où Jacob et ses fils viennent rejoindre Joseph (*Gn* 45,18-20).

29. Le jardin, lieu privilégié des deux amants, symbole de douceur, de bonheur et de tranquillité, semble ici un écho de l'Éden ; en ce sens, la fuite d'Élisha et d'Héman renvoie à la faute originelle et à l'expulsion d'Adam et Ève du paradis terrestre, exception faite d'un renversement ironique. En effet, c'est l'homme qui succombe en premier lieu à la tentation d'échapper au regard de Dieu ; bien que la femme détienne un pouvoir de séduction limité, elle n'en oppose pas moins une légère résistance à l'époux au moment où ce dernier confronte le discours autoritaire et la parole sacrée. Résistance vaincue dès ses premières manifestations, cela va de soi.

30. Éliphaz est fils d'Ésaü et d'Ada (*Gn* 36,10). Le rôle joué par le Conseil des vieux de la cité est semblable à celui que le Conseil des Grands Prêtres et des Pharisiens (*Jn* 11,47), nommé

ailleurs le Conseil des Anciens du peuple, composé des grands prêtres et des scribes (*Lc* 22,66), assume dans le Nouveau Testament.

31. Il existe dans l'Ancien Testament un Téma, petit-fils
d'Abraham et chef d'Édom, dont le nom s'apparente au personnage
des *Rédempteurs*. Or, dans *Les Rédempteurs*, Thémas s'insurge rapidement contre Sheba. Ses doutes, son inquiétude et son indignation le rapprochent de l'apôtre Thomas, trop incrédule pour croire à
la résurrection de Jésus avant d'avoir touché ses plaies (*Jn* 20,24-
29).

32. Petit-fils d'Ésaü et de Basmat, fils de Rével et frère de
Shammah (*Gn* 36,13).

33. Voir la note 24.

34. Nicodème interroge les grands prêtres qui veulent condamner Jésus de la même manière : « Notre foi condamne-t-elle un
homme sans qu'on l'entende et qu'on sache ce qu'il a fait ? » (*Jn*
7,51)

35. On cherche également à faire taire Jésus. Les grands
prêtres « cherchaient comment le faire périr ; car ils le craignaient
parce que tout le peuple était ravi de son enseignement » (*Mc* 11,18).

36. Pendant sa période de direction du *Quartier latin*, Aquin
a mené une lutte active contre la censure politique et religieuse
qu'exerçait l'Université de Montréal sur les étudiants. Il insistait
alors sur l'importance de rapporter les faits dans la plus grande
lumière possible. Il était donc très sensibilisé, au moment où il composait *Les Rédempteurs*, à cette question de la liberté de parole telle
qu'elle se pose ici.

37. Tout comme Élisha, Tarsis est un enfant de Yavàn, lui-
même fils de Japhet de la descendance de Noé (*Gn* 10,4). Tarsis est
parallèlement une ville de l'Asie Mineure ; pour les Hébreux, elle
représente le bout du monde (*Is* 23,1).

38. Cette forme de reniement rejoint celle de Caïn que Dieu
interroge au sujet de son frère : « Yahvé dit à Caïn : "Où est ton frère
Abel ?" Il répondit : "Je ne sais pas. Suis-je le gardien de mon
frère ?" » (*Gn* 4,9 ; sur l'épisode de Caïn et Abel, voir note suivante)
Dans une optique différente, Jésus demande qui sont sa mère et ses

frères, insistant sur la véritable parenté (*Mc* 3,33). Par contre, Jacques le prophète déclare avec vigueur: «Qui n'est pas mon frère?» (p. 24) Dans *Le Quartier latin*, Aquin rapprochait cette interrogation du rôle de l'écrivain dans un commentaire sur un article de Vianney THERRIEN intitulé «L'écrivain est-il responsable?... Suis-je le gardien de mon frère?» («Sur le même sujet», 20 octobre 1950, p. 3; *Mélanges littéraires I, op. cit.*, p. 49-50)

39. La rivalité entre les deux frères Kénaz et Héman, qui se terminera par le meurtre du premier, n'est pas sans rappeler l'épisode de Caïn et Abel. Selon la Bible, à la suite d'un rejet du Seigneur qui avait mieux reçu l'offrande de son frère, Caïn décida de tuer Abel pour se venger (*Gn* 4,1-17).

40. Dans le Nouveau Testament, la Passion ne s'entend qu'en fonction du temps de la parole ou de la révélation. Aquin reprend le même mouvement temporel dans son récit, pondéré toutefois, comme dans l'Évangile, par une montée constante vers le moment culminant du sacrifice.

41. NIETZSCHE signale que la volonté de puissance apparaît chez les opprimés sous la forme d'un désir de liberté (liberté évangélique entre autres), chez une espèce d'humains plus forte qui cherche à s'élever (volonté de la supériorité) et chez «les plus riches, les plus indépendants, les plus courageux», sous une forme d'amour de l'humanité, du peuple, de l'Évangile, de la vérité ou de Dieu (*La Volonté de puissance*, t. II, Paris, Mercure de France, 1938, p. 128-129). Autant Héman que Sheba appartiennent à cette catégorie d'êtres forts et démesurés, sortes de surhommes nietzschéens.

42. Jésus rappelle régulièrement à ses disciples que son «temps n'est pas encore accompli», que son «heure n'était pas venue» jusqu'au moment de son arrestation et de sa condamnation à mort alors que «la voici venue l'heure» (*Jn* 7,8; 8,20; 12,23). Ainsi lit-on dans l'Évangile selon saint Jean que les frères de Jésus lui dirent: «Puisque tu fais ces œuvres-là, manifeste-toi au monde», ce à quoi il répondit: «Mon temps n'est pas encore venu»; plus loin, il ajoutera: «Vous montez à la fête; moi, je ne monte pas à cette fête parce que mon temps n'est pas encore accompli.» (7,3-8)

L'attente, bien sûr, prépare le moment décisif du sacrifice : « Aujourd'hui, déclare Sheba, vous allez répondre oui ou non. » Semblablement, au moment de la rédaction des *Rédempteurs*, Aquin écrit dans son journal : « Mon heure n'a pas encore sonné », insistant sur le fait qu'il se prépare en vue d'un engagement total (8 février 1952, p. 103 ; voir Appendice I). De son côté, Jacques affirme qu'« il est temps » (p. 13), ce que le narrateur de *Prochain épisode* reprend à son tour : « Mon temps était venu » (p. 156). Une section de *L'Antiphonaire* débute par ces mots presque identiques : « Le temps est venu » (p. 233).

43. Le sacrifice à faire est plus d'une fois clairement exprimé par Jésus : « Si quelqu'un veut venir à ma suite, qu'il se renie lui-même, qu'il se charge de sa croix et qu'il me suive. » (*Mc* 8,34)

44. Cet usage du préfixe « in » constitue un tic aquinien comme l'a signalé Bernard Beugnot dans son édition du journal (p. 279, note 18).

45. Les images de bêtes sacrifiées abondent dans la Bible ; ici on songe à l'agneau de Dieu qui rachète les crimes de l'humanité. « Voici l'agneau de Dieu qui ôte le péché du monde », annonce Jean-Baptiste à l'approche de Jésus (*Jn* 1,29 ; voir aussi *Is* 53,7-8).

46. Écho d'une des dernières paroles du Christ en croix : « Mon Père, pardonne-leur : ils ne savent ce qu'ils font. » (*Lc* 23,24)

47. Voir la note 27.

48. Prolongement possible de la suggestion de Caïphe qu'un seul homme devrait se rendre responsable au nom de tous ; or, dans ce cas-ci, le héros exige un sacrifice collectif et absolu.

49. Rachel, nom repris pour le personnage de la femme aimée dans *Le Prophète*, est la fille de Laban et l'épouse préférée de Jacob déjà uni en premières noces à sa sœur Léa. La servante de cette dernière, Zilpa, donna à Jacob un fils qu'ils appelèrent Asher, probablement à l'origine du nom du jeune amoureux de Rachel dans *Les Rédempteurs*, soit Æsham (*Gn* 29,6 ; 30,12-13).

50. Sichem renvoie à l'homme du même nom, fils d'Hamor Le Hivvite, prince du pays, qui enleva Dina, la fille de Jacob, et la viola. Dans le récit d'Aquin, Sichem s'enfuit avec sa famille, tentant

d'échapper au suicide collectif. Ils seront poursuivis et sauvagement abattus comme le furent Sichem et les siens par les frères de Dina dans le récit biblique (*Gn* 34,1s). Sichem renvoie aussi à un nom de lieu, ville du pays de Canaan (33,18).

51. Le motif du lieu clos (ville condamnée, prison, cellule, tombeau, fosse, grotte, cage, chambre [d'appartement, d'hôtel, de bateau], automobile, scène, caméra, cabine d'avion, livre) domine les fictions aquiniennes.

52. L'intransigeance d'Héman évoque la rigueur de la position du Christ : « Qui n'est pas avec moi est contre moi » (*Mt* 12,30), paroles reprises sur un ton plus conciliant dans Marc : « Qui n'est pas contre nous est pour nous. » (9,40) Aquin écrit à l'intérieur d'un commentaire de lecture du *Mendiant II* de Léon BLOY : « Tout ce qui n'est pas pour moi est contre moi. » (*Journal*, 23 décembre 1948, p. 48)

53. Héman se substitue au premier rédempteur, Sheba. Ce déplacement renverse jusqu'à un certain point la lecture biblique originale de la Rédemption et instaure au cœur du religieux une dynamique athéiste perçue par les acteurs du drame comme moins destructrice. Aquin exploite le thème du double, de « l'agent double » (Patricia Smart), dans tous ses romans.

54. « Je voulais tout racheter par un orgasme qui me semblait la seule forme d'existence encore tolérable. » « La seule rédemption possible, c'est le plaisir, et, pour moi, celui que j'ai supplié Madeleine de me redonner. » (*L'Invention de la mort*, p. 97 et 102) Élisha, tout comme Madeleine, un peu moins que Rachel néanmoins puisque, dans ce cas-ci, c'est la femme qui propose la fuite au prophète/ Messie, représente la rédemptrice, comme nous l'avons souligné plus haut (note 15).

55. Dans le texte paru dans les *Écrits du Canada français*, on trouve deux graphies également réparties du mot : Jester et Jetser. La seconde a été retenue en raison de l'emprunt presque littéral de noms bibliques dans le récit et à cause de l'allusion évidente à Gethsémani, domaine au pied du mont des Oliviers, à Jérusalem.

Bien que Jésus ait été plutôt crucifié sur le mont Golgotha, les gibets n'en symbolisent pas moins ici la croix.

56. Le Christ passa ses dernières journées à enseigner au peuple et à mettre ses disciples en garde contre le mal et la tentation : « Pendant le jour, il était dans le Temple à enseigner ; mais il s'en allait passer la nuit sur le mont des Oliviers. Et, dès l'aurore, tout le peuple venait à lui dans le Temple pour l'écouter. » (*Lc* 21,37-38)

57. Telle est la dernière recommandation de Jésus : « Je vous donne un commandement nouveau : aimez-vous les uns les autres. » « Voici mon commandement : aimez-vous les uns les autres comme je vous ai aimés. » (*Jn* 13,34 ; 15,12)

58. Le fantasme homosexuel surgit dès les premiers écrits d'Aquin. Au niveau textuel, il débouche sur l'extase érotique d'Éva et Linda, les deux amantes de *Neige noire* dont l'union finale consacre ce « théâtre illuminé où la pièce qu'on représente est une parabole dans laquelle toutes les œuvres humaines sont enchâssées » (*op. cit.*, p. 264).

59. Ce corps à corps dans le noir, redoublé par le combat que vont se livrer Héman et Kénaz plus tard, reproduit la lutte nocturne entre Dieu et Jacob qui réclamait obstinément de son Seigneur une bénédiction refusée (*Gn* 32,23-33). Aquin reprend cette scène de lutte simultanément violente et tendre entre amis ou frères ennemis dans le détail qui orne un magnifique meuble du château où le narrateur poursuit H. de Heutz, dans *Prochain épisode* : « Les deux guerriers, tendus l'un vers l'autre en des postures complémentaires, sont immobilisés par une sorte d'étreinte cruelle, duel à mort qui sert de revêtement lumineux au meuble sombre. » (*op. cit.*, p. 121)

60. Les mères/épouses pleureuses sont un écho des lamentations de la mère de Jésus et de Marie-Madeleine au pied de la croix.

61. La fin des *Rédempteurs*, et en particulier l'évasion du couple, inscrit un nouveau renversement du mythe d'Adam et Ève. Non plus chassé du monde mais en fuite vers un ailleurs indéfini, le héros y transgresse l'ordre religieux et politique, le discours de la loi, affirmant du même coup la liberté individuelle de choisir et de

construire sa destinée. En ce sens, la pensée existentialiste dont s'est nourri Aquin tend à subvertir le texte biblique (voir ITIN, p. 47-60).

62. Ce mouvement du soleil (montée-descente, lumière-obscurité), qui s'amorce ici et se poursuit dans la suite du récit, correspond aux trois heures de la mort de Jésus : ombre (la troisième heure ou la crucifixion) ; ombres massives (la sixième heure ou l'agonie) ; noirceur (la neuvième heure ou la mort).

63. Dans la Genèse, Shamma est le frère de Mizza, tous deux fils de Rével, descendants d'Ésaü et de sa femme Basmat (36,13).

64. Ces doutes de Sheba s'apparentent aux hésitations du Christ. Matthieu signale qu'au milieu de l'abandon de ses disciples qui n'ont pas eu la force de veiller avec lui, Jésus « commença à ressentir tristesse et angoisse » et qu'il « tomba la face contre terre » implorant son Père en ces termes : « Mon Père, s'il est possible, que cette coupe passe loin de moi ! » (26,39-44)

65. Jésus aussi se retrouva seul avec ses disciples et leur fit ses adieux avant son arrestation et sa mise à mort.

66. « Comment faire passer, dans le chapitre qui me reste, le fantastique dans la vigueur et la rapidité du récit ; comment sans jouer les effets rendre solidement cette *atmosphère d'apocalypse* qui hante ce récit. » (*Journal*, 2 mars 1952, p. 112 ; nous soulignons ; voir Appendice I)

67. Cette allusion unique au domaine du bestiaire, excluant les quelques mentions à la bête et aux oiseaux, a de quoi surprendre. Peut-être peut-on la rapprocher d'un article écrit par Aquin pour le *Quartier latin* (24 février 1950, p. 4 ; *Mélanges littéraires I*, p. 38-39) sur un film réalisé en 1943 par Henri-Georges Clouzot, *Le Corbeau*, qui traite de la « haine », de la « laideur » et de la « pourriture » de la société. Dans le film, le corbeau, tel Sheba, fait éclater les drames secrets et les passions réprimées : « *Le Corbeau* m'est donc apparu l'histoire d'une profonde rancune contre la société. Toute cette pourriture que le corbeau fait monter à la surface des lacs les plus paisibles, j'avoue que c'était un spectacle réjouissant pour mon cœur endurci. »

68. Emprunt à la scène de Marie-Madeleine parfumant les pieds du Seigneur (*Lc* 7,38) qui à son tour lave les pieds de ses disciples afin d'effacer la distance entre le maître et le serviteur (*Jn* 13,1-15).

69. Voir la note 51. À rapprocher de cette phrase de l'avant-dernière page : « Son corps se dilatait dans une chambre où l'air manquait. »

70. Élisha s'inscrit à l'intérieur d'une tradition de passivité, de soumission et de silence incarnée par les personnages féminins de la Bible (voir Mieke BAL, *Lethal Love. Feminist Literary Readings of Biblical Love Stories*, Bloomington et Indianapolis, Presses de l'Université d'Indiana, 1987).

71. Ces mots d'Élisha ramènent une fois de plus l'image de la femme rédemptrice ; en s'offrant de la sorte, elle s'identifie au Christ donnant son corps et son sang en communion aux apôtres (*Mt* 26,26-28). Le narrateur de *L'Invention de la mort* reprend textuellement la même analogie au moment de son suicide (*op. cit.*, p. 152).

72. À la suite du meurtre d'Abel, Dieu dit à Caïn : « Écoute le sang de ton frère crier vers moi du sol », et il le maudit en ces termes : « Tu seras un errant parcourant la terre », ce à quoi Caïn réplique : « Ma peine est trop lourde à porter. Vois ! Tu me bannis aujourd'hui du sol fertile, je devrai me cacher loin de ta face et je serai un errant parcourant la terre : mais le premier venu me tuera. » Yahvé mit alors un signe sur Caïn « afin que le premier venu ne le frappât point » (*Gn* 4,10-16). Parallèlement, dans *Les Rédempteurs*, le fratricide ne signifie pas l'exil et n'appelle pas le châtiment ; il autorise le départ, le consacre même, entremêlant la vie et la mort dans un processus continu de libération, signalant que la fin n'engendre que le commencement, ce que la métaphore de la route dans l'œuvre aquinienne amplifie.

253

Les sables mouvants

1. Cf. « Spleen » de Charles Baudelaire : « Quand le ciel bas et lourd pèse comme un couvercle » (poème LXXVIII, *Les Fleurs du mal*) ; « Le Couvercle » (Ajouts de la troisième édition 1868, *ibid.*)

2. Le rapide ou l'express.

3. En mai 1953, Aquin lit *Rome, Naples et Florence*, tome II, *Histoire de la peinture en Italie,* tome II de STENDHAL (Florence, au cabinet scientifique et littéraire de J.-P. Vieusseux, 1840), *Idées italiennes sur quelques tableaux célèbres* d'Abraham CONSTANTIN et STENDHAL, *Stendhal à Rome. Les Débuts d'un consul 1831-1833* de Roger BOPPE (Paris, Mercure de France, 1944).

Alors qu'il est à Palerme le 4 mai 1953, il écrit dans son *Journal* : « Ces fameuses *passions* dont parle si souvent Stendhal ne sont que les *succédanés* de l'amour, ce sont des instants de bonheur noyés dans un océan d'ennui et de solitude : ce sont les sursauts d'un homme qui n'a plus rien, du *trompe-l'âme !* » (p. 163) Aquin fréquente assidûment l'œuvre de Stendhal. En février 1952, il lit *Lucien Lewen*, en avril *Vie de Henri Brulard* (BIB), lectures qu'il commente dans son *Journal*. À Paris, en mars 1953, à la librairie Le Divan, il rencontre Henri Martineau qui lui dédicace son livre *Le Cœur de Stendhal* (Paris, Albin Michel, 1952, BIB). À son retour au Québec, il achète *Les Romantiques. Stendhal* d'Albert Thibaudet (Paris, Hachette, 1931 ; BIB).

4. Cf. « Spleen » de Baudelaire : « Et qu'un peuple muet d'infâmes araignées / Vient tendre ses filets au fond de nos cerveaux. » (Poème LXXVIII dans « Spleen et idéal », *Les Fleurs du mal*, Paris, Robert Laffont, coll. « Bouquins », 1980, p. 55). Aquin écrit en 1954 un radiothéâtre qu'il intitule la *Toile d'araignée*, sur les relations entre les membres d'une famille lors de la mort suspecte du père, fortement inspiré par le personnage d'Œdipe. Dans *Confession d'un héros* (1961), la toile d'araignée est le lieu clos de la mort : « Je mourrai captif dans ma toile d'araignée. » Dans son *Journal*, le 17 août 1961 : « Quand je domine en amour, je me détourne vite — Car

je redoute de donner ce qu'on attend de moi. Ma véritable manière est de tendre un piège et de profiter de mon adorable victime dans une relation d'araignée à victime ! » (p. 220) Jean-Paul Sartre, dans un texte sur Husserl, parle de « l'esprit-araignée » comme d'une conscience qui s'empare de ses proies (*Situations I*, Gallimard, 1947, p. 31).

5. L'archaïsme qui signifie « fermé à clef » ou « verrouillé » est demeuré d'emploi courant au Québec.

6. Parodie de la transsubstantiation, consécration du pain et du vin en corps et sang du Christ. Les seins de la Bien-Aimée sont nourritures, comme dans le *Cantique des Cantiques* : « Tes seins, qu'ils soient des grappes de raisins, le parfum de ton souffle, celui des pommes : tes discours, un vin exquis ! » (7,9-10) ; « Je te ferai boire un vin parfumé, ma liqueur de grenade. » (8,2)

7. Voir l'appendice III de la présente édition (*Journal*, 11 mars 1953).

8. Anglicisme. Le verbe désarçonner est transitif et exige un complément d'objet direct.

9. Dans *L'Invention de la mort*, une scène semblable alors que René Lallemant dit à Jean-Paul : « Farceur, lui dis-je, tu serais le Christ en personne redescendu sur terre, que je serais incapable de te prendre au sérieux. » (p. 41)

10. Dernière parole du Christ sur la croix d'après l'Évangile de saint Jean, « Tout est fini », « Tout est consommé », « Tout est achevé », selon la traduction. Ces mots sont repris nombre de fois par Aquin : ils ouvrent le roman *L'Invention de la mort* : « Tout est fini » ; *Le Prophète* ; sont employés au futur dans *Prochain épisode* : « Quand tout sera fini... » (p. 73) ; dans *Trou de mémoire* : « Tout est fini, tout commence, tout est lent et majestueux... » (p. 149) ; le *Choix des armes* (1972) ; dans *Œdipe recommencé* (1971), Créon s'exclame quand il trouve Jocaste pendue : « Tout est consommé », tout comme Clélia dans *La Chartreuse de Parme* de Stendhal quand elle croit Fabrice del Dongo mort d'avoir mangé le repas empoisonné qu'on lui a servi (chap. XXV, Paris, Gallimard, coll. « Folio », p. 505) ; « Dans le ventre de la ville » (*Le Devoir*, 24 août 1974,

p. 10): « La fin garantit le commencement, le commencement permet la fin » ; il place en épigraphe à *Obombre* une phrase de Schelling : « Le commencement n'est le commencement qu'à la fin » (*Liberté*, n° 135, mai-juin 1981, p. 15 ; *Mélanges littéraires I*, p. 337).

11. « Comprenez-le bien : si le maître de maison avait su à quelle heure de la nuit le voleur devait venir, il aurait veillé et n'aurait pas permis qu'on perçât les murs de sa demeure. Ainsi donc, tenez-vous prêts, vous aussi, car c'est à l'heure que vous ne pensez pas que le Fils de l'homme viendra. » (*Mt* 24,43-44 ; *Lc* 12,39-40 ; *1 Th* 5,1)

12. Écho lointain à *La Chartreuse de Parme* où Clélia fait le vœu de ne jamais revoir Fabrice (chap. XXVI, p. 525). Aquin reprend cet épisode dans *L'Invention de la mort* (p. 26-27). Dès lors, les amoureux se rencontrent la nuit seulement.

13. Écho de la chanson de Mouloudji, alors très en vogue : « Un jour tu verras... » ? « Un jour tu verras / On se rencontrera / Quelque part, n'importe où / Guidés par le hasard. » (OURABAH, BOUBEKER et OLLIVIER, *Mouloudji*, Paris, Seghers, 1971, p. 102).

14. Pardon monsieur, mais quelle voiture faut-il prendre pour aller à la gare ? — Vous partir ? Un moment... le compte n'est pas prêt. » — Mais non je ne pars pas... Je vais... rencontrer une personne à la gare. — « Vous partez aujourd'hui ou demain ? » — Aujourd'hui, mais pas tout de suite, ce soir. — « Très bien. » — Je veux prendre cette voiture... — « Pour la gare ?... numéro huit. » La traduction de l'italien est d'Alain Carbonneau qui a corrigé le texte italien souvent fautif d'Aquin.

15. Un [ticket] pour la gare, je vous prie. — « Vingt-cinq lires. »

16. Cinq mille ! Cinq mille lires pour la gare ? Pourquoi pas dix mille pour un passage de vingt lires ? Ici ce n'est pas l'express pour Rome, mais rien qu'un petit tram et ça coûte vingt-cinq lires, vingt-cinq lires italiennes, vingt-cinq lires républicaines... [...] Excusez-moi, mais je n'ai pas du tout de monnaie. »

17. « Gare centrale ! » — Je descends ici, moi je descends ici.

18. Où est la sortie?

19. « Attendez ici, ne bougez pas. »

20. Celui... de Rome?

21. « L'express en provenance de Rome est arrivé au quai [numéro] dix-neuf. »

22. Anglicisme. Calque de la formule anglaise *she has trouble with...* pour dire, dans cette phrase, que ses valises lui donnent du mal.

23. Cf. « Un seul être vous manque, et tout est dépeuplé. » (« L'isolement », LAMARTINE, *Méditations poétiques*, Paris, Gallimard, coll. « Poésie », 1981, p. 23-24)

24. Voir note 10 des « Fiancés ennuyés ».

25. Référence à Faust qui vendit son âme au diable pour la jeunesse éternelle. Dans le *Second Faust* de GŒTHE, il est l'époux d'Hélène de Troie. Aquin écrit dans son *Journal* à propos du principal protagoniste du *Rouge et le noir* de Stendhal: « Ce Julien Sorel qui vendrait son âme pour un plaisir d'amour, mais aussi incapable d'aimer quelqu'un qu'habile à se faire aimer. » (4 février 1952, p. 101) Paroles qu'il prend à son compte: « Si je pouvais, je vendrais mon âme pour aimer et être aimé. » (23 mars 1952, p. 120)

26. L'expression « sables mouvants » est liée au temps dans *L'Invention de la mort* (p. 23): « Et encore, les pyramides sombrent lentement dans leur sol brûlé, elles glissent d'année en année de tout leur poids, car tout sable est mouvant. » Elle apparaît au singulier dans *Prochain épisode*: « Ce jour-là une intrigue sanguinaire instaurera sur notre sable mouvant une pyramide éternelle qui nous permettra de mesurer la taille de nos arbres morts. » (p. 90) Dans *Trou de mémoire*: « [...] mon pays n'est rien d'autre que ces sables mouvants » (p. 110); *Je m'ensable, ni plus ni moins, dans les sables mouvants qui, d'après les descriptions visionnaires de cet "auteur", encerclent l'île de Lagos comme un mauvais sort.* » (p. 137) Dans *L'Antiphonaire*, à deux reprises aussi: « Véritable sable mouvant, ma tristesse est visqueuse et douce... à mon image... » (p. 163) « J'agonise indéfiniment, je me sens prise dans le sable mouvant et visqueux qui me tient lieu de sol. » (p. 164) Patricia SMART associe

les sables mouvants « à la noyade et à l'égarement dans un labyrinthe » (*Hubert Aquin : agent double*, Montréal, PUM, 1973, p. 113). L'origine du titre ne peut être élucidée complètement (voir l'introduction à ce texte), mais l'expression est soulignée par Aquin dans son exemplaire du *Journal 1896-1942* de Charles-Ferdinand Ramuz acquis en 1948 (Paris, Grasset, 1945, p. 23 ; BIB) : « Quand donc arriverai-je à la terre ferme après cette traversée périlleuse dans le sable mouvant ? » Il l'a lue aussi dans le *Journal 1889-1939* d'André Gide : « Souvent, dans ces sables mouvants, brûlants et vibrants de soleil, une sorte de vertige particulier les prenait à sentir sans cesse, sous les pas, le sol mollir. » (Paris, Gallimard, « Bibliothèque de la Pléiade », 1951, p. 82 ; BIB)

27. « Je finirai dans les sables, comme le Rhin, et l'heure approche où mon filet d'eau aura disparu » (Amiel cité par Charles Du Bos, *Approximations*, p. 154). Le thème du ventre devient une obsession dans cette nouvelle et prépare *L'Invention de la mort*. Il note dans son *Journal* le 12 juin 1961 : « Rien n'est plus doux qu'une "régression", qu'un retour plus ou moins symbolique dans le ventre de la mère. [...] Faire l'amour ressemble étrangement à une régression : c'est le retour nécessaire au ventre maternel [...] C'est en retournant toujours à ce même ventre accueillant qu'il [l'homme] renaît et peut reprendre la lutte. [...] Tout ventre aimé est originel. » (p. 199)

28. La porte, la porte ! Vite, la porte. [...] La porte s'il vous plaît.

29. Voir note 10 des « Fiancés ennuyés ».

L'instant d'après

1. Cette nouvelle inédite a un statut particulier parce que la date de composition demeure incertaine et qu'elle est la reprise d'une partie de son premier roman, *L'Invention de la mort*. En 1959, Aquin rédige *L'Invention de la mort* qu'il envoie chez divers éditeurs dont Pierre Tisseyre, mais en vain (voir l'édition publiée par Leméac, Montréal, 1991 ; avant-propos de Bernard Beugnot). Il

isole un épisode du roman et le transforme en nouvelle, ce qui donne du même texte, à quelques mots près, une lecture toute différente (p. 69-71 — voir appendice IV). Dans le roman, le fragment intervient au moment où le narrateur masculin se substitue à son amante : « Oui, je voudrais une seule fois m'identifier à elle, éprouver sa douleur, pleurer à sa place pendant des heures, devenir femme dans son corps et ressentir un vide cruel en moi, un vide qui me ferait crier tout haut comme elle l'a fait de sa voix pourtant douce. » (*L'Invention de la mort*, p. 69) Aquin reprendra d'une façon différente ce genre de substitution de rôle dans « Le Pont ». Le narrateur révèle sa vraie nature en enlevant son masque d'homme : « Je ne suis même pas un homme, mais une femme ! » Dans la nouvelle, aucune commutation de la sorte. Le « je » est véritablement féminin.

2. Dans « L'Assomption vérité implicitement révélée » (*Le Quartier latin*, 7 novembre 1950, p. 1 ; *Mélanges littéraires*, tome I, p. 53-55), Aquin écrit : « La Vierge, immaculée et incorruptible, est la plus grande promesse d'amour. » Puis il cite Léon BLOY : « Plus une femme est mère, plus elle est vierge », avant de poursuivre : « C'est parce que Marie est notre mère qu'elle doit être si vierge, si magnifiquement l'image de l'amour parfait. »

La dernière Cène

1. Cette nouvelle inédite a été écrite à Paris, le 10 octobre 1960. Aquin s'y rend pour le compte de l'ONF afin de travailler au documentaire *Le Sport et les hommes* de la série « Comparaisons », dont Roland Barthes avait accepté d'écrire le commentaire dans les perspectives de son ouvrage *Mythologies* (Paris, Seuil, 1957). Il en profite pour interviewer Claude Tresmontant à qui il demande d'écrire le commentaire du film *Les Grandes Religions*. Le 29 septembre, Aquin rédige un plan général de la nouvelle qu'il intitule tout d'abord « Un Repas gâché » et dans lequel il tente de définir le point de vue narratif à adopter (voir appendice V). Il veut explorer la temporalité selon une « idée de Bachelard », écrit-il, « le temps d'hésitation et le temps de repos », mots empruntés à Bergson.

Bachelard écrit : « l'action réelle du temps réclame la richesse des coïncidences, la syntonie des efforts rythmiques » (*Dialectique de la durée*, Paris, PUF, 1950, 150 p. ; mots tirés de la description du chapitre VIII). Six jours plus tard, il propose à Radio-Canada, sur la mort de César, un téléthéâtre dont le projet paraîtra en 1971 dans *Point de fuite* (Bibliothèque qubécoise, p. 75-84). Il relit pour l'occasion *Jules César* de Shakespeare.

« La dernière Cène » est la première nouvelle d'Aquin à intégrer la maladie, la crise, ici la défaillance cardiaque du sujet, comme foyer générateur du déroulement de l'intrigue, ce qui engendre le processus de recréation d'un passé encore présent et d'un avenir qui conjure la mort. Quelques mois plus tôt, Aquin avait écrit un téléthéâtre qui, ne serait-ce que par son titre, rend compte des mêmes préoccupations : *Dernier Acte*.

2. Le terme qui suit l'oblique est une addition supralinéaire. Comme aucun des termes n'est biffé, nous avons préféré donner les deux à lire : le premier mot semble s'être imposé à Aquin en écrivant, alors que le second est une addition subséquente, ajoutée probablement en relisant. Cette pratique est répétée quelquefois pour ce texte. Pour une description exacte, voir le relevé des variantes.

3. Célèbre restaurant de Montréal situé au 2175 rue de la Montagne, tout près de la rue Sherbrooke. Vérification effectuée dans le *Guide Lovell*. Le Café Martin revient dans *Trou de mémoire*, à la page 62, où il fait l'objet d'une note rédigée par « l'éditeur », un des personnages du roman : « Ici se situe un épisode que je répugne à transcrire *in extenso* ; ce qui s'est déroulé, dans ce salon du Café Martin, doit être expurgé car ce passage, franchement indécent, pourrait être considéré comme diffamatoire par les personnes désignées qui vivent encore. »

4. De la famille des nikéthamides, la coramine est utilisée dans les cas d'insuffisance cardiaque pour accélérer le rythme respiratoire et cardiaque. Première utilisation par Aquin du nom scientifique d'un médicament.

5. Dans le quartier Saint-André, au centre-ville de Montréal, entre les rues Sherbrooke et de Maisonneuve parallèlement. Elle est bornée à l'ouest par l'avenue Atwater et à l'est par la rue Guy.

Notes

6. Se dit d'un traître. Judas est le disciple qui vendit le Christ pour trente deniers : « Or le traître leur avait donné ce signe : "Celui que je baiserai, c'est lui ; arrêtez-le." » (*Mt* 26,48 ; *Mc* 14,44 ; *Lc* 22,47-48)

7. Nous complétons cet oubli (bourdon) d'Aquin.

8. Québécisme qui signifie vomir.

Le pont

1. *Liberté*, VI, 3, mai-juin 1964, p. 182-215 ; repris dans *Blocs erratiques*, p. 233-234 ; © Les Éditions Quinze. La thématique n'est pas ici détachée de son contexte sociohistorique. En particulier du terrorisme qui commence à Montréal en août 1963. L'année 1964 marque une époque d'effervescence politique chez Aquin et au Québec. Il réaffirme ses convictions profondes et révolutionnaires dans un article intitulé « Le témoignage émouvant d'un jeune militant : "C'est pour écraser les traîtres que je refuse la démission" par Hubert Aquin », livré en février 1964 à *L'Indépendance*, organe du RIN (Rassemblement pour l'Indépendance Nationale). Lors d'un congrès tenu le 10 mai, il est élu vice-président du comité exécutif régional du RIN pour la région de Montréal. De violents affrontements entre les forces de l'ordre et les manifestants se multiplient. En avril, des membres de l'Armée de libération du Québec sont incarcérés. En mai, la visite de la reine Elizabeth II d'Angleterre à Québec suscite une répression appelée depuis le « samedi de la matraque ». À la fin du mois, Aquin prononce un discours lors d'une assemblée publique du RIN qui, comme cela est déjà arrivé à quelques reprises, s'achève sur des arrestations.

Aquin passe à la clandestinité et annonce dans les journaux son adhésion à « l'Organisation spéciale » (*Le Devoir*, *Montréal matin*, 18 juin 1964). Toutefois, le 5 juillet, il est arrêté pour port d'arme au volant d'une voiture volée dans le stationnement à l'arrière de l'Oratoire Saint-Joseph. Lorsque, lors d'un interrogatoire, on lui demande sa profession, il répond : « Révolutionnaire ». Aussitôt, Aquin est transféré à l'Institut Prévost où, prostré, insomnia-

que, il rédige *Prochain épisode* (1965), texte de fiction immédiatement postérieur à la nouvelle « Le pont », qui en annonçait l'écriture
« inflammatoire ». Pour le projet de cette nouvelle, voir la présentation du numéro de *Liberté* de Jean-Guy Pilon — appendice VI.
(Cette présentation et une partie des notes du « Pont » ont été rédi-
gées par Alain Carbonneau.)

2. Le champion des champions.

3. Néologisme.

4. Clin d'œil à la philosophie existentialiste qui greffa souvent au mot *être*, par des traits d'union, des termes qui le circons-
crivent. En référence à des expressions de Sartre, à qui Aquin vouait
une grande admiration, comme « l'être-pour-soi », « était-pour-soi »,
« l'en-soi », « le pour-autrui », « l'être-avec », le « corps pour autrui »,
« l'être-objet »; le « regard de l'autre » est l'expérience du « pour-
autrui », variations de soi-même. Dans la nouvelle, l'être n'existe
que dans cette projection du « crissement ».

5. D'aspect féminin, semblable à.

6. Première occurrence du mot « épiphanie » (Joyce) chez
Aquin.

7. Néologisme.

8. Néologisme.

9. Le mot étonne même si le réseau sémantique le soutient.
Est-ce pour cette raison que l'éditeur de *Blocs erratiques* a choisi de
donner à lire *cimeterre* ? Il est possible que ce soit un jeu de mot de
la part d'Aquin.

10. Hédoniste ou hédonistique.

11. Néologisme. Deux significations sont possibles: piste réduite en cendres ou bien piste qui réduit en cendres.

12. « Tod », en allemand, signifie « mort ». Donc Elga de la
mort.

[Fin été 67]

1. Aquin écrit cette nouvelle, demeurée inédite jusqu'à ce jour, à la fin de l'été 1967. Expulsé de Suisse en mars 1966, il va avec Andrée Yanacopoulo à Paris où il tente d'obtenir des contrats auprès de Radio-Canada. À cette époque, il a déjà commencé son second roman, *Trou de mémoire*. Il retourne à Montréal en avril, travaille au collège Sainte-Marie et devient secrétaire général du centre culturel du Vieux-Montréal. La première version de la nouvelle proposée dans cette édition donne le tout dans l'ordre suivant : tapuscrit, manuscrit de sept feuillets, manuscrit de onze feuillets et le feuillet nomade. La seconde version respecte la pagination, escamotant ce qui est raconté sur le manuscrit de sept feuillets. Voir les variantes.

2. Station centrale du métro de Montréal, rebaptisée Berri-UQAM depuis la fin de 1987 en l'honneur de l'Université du Québec à Montréal.

3. Petite voiture sport économique fabriquée par la compagnie General Motors (GM) vers la fin des années soixante.

4. Rue du centre-ville de Montréal parallèle à la rue Guy, perpendiculaire à la rue Sainte-Catherine. Une sortie de la station de métro Guy-Concordia donne sur cette rue Saint-Matthieu. Aquin situe l'action de sa nouvelle « La dernière Cène » à quelques rues de là, rue de la Montagne.

5. Ici se termine le tapuscrit. La suite est tirée du manuscrit de sept feuillets.

6. Le narrateur ressemble étrangement à celui de *Chambre obscure* de Vladimir Nabokov qu'Aquin lit en septembre 1959 (Paris, Bernard Grasset, 1934 ; BIB). Une analogie entre la « chambre profonde et obscure » de *L'Invention de la mort* et la chambre d'hôtel peut être établie. Cette œuvre de Nabokov réapparaît dans *Trou de mémoire* (p. 49 ; p. 249 ; voir aussi la présentation du roman par Janet M. Paterson et Marilyn Randall).

7. Est-ce une double nomination pour Madame Vincent ? Il est possible que ce changement de nom se soit produit lors de la dactylographie.

8. Le manuscrit de sept feuillets se termine sur ce mot. Le paragraphe suivant se trouve sur le manuscrit de onze feuillets.

9. Fin du feuillet 15. La suite figure sur le feuillet nomade.

10. Fin du tapuscrit. Tout ce qui suit provient du manuscrit de onze feuillets et ensuite du feuillet nomade.

VARIANTES

Sigles et signes typographiques

[ ]   Passage biffé dans le manuscrit ou le tapuscrit.

<*ill.*>   Passage illisible.

AI   Addition ou correction infralinéaire.

AJ   Ajout.

AM   Addition marginale qui peut être placée en position transversale dans la page ou dans une bulle.

AS   Addition ou correction supralinéaire.

LI   Lecture incertaine.

*   Dans «La dernière Cène», l'astérisque indique que la correction ou l'ajout ont été écrits à l'encre bleue.

Chaque variante est précédée et suivie d'un mot d'attache afin de la localiser dans le texte. Le premier chiffre renvoie à la page, le second à la ligne. Le titre représente la ligne 1. Les signes typographiques précèdent le ou les mots qui apparaissent en italique afin de les identifier avec précision.

Les sables mouvants

Le tapuscrit comprend trente-trois feuillets numérotés de format 21,3 cm × 28 cm. Sur la première page, écrits à l'encre noire et surpomblant le texte : le genre, « nouvelle », dans la marge supérieure gauche ; le titre, souligné, « Les Sables mouvants », au centre ; l'année, « 1953 », dans la marge supérieure droite. La plupart des corrections ont été effectuées à l'encre noire lors de la relecture ; certaines le sont au fil de la transcription à la machine à écrire, ce qui rend illisibles certains mots erronés. Le tapuscrit appartient au Fonds Hubert Aquin (Service des Archives de l'UQAM, dossier 44P-205A/027).

152.9	je n'ai [plus] le goût
.24	pattes [partout]. Au plafond, [il y a des] AS *ce sont les vraies*
153.6	fois [que] qu'Hélène
154.3	pente. [Même] Devant
.25	évident [,] quoique
155.13	visage [a] avec
.19	baisers [aisés] AS *faciles*
156.2	cou. La [sentant] AS *devinant*
.10	poitrine [<*ill.*>] palpitante

157.16	impossible, [et prenait la scè] Inutile
158.6	tête. [Je suis pris dans] Je
.11	deviendrai [un] nid
.24	m'appuyais [à cette courbe puissante où pouvait s'accrocher la race des hommes] à ce balcon
159.9	magie de [cette] AS *l'* île
160.10	J'essaie [de me rappeler du poid] de garder
162.5	Barilli AS <*ill.*> (mot recouvert de «3» écrit à la machine)
165.1	encore ce [qu'y] qui
.11	sable. [Alors, la poussière bien quelque fleur dans ces ruines...] Ce Napolitain
166.25	fortement [dans mes bras], son
167.16	avaient [été prononcés] précédé.
168.16	ceux qui [ont besoin] requièrent
.26	ciel. [C'es] Cet
169.8	fraîcheur de [ton visage] ta bouche
.24	froid [et], que
170.24	derrière une [fen] vitre
171.1	transparente. [Elle n'enten] Hélène
.6	comme [ce ma] ce matin-là
172.1	il [rap] direttissimo
.14	Je vous [en] prie
175.22	Évidemment, [elle était de] je
176.3	extrémité de [ma] cruauté
.17	hasard qui [l'a fait] la fait
177.14	garder [t a] ta machine
178.22	finir et [dans] AS *non* dans
181.10	moi, [tu me verras distinctement bientôt] car
182.12	Où [est] AS *sont* ton sourire

L'instant d'après

Le tapuscrit d'un feuillet est de format légal (21,3 × 35,5 cm). Le titre, «L'INSTANT D'APRÈS», suivi du genre et du nom de l'auteur, «nouvelle de Hubert Aquin», est centré dans la page et surplombe le texte. Des notes personnelles manuscrites, qui mettent en doute la pertinence de certains mots, sont écrites dans les marges. Certaines ratures ont été effectuées au feutre bleu, d'autres à la machine à écrire. Aquin recouvre les mots erronés des signes % et $. Nous indiquons les ratures tapuscrites par les lettres Rt. Le manuscrit est conservé dans le Fonds Hubert Aquin (Service des Archives de l'UQAM, dossier 44P-205A/024).

185.11 nouer [se] sa cravate Rt
 .13 absence... [À moins] AS *Peut-être* qu'il («peut-être» est relié par un long trait à «À moins» de la marge de gauche jusque dans le texte.)
 .15 J'accepterais [quand même] AM *bien* qu'il
186.2 conversations [qui me ble] indiscrètes Rt
187.1 décharnés.[.. Mais c] Cet
 .4 n'annonçait [<*ill.*>] hier Rt

.14   fortes [sa peau] Rt sa peau, [et] sa plénitude et sa force.[...] Je

.17   splendeur [,] , de ne pas le rencontrer[,] AS *ni* lui appartenir

.18   de lui, [je p] il m'arrive

.19   mais [s] lui seul

.22   chute. [et m'empêcherait de vieillir ver] S'il Rt

.23   vierge.[..]

La dernière Cène

Le manuscrit, au feutre bleu, comprend trente-six feuillets numérotés de format légal. Le titre souligné, « La dernière Cène », domine le texte du premier feuillet. Les ratures ont été effectuées à l'encre bleue et au feutre bleu, ce qui dénote une campagne de révision. Le manuscrit est accompagné d'un plan de deux pages, daté du 29 septembre 1960, intitulé « Un Repas gâché » (voir appendice V, p. 311). Le manuscrit appartient au Fonds Hubert Aquin (Service des Archives de l'UQAM, dossier 44P-205A/028).

189.2   trompé [d'abord], c'est
   .3   La [dernière fois]* AS *fois* AM *précédente*, [c'était du dos que le malaise le dos] le malaise
   .4   comme AS [un] AS *le* poignard d'un ennemi. [Cette localisation soudaine] Il
   .7   un an, [ou] il
   .9   fatigue de [l'événement]* AS *la crise*
   .12   différente/éloignée, [qui de Par cette do] Il sourit
   .15   gelée, [que le garçon i immobile immobile,] AS *qui se remuait captif* [pris] dans [son orbite]* AS *sa prison*
   .17   vigueur [ou volonté même]*, et
   .19   désagréable [qu'il]

.20	reposa la [cuiller] AS *cueiller* (*sic*) sur
190.1	il [était] AS *se sentit* pris AS [*au piège**]*. Depuis
.3	anglaises [aussi proche] aussi
.4	AS *clandestines* [avec] qu'elles avaient abritées, re-
	cueillies. [Mais le soir [AS *entre <ill.>**]* Autour
	Achille Paul Mais ce soir]. Soudain
.6	horreur de [cette] cet éclairage
.9	Monsieur [Martin] Lacoste ?
.13	Lacoste [en fut soulagé] se sentit mieux. Cette vapeur
	interne [semblait disparaître] [le quitter]* qui
.15	nage [semblait] disparut*. [Il revit les lumières du restau-
	rant] Les plafonniers
.16	dérangeait [plus] Il se
.18	muscles [et de tout son corps.]* Il se possédait
.22	dignité. [En] En*
.23	reflété [par] AS *dans au fond d'* un miroir
.25	cela [était] AS *tenait* sans doute [l'effet de cette] AS à
	*l'*éclairage funéraire [indirect blafard] AS *du restaurant*
.26	col [était] détachait
.27	du cou, [alors qu'il en]* AS *lui qui n'en**
.28	tête [droite] AS *raide*
.30	vingt ans ; [et ses] Malgré
191.2	fort, [puissant] AS *racé,* [un] lion, peu de rides [sur le
	reflet] à vrai dire pour [un homme de] AS *ses* cinquantes
.4	bien-être. [et] Le garçon
.5	verts. [Après] Le garçon
.6	verre [de cette demie-bouteille]. Pierre
.8	steak. [Avant] AS *Au moment*
.9	il n'en avait AS *eut** plus [faim] envie
.12	qu'elle [était] lui était interdite AS *par son* médecin. Mais
	enfin, pour [quelque] AS *un peu plus* [<ill.>] de coles-
	térol (*sic*) [de plus] qui adhère[nt]
.16	fatale que [leur] AS *sa* présence.
.21	dos. [Au fond, il croyait] AS *[Il se dit]* Cela
.24	jaunâtre, [visqueux] vitreux

.25	avait [mal suivi son] commandé
.26	soir [l'] aurait
.28	saumon ; [rien d'autre] pas
.29	friture. [C'était une question de goût] Il
192.2	couverte [avant] comme morte et [inaccessible]. C'est
.4	durcit, [<*ill.*>] cessa
.7	l'intérieur, [et ne lâchait plus] AS *et le dominait*
.8	minutes. [Pierre Lacoste ne pouvait plus compter. Puis il]
	Chose Il [pensa que] certaine
.11	mer. [Le repos qui suivit fut merveilleux, il aima] Allait-
	il [tomber] s'affaisser
.12	couvert ! [Il redoutait] inconscient
.14	moment. [Quelle idée de] Mourir
.15	tout [le monde] Montréal
.16	s'unissent [et] ... Un repos
.20	Lacoste. [Il était habité, La menace, l'avertissement, la
	certitude le tenait] l'habitait,
.21	tenaillait. [L'image de Roger lui revint] Pierre Lacoste
	[dînait] AS *pensa qu'il mourait seul*, seul au Café Martin,
	seul. Sa femme [voyageait en Europe : excursion de 17
	jours.] AS *était à Boston* : *dans une clinique**
.23	où LI [qui] était-il ? [Comment le retrouver maintenant ?
	Il était] Pour
.26	septembre. [LI Ro Il pensa] Pierre
.28	bien [vu] AS *croisé*
.29	père [Et maintenant] Il
193.2	ans, [un garçon de son âge] AI *on est insaisissable,*
	fuyant, dégagé
.6	Mais [cela] ce souvenir
.7	lui [rendit] apprit rien et ne [chang] lui atténua
.7	pas [avoir] AS *revoir* son fils [près] une dernière fois,
	avant cette crise [qu'il] désormais
.10	peut-être. [Ah !] cette [crise]* AS *Oui, l'événement s'an-*
	nonçait

.13 calque d'une [trajectoire] ancienne chute [qui lui avait donné] dont

.16 qui avait [duré] bien duré

.20 visiblememement [mystifié]* AS *perplexe*

.21 Lacoste [songea] demeurait immobile sur [son] la banquette

.26 mort. [Il était seul] Ce mot

.28 absurde, [vide de sens]* AS *injuste* AS *[injuste cruel!]* *injuste* [Il ne pouvait] Non

.29 restaurant [empli de convives] rempli

.30 heureux : [non pas] AS *ne pas mourir* pas seul, [loin de Roger, loin de Suzanne] non Pierre Lacoste ne [voulait] pouvait pas LI [mou] envisager

194.2 fils, [ni] et

.2 désolation [et de honte.] qui

.4 assombri [par le crépuscule] trop tôt par [la nuit] AS *le ciel* novembre. [L'idée lui vint Tous les dimanches ainsi Pauvre dimanches] «On ne finit pas ainsi, [se dit-il] AS *pensa-t-il*, au plus

.8 Lincoln ne [ressemblait] ressemblaient plus

.10 dimanches [plus] ensoleillés

.13 paix [et cette pauvre Mon] Sa femme

.14 Oui, [tout] a cessé

.16 mois [faisaient] emplissaient

.17 dépliaient [en lui comme] AS *[leurs feuilles] leur symbole*

.18 mémoire [comme une feuille] souveraine. [Ils ne] Il était

.21 lui. [Il y a q] Quelques

.24 payer [de rancoeur] d'amertume

.26 maintenant, [Il était Devant quoi le <ill.>] et tout ce gâchis qu'il avait [aimé] chéri avec impudence, qu'il avait [édi] créé

.29 vivaient, [eux] Roger [sa fe] Jeannine

.30 soir. [Après] Toutes

195.1 vie [, ne fournissa] ne semblait plus, [à Pierre] au client

.4   sombré <ill.> dans

.6   Jeannine [Et] C'est [là] que

.9   hypocrites. [Tout cela s'est effondré au même jour comme le temple de Jérusalem] Pierre Lacoste [avait] As *a* vécu dangeureusement mais pour [rien] AS *quoi*? Il a [vécu] AS *connu*

.12   pauvres [voluptés] dimanches

.18   vigilance. [Une <ill.>]

.19   d'eau [devant P. Lacoste] sur

.20   bleus. [<ill.>] Il refit

.23   manteau. [Mais sa] plus [d'aller] Mais

.26   minutes [s'] engloutissaient [leur vie compliquée] toute une [complexe] AS *vie* de remords

.28   rétrospective [laisse] fit

.29   bouclait, [de avec] dans

196.3   succès [dans les <ill.>] en affaires

.4   flattée. [À quoi] Que

.7   peu [car il faudrait lui dire] lui

.14   pendant [douze] neuf

.14   semaine? [Le plai l'amour, cette <ill.>] Peut-on

.20   mois. [L'été] L'âge

.22   que [cet élixir] son lien AS *avec** à Jeannine [ne venait] AS *n'avait*

.23   choisir une [courtis] femme

.24   plus [belle] jeune. [C'était Que] Comment

.29   ans de [gaspillage] trahison

197.1   sût. [Neuf ans] Oh

.3   dissimulation [multipliait] avait

.4   malheur. [Le risque évité Chaque AS [Le] AI *quantité* de risque

.7   (chaque [sortie] message impuni), chaque [tromperie] occasion

.8   hasard. [En septembre] [Maintenant ce n'était plus] Pierre

.10   ressentit une [nausée] une violente

.13   risquait [de rendre] de mourir

277

.14 tardive [lui] AS *le* confirma

.16 souvent, [lui] dit

.17 infarctus [La nausée] Le goût

.20 corps de [Jeannine] AS *Monique*. Il l'avait regardé [froidem] comme

.24 Roger a [tout] découvert la vérité [nue] Pierre

.26 avait dû [che] l'attendre

198.4 lui [Et hélas je ne le verrai jamais plus]. Je suis

.11 dans [une] AS *la* cellule

.12 même [lui] rendre

.13 Lacoste [sentit] sentant le [poing] noeud

.14 et [peser sur lui comme] le pincer comme un scorpion, [sut] sut

.18 dénonçant [deux mois plus] ce dimanche

.20 amant qui ne veut AS *[avait pa*]* ne voulait** plus

.22 quand [on] il

.23 Boston [<*ill.*>] et

.25 tour [<*ill.*>] en le précipitant dans le coma [puis la mort]*, qu'il

.27 jour et [le rendre à] à ses propres yeux, [avant de] au seuil

.28 mystifications, [après neuf ans de mensonge] voilà

.30 haine AM *[de Roger]* emplissait *[le vide qu'il le besoin]* le vide

199.3 restaurant [furen] lui tinrent lieu de crépuscule. [Il courba] la tête

.7 table, [comme] son

.8 coupé [au fr] au-dessus de l'arcade sourcillière. [ce qui a provoqué] Quand

.9 lui [son visage] la nappe

.10 qui l'a [observé] servi m'a dit qu'il [n'avait rien] ne s'était

.12 client. [: il a même ajouté] Je suis resté là le lendemain matin à sa place, à [imaginer] vivre en pensée, [dans] dans AS *devant**

[Fin été 67]

Le tapuscrit de cette nouvelle inachevée et inédite, datée sur un bout de papier de la «Fin été '67», comprend vingt-trois pages dont quatre tapuscrites, numérotées de 1 à 4, en deux exemplaires (original et double au carbone) et dix-neuf manuscrites. Le papier de l'original est filigrané «304 Marais» et celui du double au carbone du tapuscrit porte l'en-tête du Centre culturel du Vieux-Montréal (112 ouest rue St-Paul, tél.: 288-8103). Les corrections ont été effectuées à la machine à l'aide du signe # et lors d'une relecture avec un feutre noir à grosse pointe. Sept feuillets manuscrits (feutre noir) non numérotés, de papier mince transparent, portent l'en-tête de la Société Radio-Canada à Paris (17, AVENUE MATIGNON, 75 — PARIS — VIIIe, télégraphe: Telca — Paris, téléphone: 359-11-85, Télex: 25045). Suivent onze feuillets numérotés de 5 à 15 écrits à l'encre bleue. Les corrections ont été effectuées à l'encre bleue et à l'encre noire. Le dernier feuillet, de papier filigrané «304 Marais», tout comme le papier du tapuscrit original, non numéroté, est écrit à l'encre bleue. Le tapuscrit est vraisemblablement une mise au net d'une partie du manuscrit à en-tête Radio-Canada puisque apparaissent les mêmes phrases sur le dernier feuillet du tapuscrit et sur le premier du manuscrit. Aquin a établi une mise au net d'une partie de son manuscrit dont il manque les premiers feuillets. Deux possibilités s'offrent : ou bien Aquin poursuit l'écriture de la nouvelle à la main sur les onze feuillets qui suivraient les quatre feuillets tapuscrits et les sept feuillets manuscrits ; ou bien il abandonne la mise au net du manuscrit de la première campagne d'écriture pour écrire une nouvelle suite sur les onze feuillets manuscrits puisqu'il débute la pagination à cinq, ce qui suivrait immédiatement le tapuscrit, invalidant de cette façon ce qui reste de la première campagne d'écriture. C'est pourquoi nous avons présenté deux versions de la même nouvelle.

Le manuscrit appartient au Fonds Hubert Aquin (Service des Archives de l'UQAM, dossier 44P-205A/029).

207.15	pas [—] par prudence
.30	et qu'elle [reto<urne>] s'en retourne (Mot recouvert du signe # à la machine)
208.1	embarquer [par] par la police
.16	Et [plus] AS *à mesure que* je m'enfonce (Correction au feutre noir sur la copie carbone, à l'encre bleue sur l'original)
209.7	qui venait la [voir] rejoindre. (Mot recouvert du signe # à la machine)
.8	mais c'est tout juste. (La page quatre reprend l'expression « tout juste » accompagnée de trois points de suspension.)
.19	il n'y avait [pas] qu'un meuble (mot recouvert du signe #)
.25	d'un drap après. (Le tapuscrit se termine ici et le manuscrit commence un peu plus haut à « passer deux heures avec un homme »)

.25   Ce détail m'a [beaucoup impressionné] frappé

210.4   l'autre : [je] AS *celui de* ne saurai AS *vois* jamais (Correction à l'encre bleue)

.7   C/ce soir (la majuscule apparaît sur la minuscule de l'adjectif démonstratif.)

.8   dehors (Un long trait indique la liaison immédiate au paragraphe suivant. La fin du présent paragraphe n'est pas raturée mais escamotée : « trois heures dehors — et m'a embrassé tendrement en rentrant. Et même, elle m'a caressé sous ma chemise tandis que je m'abolissais dans une lecture prétexte... Je ne comprendrai [pas] jamais, mais surtout je me tais ».)

.10   avec [cet individu] un homme vraiment [comme les autres] ordinaire

.19   moi ! (alinéa) [Sans dout<e>] J'ai le sentiment

.21   de lit [tout simplement] [le prochain] plus régulier

.22   espace [équiva<lent>] égal à

.25   ne pas la [suivre] rencontrer

.28   et de [passer] me faire passer

211.2   séjours [sur] dans

.4   cherchant à [comprendre] réconcilier

.6   dit que [la vie] c'était comme ça l'amour [:], (La virgule annule les deux points)

.8   étrangère, [mais je ne sais plus rien] [mais je ne] je sais

.14   incroyable de [vivre] faire (phrase écrite à l'encre bleue, la rature aussi)

.19   du moins, [assez] relativement

.20   femme soit [pour]suivie [par] non moins

.22   mari. (alinéa) [Combien] (alinéa) Comme

.30   heures de [plaisir qu'elle vole] de plaisir (Un trait relie les deux prépositions « de »)

212.8   vieillissement ne [lui interdise] [et] [ni] la confine (Rature à l'encre bleue sur le « et » ; les deux autres ont été effectuées à l'encre noire)

.9   mari ? (alinéa) [Personne ne le sait] (encre noire) (alinéa)
       C'est vraisemblable (Une rature à l'encre noire chapeaute
       le point d'exclamation, le transformant en point d'interro-
       gation.)
.14   échapper, [à périodes pour] par périodes
.18   sans jamais [le] AS *en* contester
.19   luxe AS *suprême*, ce doit
213.4 femme [belle, c'est <*ill.*>] exceptionnellement

APPENDICE I

Extraits du *Journal* [1]
(pages relatives aux *Rédempteurs*)

8 février [1952]

Mon heure n'a pas encore sonné. J'agis par délais. Tout ce que je fais est en perspective d'une époque où je serai engagé de toutes mes forces. J'absorbe et j'attends. Il n'est qu'une chose dans ma vie présente qui préfigure ce temps de l'action totale, et qui n'est pas un délai mais une fin — c'est le roman. *Les Rédempteurs*. Je lui consacre ma disponibilité et mes passions.

Dimanche 2 mars [1952]

Journée douce et ensoleillée où je marche de Passy au Louvre le long de la Seine, prenant des photos. — J'en suis à un point de mon roman où l'expression du fantas-

---

1. Se reporter à l'édition de Bernard Beugnot pour l'annotation.

tique m'apparaît surtout un problème de mots. Chaque mot, chaque tournure me donne la crainte de passer à côté, de rater l'effet. J'ai surtout peur que cela ait l'air froidement écrit, ou artificiel comme Gracq me le paraît aujourd'hui, ou truqué à la Valéry. Comment faire passer, dans le chapitre qui me reste, le fantastique dans la vigueur et la rapidité du récit; comment sans jouer les effets rendre solidement cette atmosphère d'apocalypse qui hante ce récit. Peut-être écrire rapidement, aveuglément, dans le feu de l'idée, sans penser aux mots qui me viennent. Surtout ne pas faire de cela une œuvre «écrite» et dont l'artifice verbal serait un écran à la bouleversante vérité de la fable.

28 mars [1952]

L'état de création exige une grande intimité avec soi-même; il me semble d'ailleurs que je me suis éloigné de cette source jaillissante de l'être qui produit l'essentiel. Il me semble que depuis deux ou trois ans je n'ai rien découvert; j'ai tout au plus gagné du terrain sur un plan logique, technique, extérieur, mais rien de profond ne m'a été révélé du fond de mon intimité. Ainsi l'*idée* de mon roman remonte à quatre ans en arrière, et il me semble aujourd'hui que je n'ai plus l'*âme* pour exploiter cette révélation. Je suis loin de moi-même; je ne suis plus dans cette brûlante intimité qui crée. C'est comme si j'avais recouvert ma source; elle ne coule plus en moi. Je me suis cristallisé, figé en attitudes, j'ai fermé cette ouverture sur l'éternel rejaillissement de l'être. Et la création c'est cela:

être ouvert sur la totalité de soi, rester près du feu, dans l'intimité de la conscience et des instincts. Sans cela, ce que je fais est tronqué, incomplet, hypocrite.

31 mars [1952]

Je recopie mon roman. Je ne suis pas sûr qu'il rende cet essentiel que j'ai voulu y mettre : trop de chapitres, trop de gestes là-dedans ne sont pas *extrêmes*. Je doute que cette histoire paraisse extraordinaire : je doute que le lecteur ait la nette impression de fantastique. Je suis encore loin de mon style : je n'ai pas encore ces tournures et ces mots qui nous font entrer immédiatement dans l'âme de son auteur. Trop de formes, trop d'apparats encore dont il faudra me débarrasser pour que j'exprime les choses à vif. Je crois bien n'être pas romancier — tout au plus fabuliste : j'ai encore plus d'attrait pour les mythes que pour les tranches de vie. Et si encore j'écris d'autres histoires elles seront symboliques et — à la limite — je créerai des mythes, ou tout au plus j'en reprendrai des anciens. Car tous les romans du monde gravitent autour de quelques mythes essentiels.

20 mai mardi [1952]

Déposé le manuscrit des *Rédempteurs* chez Gallimard, rue S[ébastien] Bottin. Censé en entendre parler d'ici un peu plus d'un mois.

26 août [1952] *Athènes*

Je prends ma foi un certain plaisir à écrire *le Prophète*.
C'est d'ailleurs la première chose que j'écris si rapidement. Je suis obsédé par deux modèles. *Mort d'un commis
voyageur* et *Anna Karénine*. Si je pouvais arriver pour la
mort du prophète à l'intensité de la mort d'Anna
Karénine, je serais trop heureux. Ce qui manque dans *les
Rédempteurs* et dans *le Prophète* ce sont les scènes émouvantes. Je produis des moments durs ou tristes, je voudrais aussi émouvoir — prendre à la gorge et non pas
seulement à la tête. Je ne sais d'ailleurs pas comment faire
mourir le prophète — et par quelle situation permettre
qu'il exprime son vertige devant la mort et que paraisse
aussi le trouble des assassins. Dans un roman cela irait
plus facilement. Il me semble !

14 octobre 1952

[...] Manuscrit des *Rédempteurs* déposé chez José Corti
— Réponse avant deux mois.

12 déc 1952

Derome me parle des *Rédempteurs* qu'il vient de lire. Il
représente le lecteur moyen non sympathique, se refusant
même à se faire prendre : il garde son recul, mais par là
peut m'apporter beaucoup. Il a jugé d'abord d'après le
genre, d'après de possibles influences, d'après la compa-
raison avec d'autres œuvres du genre — Toutes ces critiques m'ont fait comprendre que *Les Rédempteurs* sont un

péché de jeunesse qu'il me pressait de commettre comme pour en finir une fois pour toutes avec les idées du genre. Ç'aura été pour moi une expérience extrêmement profitable puisque j'y aurai découvert ma vraie veine et l'orientation qu'il ne faut pas lui donner. Le fantastique ne doit pas s'exploiter à découvert, il ne faut pas surtout faire le vide autour d'une idée fantastique, la dépouiller du contexte quotidien, normal ou simplement réel. Au contraire — c'est dans un tel contexte de réalité que le fantastique peut vraiment surgir et apparaître tel, si on le sépare de cette réalité, si on lui enlève toute chance de réalité (*les Rédempteurs*) il devient abstrait, et perd sa force. Le fantastique n'est fantastique que par rapport à une réalité normale : sa force est de contraste et d'invraisemblance. Mais pour que l'invraisemblable ait du relief, il doit se détacher d'un contexte vraisemblable. Il faut concéder le plus possible de réalité à un roman qu'on veut fantastique — (je me le propose pour le prochain roman). Autre détail : le fantastique est le propre d'une conscience qui transforme la réalité. Le romancier ne peut pas raconter des *faits* fantastiques — mais nous fait vivre, à travers une conscience transformatrice, une réalité devenue fantastique. Le fantastique n'est pas dans la vie (ou très rarement) mais dans la façon de voir, de ressentir la vie. C'est d'abord une vision : une vision déformante ou maladive de ce qui peut être, pour d'autres esprits, parfaitement normal.

15 déc [1952]

Quand le contenu est trop fort pour les moyens d'expression ou complètement vide, on écrit en biais. Par exemple : dans *Moïra* quand Joseph a commis le crime. Par exemple : dans *les Rédempteurs* où rien n'est senti mais où mon style veut donner l'impression du trop senti. Un fiasco qui me sera profitable. Je me suis attaqué à un objet faux et inexistant et j'y ai déployé des façons d'émouvoir à l'envers, l'ébranlement émotif venant uniquement de l'esprit. À l'avenir — prendre un sujet *vécu* où pour le transcrire je n'aurai point à écrire en biais, à prendre la réalité par le côté, mais par ce qu'elle a de vrai et de « *réel* » !

Le 2 août 61

[...] Toutes les situations que j'invente reproduisent cette tension individu-société, ce dialogue entre l'anormal et le normal, la transgression et l'obéissance aux lois. Ce schème est tellement simple que je peux facilement réduire tous les drames à cette relation entre les deux termes cités. Les formes que peut prendre cette transgression sont indéfinies ainsi que les variantes des relations individu-société qui en découlent. Mais à partir du moment où il y a anormalité, commence le symbole. La littérature commence à l'anormalité, ce qui n'implique pas une corrélation esthétique entre l'anormalité et la beauté. On peut raconter platement Œdipe-roi ! Je suis séduit par cette anormalité, mais surtout par tous les sentiments qui conditionnent sa manifestation et même sa seule possibilité :

de l'hésitation jusqu'au meurtre, du remords jusqu'à la soif du mal. L'anormalité seule est une attitude nuancée. En toute vérité, la tentation de l'anormalité m'occupe plus que l'anormalité elle-même et, là-dessus, j'ai de la difficulté, dans mes œuvres, à aller plus loin que dans ma vie. Je suis tenté, j'hésite, je vis sur le seuil d'une anormalité séduisante, je ne le franchis jamais, j'ai peur. Quand j'écris, au contraire, je m'abandonne à cet envoûtement si redouté dans la vie, je l'invoque, je tente désespérément de me perdre en son symbole. Mais, de savoir trop que la fiction est symbolique, me donne un sentiment, que j'ai noté le 28 juillet, de détachement à l'égard de ce que j'écris : mes histoires me semblent symboliques et ne s'imposent pas à moi impérieusement comme des réalités (sauf pour *les Rédempteurs* jadis, le roman et, tout récemment encore, le projet du roman 1837). À ce signe, je devrais peut-être me méfier d'elles, les rejeter comme des idées littéraires ! M'en tenir aux idées qui me sont données : celle de la chute par exemple, celle aussi de l'inceste réussi entre le père et la fille ! […]

APPENDICE II

Documents épistolaires

Lettre à Louis-Georges Carrier
publiée dans **Point de fuite.**

Berne, le 24 juillet 1952

Mon cher Louis-Georges,

Je suis ravi de ce que mon roman[2] ait rencontré, en toi, une si parfaite compréhension, un écho si net et si total... Même si je me suis éloigné de ce roman, tes paroles me replongent dans la seule aventure que je vivrai jamais! Je crains de ne jamais pouvoir écrire quoi que ce soit qui ne reprenne fatalement *Les Rédempteurs*. Prisonnier de ma propre histoire, cela me paraît inévitable; ce que j'ai inventé me retient. J'essaie de m'en libérer, de changer mon histoire, de déplacer ma destinée, de trouver une autre aventure intérieure qui me fixe. Le voyage me

---

2. «*Les Rédempteurs*, paru plus tard, sous forme de "nouvelle allongée", dans les *Écrits du Canada français*. Environ 2$ la page... Somme toute, c'est impayable... Tome V, novembre 59 (*H.A.*)» (1970). Note d'Hubert Aquin. (*Point de fuite*, édition établie par Guylaine Massoutre, Montréal, Bibliothèque québécoise, 1995, p. 129)

permettra, j'espère, de découvrir un autre monde à transformer en œuvre.

J'approche du jour où je dois partir vers la Grèce.
J'ai mis dans ce projet toutes mes complaisances, mais
trop peu d'argent. Je prie les dieux de l'Olympe d'exaucer
quand même mon vœu...

Je serai vraisemblablement à Paris l'automne prochain; t'y reverrai-je?

H.

Lettre à Louis Portugais

Montréal, le 3 juin 1955

M. Louis Portugais
3074 rue Lacombe,
Montréal, P. Q.

Cher Monsieur,

Je m'excuse de vous avoir laissé si longtemps dans
l'incertitude au sujet de la publication des *Rédempteurs*,
mais croyez bien que j'étais moi-même profondément
indécis. Cela ne tenait pas au succès possible de la publication, mais au fait que je n'avais plus le cœur de signer
ce roman que, de plus en plus, je m'applique à considérer
comme un péché de jeunesse. Je me sens trop loin de ce
roman et ce qu'il exprime m'apparaît tellement particulier
qu'en risquant sa publication je me condamnerais à une
véritable frustration. Si je devais publier un roman (et
c'est une ambition aussi vive maintenant qu'il y a deux

ans) il faudrait au moins que l'œuvre m'exprime actuellement, dans ma composition présente si fugitive soit-elle et
même, d'ailleurs, si je dois la renier dans deux ans. Vous
qui écrivez comprenez sûrement mon scrupule. Il y a
aussi la question du style sur laquelle je n'insisterai pas :
mais je dois vous avouer que je ne ressens plus cette
façon d'écrire, cette notation indirecte, de biais, qui hésite
entre une notation purement poétique et le langage propre
du roman. Cette confusion me charmait moi-même à
l'époque où j'ai écrit *les Rédempteurs*, mais me déçoit
maintenant — même quand je la rencontre chez d'autres.

Bref, vous l'avez déjà compris, je retire le manuscrit
des *Rédempteurs* et c'est sans la moindre désolation que
j'envisage de ne jamais le publier. Je projette d'autres
romans et j'accepte légèrement d'en avoir raté un. Toute
erreur profite et, au fond, je ne renie pas mon roman, je
ne fais que l'apprécier à sa juste valeur.

Vous avez été bien gentil de vouloir le publier et je
demeure très sensible à l'attention que vous avez portée à
cette œuvre. Je serais heureux de pouvoir vous soumettre
un autre roman (car j'estime beaucoup votre travail d'éditeur) mais je ne me suis fixé aucun *deadline* : il est possible que je le finisse cet automne à Pâques ou à la Tri-
nité. Je ne sais pas.

Si vous ne pouvez me renvoyer le manuscrit des
Rédempteurs, écrivez-moi un mot, je passerai le chercher
moi-même.

Je vous prie de croire, cher Monsieur, à l'expression de mes meilleurs sentiments et à mon admiration pour cette entreprise d'édition que vous poursuivez avec goût et courage.

Bien à vous,

Hubert Aquin

APPENDICE III

Extraits du *Journal* concernant « Les sables mouvants »

15 mars [1952]

Hier soir suis allé entendre *Tristan et Isolde*. Jusqu'alors je ne savais pas ce que c'était que l'envoûtement suprême et déchirant du chant d'amour. Il n'est pour moi pas de musique plus exaltante, pas de chant qui serve à ce point la passion d'aimer qui gît au fond de l'homme. Cette rencontre est la rencontre absolue, l'extase divine d'aimer et d'être aimé dans un monde fatalement hostile.

— J'ai terminé ce matin la lecture de *Romeo and Juliet*, cette autre histoire d'amour et de mort, ce mal d'aimer qui porte en lui sa sombre fatalité et ses promesses sans avenir.

« *Now old desire doth in his death-bed lie...* » (acte II, chœur). Quand j'aurai fini mon roman, j'en ferai un autre plus grand : *la Rencontre*, cet axe au centre de nos vies, le frère mortel que nous cherchons sur toutes les routes, que nous appelons comme notre sort, cette âme qui est notre salut, notre extase, la fin et le début de tout, l'extrême espoir et l'infini sans retour de la passion apaisée. Iseut je te cherche, si tu es au bout du monde, au-delà des mers, j'irai te chercher et t'offrir mon destin, mourir de désir à tes genoux.

22 mars [1952]

[...] Gracq n'atteindra jamais la *puissance mythique* qu'il laissait désirer dans *Argol* et le *Ténébreux*, s'il ne comprend pas que ses personnages ne doivent faire que les gestes indispensables et extrêmes, qu'ils ne doivent se manifester à nous que par des actes essentiels rendant d'un seul coup la totalité de leur être. Pour les autres gestes que d'autres peuvent faire, qui n'ont aucune urgence ni aucune raison de fatalité, ils ne font que surcharger un personnage et le noyer dans la contingence et le plus ou moins. Il faut d'abord — pour comprendre cette loi dramatique — tendre à ne poser dans la vie que des actes authentiques, prendre corps dans chacun de ces actes, habiter la totalité de ses propres manifestations. Il me semble que Gracq ne vit pas, n'agit pas à ce niveau d'authenticité et d'incarnation. Chacun de mes actes doit comporter la plénitude de moi-même: et dans une œuvre d'art — encore plus!

20 sept [1952]

La rencontre confondue avec le meurtre. L'assassin qui rencontre dans sa victime la personne qu'il attendait. Peut-être prendre la forme du monologue. La peur et tous ces autres sentiments du meurtrier en mission — puis le coup de foudre devant la victime, le climax, l'exaltation. *Monologue* —

> *au présent indicatif*

> > faire à titre d'essai en vue du projet suivant :

> > > *Le Temps perdu Proust*

Time of scorns   *Time on my hand*

Trouver une phrase à faire un titre *Keats*

> > Du Bos le rivage   sables

30 *septembre* [1952]

La tragédie de l'amour : y a-t-il d'autre sujet pour un romancier ? D'autre aventure pour une vie d'homme. Une femme aime un homme[3] : il lui a donné un trésor et elle veut lui rendre. Il n'y a plus que cela dans sa vie — cet absolu qu'on veut prendre dans nos deux mains, ce désir incessant de donner son corps et son âme et d'être ainsi dans la plénitude. Si j'écris un roman que ce soit celui de l'amour, ce feu inextinguible qui pourrait consumer l'uni-

---

3. RAMUZ écrit dans son *Journal 1896-1942* : « Un homme aime une femme, séparé d'elle. Comment alors, de minute en minute, et tout le jour, et chaque minute est une éternité, il pense à elle, l'imaginant dans son travail, dans chacun de ses pas, dans chacun de ses gestes. Et des frissons dans tout le corps, cette incertitude malgré tout, qui le fait crier. Ce visage qu'il poursuit à travers la distance, le voyant soudain nettement dans tous ses détails, puis qui devient plus vague, s'efface de nouveau. » (p. 140) Aquin met en évidence ce fragment dans son exemplaire par un long trait et un crochet (✓) dans la marge en plus de souligner la première phrase.

vers pour atteindre un seul être. Avec l'amour, le monde devient un langage qui sert à exprimer notre extase, le temps devient un poème qu'on reprend toujours et qui meurt inachevé. Il faudrait trouver pour ce roman les circonstances, les conditions extrêmes qui font de l'amour la tragédie du temps perdu, la tragédie de l'inaccessible repos. Il faudrait trouver, si l'on peut dire, les obstacles symboliques, la situation limite — car l'amour, quel qu'il soit est une tragédie. Parfois les circonstances, l'habitude nous le cachent : les amoureux parfois prennent peur devant leur amour, ils en recouvrent l'aspect terrible, ils font semblant, d'un commun accord, de l'ignorer pour vivre plus tranquillement sans inquiétude, sans emportement, sans dépense. De la même façon qu'on « organise » la charité pour autrui, on « organise » l'amour dans le mariage. Mais jamais impunément : l'exigence insatisfaite se révolte. L'amour tu deviens triste. Ce n'est pas cet amour que je veux. Ce n'est pas cet amour qui transforme le monde et fait parler les hommes. Il n'y a vraiment qu'une tragédie et je veux la trouver — je veux la vivre, ne jamais m'en éloigner car c'est le salut. Je veux m'y perdre et vivre une vie totale. À ce moment — je pourrai peut-être l'écrire. Ces réflexions me sont inspirées par la lettre déchirante que je reçois de J. Claude où il me parle de Jacques. Il m'écrit ceci : « ... Celui qui aime comme j'aime et celui qui aime un être comme celui que j'aime, celui-là possède un trésor, une route divine. »

Un roman où il y aurait deux êtres, une chanson, et une maison très loin où ils voudraient fuir...

Avec un dialogue de monologues (*St[ream] of consciousness*) aucun chapitre sinon le changement des voix (et l'enchaînement ainsi obtenu et les étapes sautées) — trouver les choses qui s'y passeraient — *chaque « objet » correspondant à une étape* et mesurer d'avance très exactement la part de réalité qu'il conviendrait de faire entrer dans une telle histoire; beaucoup et très précise (Kafka, Joyce) ou très peu. Préférable sans doute de compenser la simplicité de l'histoire par une abondante réalité — qu'il faudra bien précise, et situer à Montréal: lieux nets.

1er octobre [1952]

1er octobre [1952]

À propos de ce roman.

La rencontre, élévation, exaltation, immense déferlement de naïveté.

La recherche. L'errement dans les transports physiques, cet extraordinaire vertige du corps, ce désir sauvage de sonder dans la chair. La maladie.

La foi ou la *tragédie pure* — L'absolu désespoir d'aimer et l'absolue extase des deux amants. *Les folies inventées pour se perdre et se retrouver, pour s'atteindre — La folie de la mort.*

Le jeune homme — *chimiste* ou physicien. Ce roman sera mon histoire et le désespoir de la fin de la transposition de notre éternelle insatisfaction.

À chaque scène devra correspondre un lieu très précis (avec le rituel de gestes ou d'états d'âme correspondants): cette réalité constituera l'assise du roman par laquelle peut s'édifier un drame aussi simple que celui-là.

Dans la dernière partie du roman, c'est à la divergence des monologues que le drame paraît le plus. Le parallélisme déchirant.

Dans ce roman, ne pas exploiter l'ambiance de l'amour ou ces conditions ext. — mais l'amour lui-même dans toute sa nudité.

14 octobre 1952

Cette idée de roman se précise. Mais il faudra faire bien attention de ne pas sombrer dans l'abstraction ou le « développement » intellectuel. Que les points dramatiques soient en tel geste, telle action, telle circonstance, tel lieu — rechercher le minimum de gestes pour exprimer une tragédie. Si nous enlevons tous gestes [*sic*], la tragédie devient une thèse, un essai, une idée. Si nous en mettons trop, nous voyons la tragédie dans une reconstitution de réalité. Dans la vie la tragédie est en général noyée : habitudes, détails, contexte social. Les vrais gestes tragiques ne sont pas soulignés, ils se perdent, se confondent avec tous les autres gestes insignifiants. Dans la tragédie, il faut soustraire les personnages à leur environnement habituel : il faut détacher telle action de l'ensemble du tableau, il faut rappeler une seule minute sur les vingt-quatre heures d'une journée. À ce moment-là — les éléments extérieurs de la tragédie, ces gestes « uniques », deviennent presque symboliques par rapport au contexte réel d'où ils sont extraits. [...]

18 octobre **1952** *samedi*

Pour le roman. Fin de la deuxième partie — La jeune fille devient hypersensible : se lève la nuit et crie au secours — au moment précis on lui brise quelque chose, on la blesse.

Troisième partie. La poursuite des amants. Ils se cherchent dans la ville. *Les attentes aux cafés* — à deux endroits affolants. Elle l'aperçoit dans la foule, elle court, il entre dans une porte, disparaît. Ou *lui* peut-être. Une poursuite affolante, fantastique. Il l'a perdue et il la cherche. *Les complications qu'ils inventent pour se perdre et se retrouver.* Un bon jour, ce jeu devient affreux. Ils ne se retrouvent plus. Ils se cherchent dans toute la ville.

Même soif de pureté devenue maladive : ils s'éloignent l'un de l'autre pour ne pas abîmer leur amour. Les mises en scène qu'ils inventent pour s'aimer plus parfaitement. L'obsession de leur passé physique, l'extraordinaire présence de leurs corps et de leurs souvenirs charnels rend douloureuse l'élévation de leur amour. C'est parce que leur âme est exigeante que son incarnation dans les gestes physiques de l'amour ne la repose pas ; elle veut brûler la chair, et ne plus souffrir son tiraillement et ses localisations de plaisir ou de douleur, et ses exaltations enchaînantes. C'est à peu près à ce niveau que se situe *la pure tragédie de l'amour*, celle que nous effleurons un jour ou l'autre, celle que nous n'osons pas vivre jusqu'au bout parce qu'elle conduit à une souffrance éternelle — et à un besoin jamais calmé — à l'infini !

20 oct. 1952

Pour mon roman voir *notes du 20 oct* Signif. d'une émot
— *verso*)

Les amants se blesseront dans le monde ; ce qu'ils
auront voulu incarner se retournera contre eux pour les
meurtrir. Ils se perdront dans l'opacité du monde physique. Puis ils se retrouveront, ce sera la rédemption de leur
amour — ils seront limités à ce monde de compensation
qu'est la conscience, ils n'auront plus pour eux que l'univers de leur émotion et de leur désir, que ces extases
rageuses qui ne s'approchent jamais de l'incarnation. La
pure tragédie de la déception et de la *rage d'aimer* ! Le
désir éternel de supprimer le monde réel est l'obstacle du
corps !

25 *novembre* 1952 — *Roman*

Elle — peu de raisonnements, mais uniquement des impressions ou des intuitions qui ont force d'arguments. Et
surtout — une pudeur des mots et des confessions telle
qu'elle *décrit au plus simple* — plutôt que de *Parler de*.
Un esprit concret — qui aussitôt qu'il emploie un mot
trop « ambitieux » en sourit. Tous les monologues doivent
retracer une action, des impressions concrètes. Elle ne fait
jamais d'introspection à proprement parler, elle est trans-
portée, craintive, rayonnante ou bouleversée. C'est son
émotivité qui parle. Pour elle il se passe toujours quelque
chose, tout est dramatique quand on se place au niveau de
son émotivité.

2ᵉ partie — Les râles qu'elle entend dans la chambre à côté de la sienne pendant des nuits — et qui l'obsèdent.

11 déc. 1952

Retardons le début du roman. Il me semble que ce serait le précipiter que de le commencer sans être d'abord fixé sur la technique. Car je dois l'avouer j'entrevois ce roman d'abord comme une nouvelle méthode — je rêve d'y exploiter une nouvelle technique du personnage à laquelle m'inclinent mes recherches phénomé[nologiques] actuelles de ma thèse[4]. Un roman est pour moi une aventure intellectuelle absolument passionnante — une sorte de défi que je me sens forcé de relever avec élégance et force. S'il n'y avait pas cet aspect de difficulté intellectuelle et technique, je crois que je serais pas porté à faire de romans. C'est chez moi l'aspect proprement artistique du besoin d'écrire qui compte [...]

---

4. Aquin lit entre autres Edmund HUSSERL, *Méditations cartésiennes. Introduction à la phénoménologie* (Paris, Vrin, 1947), *Idées directrices pour une phénoménologie* (Paris, Gallimard, 1949 ; traduction de l'allemand par Paul Ricœur, BIB) ; Paul RICŒUR, *Problèmes actuels de la phénoménologie* (Paris, Desclée de Brouwer, 1955) ; Francis JEANSON, *La Phénoménologie* (Paris, P. Tequi, 1952) ; F.J.J. BUYTENDIJK, *Phénoménologie de la rencontre* (Paris, Desclée de Brouwer, 1952).

11 mars 53

Si mon être est (pour moi) le rapport entre mon intention présente et mon passé, c'est dans l'attitude de chacun vis-à-vis de son passé, qu'on est le plus près de le connaître. S'il nous était donné de connaître la façon dont chacun regarde son passé, nous serions au centre de son être. Tous les actes de l'homme sont posés comme un rapport avec le passé : la création artistique encore plus peut-être ou d'une façon plus révélatrice. Car l'homme agit avec une certaine idée de lui-même et cette idée de lui-même est la relation qu'il entretient avec son passé. L'essence d'une personne est un rapport d'intention actuelle-passé. Ce rapport est mobile, changeant : est-il conceptualisable au niveau de l'analyse intentionnelle. La plus grande introspection doit se tenir au niveau de ce *rapport* — qui est comme le joint en nous de la liberté et du destin, l'explication de notre action, la liberté se définit par ce rapport, le fatalisme... *Autre conclusion.* L'aptitude vis-à-vis du passé étant le nœud de la conscience présente — l'aspect *souvenir* du roman et le plus central. Et même l'effort de l'artiste qui fait un roman est précisément un acte de souvenir et de jugement porté sur le passé. [...]

APPENDICE IV

Extrait de *L'Invention de la mort*
(p. 69-71)

Il me regarde à nouveau comme tout à l'heure d'un regard haineux. Qu'ai-je fait pour le rendre si cruel avec moi? Je lui crie mon désir et il continue de nouer sa cravate placidement. J'ai besoin de lui. Mon ventre est tendu autour de son absence. Pourquoi ne cesse-t-il pas ce jeu? Pourquoi ne revient-il pas s'étendre ici et se laisser déshabiller par mes caresses? Ce serait si simple pourtant, et si merveilleux qu'il m'aime comme avant, sans m'imposer, à titre d'expiation, les longues conversations pénibles qui me blessent et ne lui procurent aucun bien. Je l'aime pourtant, je l'aime plus que ma propre vie. Ah! si seulement il oubliait un instant que je suis mariée et que j'ai appartenu à un autre homme, pour venir à moi. S'il éprouvait le millième du désir qui me hante, il se précipiterait sur moi sans manières et je deviendrais encore une fois, une fois encore mon Dieu, sa proie bienheureuse. Hélas, je pleure, je n'ai rien d'autre que mes larmes si je ne suis pas transpercée de plaisir. Hors de sa visite tumultueuse dans mon ventre déchiré, je ne suis rien et n'importe quelle jeune fille de couvent qui contemple en secret ses jeunes seins est mille fois plus désirable que moi. Je le sais, René aussi, car il ne me regarde pas. Il se tient droit tout près du lit où je l'ai aimé couché et m'ignore. Il ne voit pas, mais moi j'aperçois, dans le miroir, son visage d'enfant mort.

C'est moi qui l'ai tué ainsi, je suis l'auteur de ce meurtre dont je contemple le reflet. Mais qu'ai-je fait de mal sinon me laisser épouser, devenir mère sans aimer, partager le lit d'un homme que je suis résolue à fuir aujourd'hui, demain, n'importe quand, pour ne plus vivre que des baisers de mon nouvel amour? Comment aurais-je agi autrement il y a douze ans, puisque j'ignorais alors l'existence de ce bel enfant qui parcourait les rues de Montréal et qui un jour tomberait dans mes bras décharnés et redonnerait vie à mon âme et à mon corps?... Depuis nos deux dernières rencontres, René m'apparaît secret. Je le sens s'échapper de moi, comme il se retire brusquement après l'amour, quand il est triste. Il s'est rhabillé des pieds à la tête comme pour se protéger. Peut-être qu'il ne me désire pas? Ce serait donc cela ma punition: que mon corps le laisse froid ou même lui déplaise!

Si j'avais été avertie, je me serais gardée belle pour sa venue. Je l'aurais attendu dans un bain d'aromates, je ne serais pas sortie de mes limbes avant le jour de sa naissance. Moi, j'aime follement son corps que je voudrais à nouveau sentir pénétrer jusque dans mon ventre de petite fille. Je désire et j'ai mal.

Il aurait mieux valu ne jamais quitter ma maison, ne pas voir même une seule fois René dans sa nudité splendide. Oui, me cloîtrer dans ma maison et venger sur un mari distrait toutes les souffrances que je reçois de René en ce moment. Mais je l'ai reçu, il a fait son chemin en moi en sens inverse de mes trois enfants, et m'a marquée plus qu'eux encore. Je lui appartiens. Loin de lui, je peux parfois, honteusement, trouver mon plaisir, mais lui seul me rend à la vie. Seul son corps m'emplit, seuls ses grands mouvements de loup de mer rejoignent mes profondeurs, seule sa bouche me donne des baisers !

Comment ne voit-il pas que je l'aime ? Et pourtant tout à l'heure m'a-t-il traitée comme une putain ? Oh ! je l'ai été, l'espace d'un instant, quand il m'a murmuré à l'oreille sans que j'aie vu son regard : « Combien de fois as-tu fait l'amour ainsi avec ton mari, à la manière des chiennes ? »

Je ne peux plus m'arrêter de pleurer. Un mot de lui me retiendrait dans ma chute. S'il me touchait une seule fois encore de sa main, je redeviendrais vierge...

APPENDICE V

Un Repas gâché[5]
Projet [de] nouvelle Paris 29 sept 1960

« Je ne veux pas mourir »
Lieu : Restaurant
Le narrateur à 45 ou 50 ans : il sent un malaise cardiaque
/ description phénoménologique de la crise qui vient :
avec dimension historique : les crises antérieures (les situer dramatiquement ce qui amène une évocation du reste)
[Achille B. à la tour Eiffel] la vie évoquée par *bribes* qui
correspondent au temps de repos de la crise [idée de
Bachelard : la mémoire liée au temps d'arrêt, d'hésitation,
de repos][6]

---

5. Plan de la nouvelle « La Dernière Cène » rédigé par
Aquin.
6. « Temps d'hésitation » est une formule bergsonienne souvent employée par BACHELARD. Il y fait allusion dans son ouvrage
Lautréamont (Paris, J. Corti, 1939) qu'Aquin lit au mois de juillet.
Cette notion est développée autour du « temps de repos » et de la
mémoire dans *Dialectique de la durée* (Paris, PUF, 1950) : « Notre

Les enfants. Finalement : on découvre que le personnage sort d'un rendez-vous galant où il s'est rendu sans conviction : phénoménologie de l'agonie en fonction du sexe et de la *vie amoureuse* dont la plénitude paraît une supercherie à l'instant de la mort et en regard d'une *vie finie.*

évocation de cette plénitude passée : avec complaisance, puis rage forcenée, puis remords.

son fils

---

histoire personnelle n'est donc que le récit de nos actions décousues et, en la racontant, c'est par des raisons, non par de la durée, que nous prétendons lui donner de la continuité. [...] Le temps se définit comme une série de ruptures » (p. 34). BACHELARD cite l'ouvrage de René POIRIER, *Essai sur quelques remarques des notions d'espace et de temps* : « L'attente nous est un prétexte à éprouver le passé. Certes, elle est désir déçu, irritation et sentiment d'impuissance, mais elle est plus encore amertume du temps qui s'est détruit. Chacun des moments qu'elle use devient un thème de regrets. Entre le passé vivant et l'avenir s'étend une zone de vie morte, et nulle part le regret et le sentiment de l'irréparable ne sont plus forts. C'est ainsi que le temps nous est sensible. Il l'est plus encore dans l'angoisse et la pensée de la mort. » (p. 33-34)

APPENDICE VI

Extrait de la présentation
du numéro mai-juin 1964 de *Liberté*

[...]

Préambule

L'idée de la nouvelle collective que l'on lira dans les pages suivantes nous est venue le 1ᵉʳ mai. Il faisait beau et chaud, ce soir-là, et nous tenions une réunion du comité de direction de la revue. Nous discutions du bien-fondé de divers thèmes pour nos futurs numéros. Quelqu'un proposa tout à coup d'écrire tous ensemble, mais successivement, un récit dont nous ne pourrions connaître d'avance ni les personnages, ni le thème central.

Nous avons retenu cette idée et nous avons établi la chaîne en tirant les noms du fond d'une casserole. Le sort désigna Jean Filiatrault d'abord et les autres dans l'ordre même où on lira leurs chapitres respectifs. Jean Filiatrault avait donc toute liberté de lancer le récit comme il l'entendait, et chacun des autres, lorsque venait son tour, de le continuer comme il l'entendait, ce dont personne ne s'est privé comme on le verra plus loin.

Nous nous sommes cependant imposé certaines règles strictes: chacun des auteurs ne prenait connaissance du manuscrit qu'au moment où il avait à rédiger son chapitre; d'autre part, chaque auteur ne disposait que de quarante-huit heures pour écrire son chapitre. Nous avons tous respecté ces règles.

[...]

Jean-Guy Pilon

Table des matières

ÉDITION CRITIQUE
DE L'ŒUVRE D'HUBERT AQUIN

Achevé d'imprimer en août 1998 chez

VEILLEUX
IMPRESSION À DEMANDE INC.

à Boucherville, Québec